Gary Schunack

Ahoi BERLIN

Die schönsten Ausflüge
am, auf und unter Wasser

berlin edition im
be.bra verlag

1 = Nummerierung der Standorte auf der Karte S. 222/223

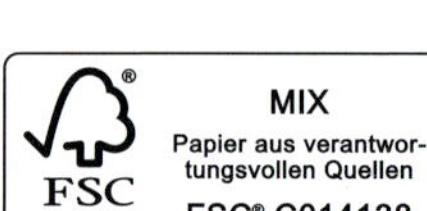

Stand der Informationen: April 2022

Bibliografische Information der Deutschen Nationalbibliothek
Die Deutsche Nationalbibliothek verzeichnet diese Publikation in der Deutschen Nationalbibliografie; detaillierte bibliografische Daten sind im Internet über http://dnb.d-nb.de abrufbar.

Asternplatz 3, 12203 Berlin
post@bebraverlag.de
Lektorat: Anika Strehlow, Potsdam
Satz: typegerecht berlin
Umschlag: Fernkopie, Berlin (Titelfoto: © Gary Schunack)
Schriften: Proforma, Tasse
Druck und Bindung: Finidr, Český Těšín
ISBN 978-3-8148-0255-8

www.bebraverlag.de

INHALT

VORWORT

Berlin hat keine Küste und liegt weit entfernt vom Meer. Wir haben hier weder Leuchttürme noch Dünen, geschweige denn Salzwasser. Unser größter See – der Müggelsee – belegt gerade einmal Platz 51 im Ranking der größten Seen in Deutschland. Wenn man dazu noch bedenkt, dass unser Nachbar Brandenburg als das Land der 3 000 Seen gilt und in dieser Hinsicht kaum zu überbieten ist, verwundert es nicht, dass kaum jemand Berlin als Wasserstadt wahrnimmt.

Doch wenn ich an meine Kindheit zurückdenke, erinnere ich mich an viele Ausflüge, an glasklare Gewässer, in denen armlange Fische schwammen, an Spaziergänge auf Seepromenaden mit einer anschließenden Dampferfahrt und an Kajaktouren durch malerische Flusslandschaften. Trotz vieler Urlaube im Süden Deutschlands sah ich meinen ersten Biber nicht in einem bayerischen Naturschutzgebiet, sondern in der Rummelsburger Bucht in Lichtenberg!

Für dieses Buch bin ich ein Jahr lang auf Spurensuche gegangen, um Berlin von seiner Wasserseite aus zu erforschen. Dabei entdeckte ich nicht nur viele kaum bekannte Geheimtipps, sondern besuchte auch Klassiker, die die Zeiten überdauern und seit Generationen zu den oft besuchten Lieblingsorten vieler Berliner Familien gehören. Entstanden ist eine Liste mit 50 Aktivitäten, die selbst mir als Ur-Berliner einen ganz neuen Blick auf die Stadt vermittelt haben.

Berlin ist eine echte Wasserstadt – mit einer Vielzahl an teils aufregenden, teils zutiefst erholsamen Orten. So paddelte ich bei meinen Recherchen kostenlos über die Spree und tat dabei sogar etwas Gutes für die Umwelt. Ich ließ mich von einem winzigen BVG-Ruderboot zu einer Räucherei übersetzen, in der ich dann fangfrischen Fisch aus dem Müggelsee aß. Ich sah verkleideten Menschen dabei zu, wie sie im Winter in einen zugefrorenen See steigen und dabei lauthals lachen. Vor allem aber habe ich Berlin am Wasser oft ganz still und unaufgeregt erlebt ...

1

8 ½ METER UNTER WASSER

DER SPREETUNNEL AN DER MÜGGELSPREE

Als »Müggelspree« – seltener »Alte Spree« – bezeichnet man einen Abschnitt der Spree, der durch Brandenburg und Berlin fließt. Der Brandenburger Teil schlängelt sich über Felder und Wiesen, und ist ein Paradies für Wasserwanderer. Der Startpunkt für den Berliner Teil ist der Dämeritzsee. Von hier aus zieht sich das Gewässer rund zwölf Kilometer bis in die Köpenicker Altstadt, bevor es in die Spree mündet. Dieser Abschnitt der Müggelspree zählt seit mehreren Generationen zu einer der schönsten Wasserstraßen auf Berliner Boden.
Die kurvenreiche Müggelspree lässt sich am besten mit einem Kanu erkunden, das sich ganz einfach an zahlreichen Verleihstationen mieten lässt. Eine Paddeltour ist ein echtes Naturerlebnis und gewährt Einblicke in die wunderschöne Flora und Fauna, die einem sonst versperrt bleibt. Eine leichte Strömung sorgt dafür, dass auch ungeübte Paddler problemlos ans gewünschte Ziel kommen.
Nach einer wohlverdienten Stärkung in den wassernahen Gaststätten geht es 8 ½ Meter unter die Wasseroberfläche. Der historische Spreetunnel unterquert seit 1927 die Müggelspree und verbindet den Ortsteil Friedrichshagen mit dem Stadtwald in der Kämmereiheide. Da sich die nächste Brücke erst in 2,5 Kilometern Entfernung befindet, ist der Fußgängertunnel eine gern genutzte Abkürzung. Bis zu seinem Bau diente noch eine Fähre als Überquerung. Im Zuge der Industrialisierung verdoppelte sich allerdings binnen kürzester Zeit die Einwohnerzahl Berlins. Der Tunnel war die Lösung für den riesigen Besucheransturm am Müggelsee und ist auch heute noch gut besucht.

Parkplatz am Spreetunnel: Josef-Nawrocki-Straße – 52.445628, 13.627624
Nächstgelegene ÖPNV am Spreetunnel: ›Josef-Nawrocki-Straße‹ (Tram 60)

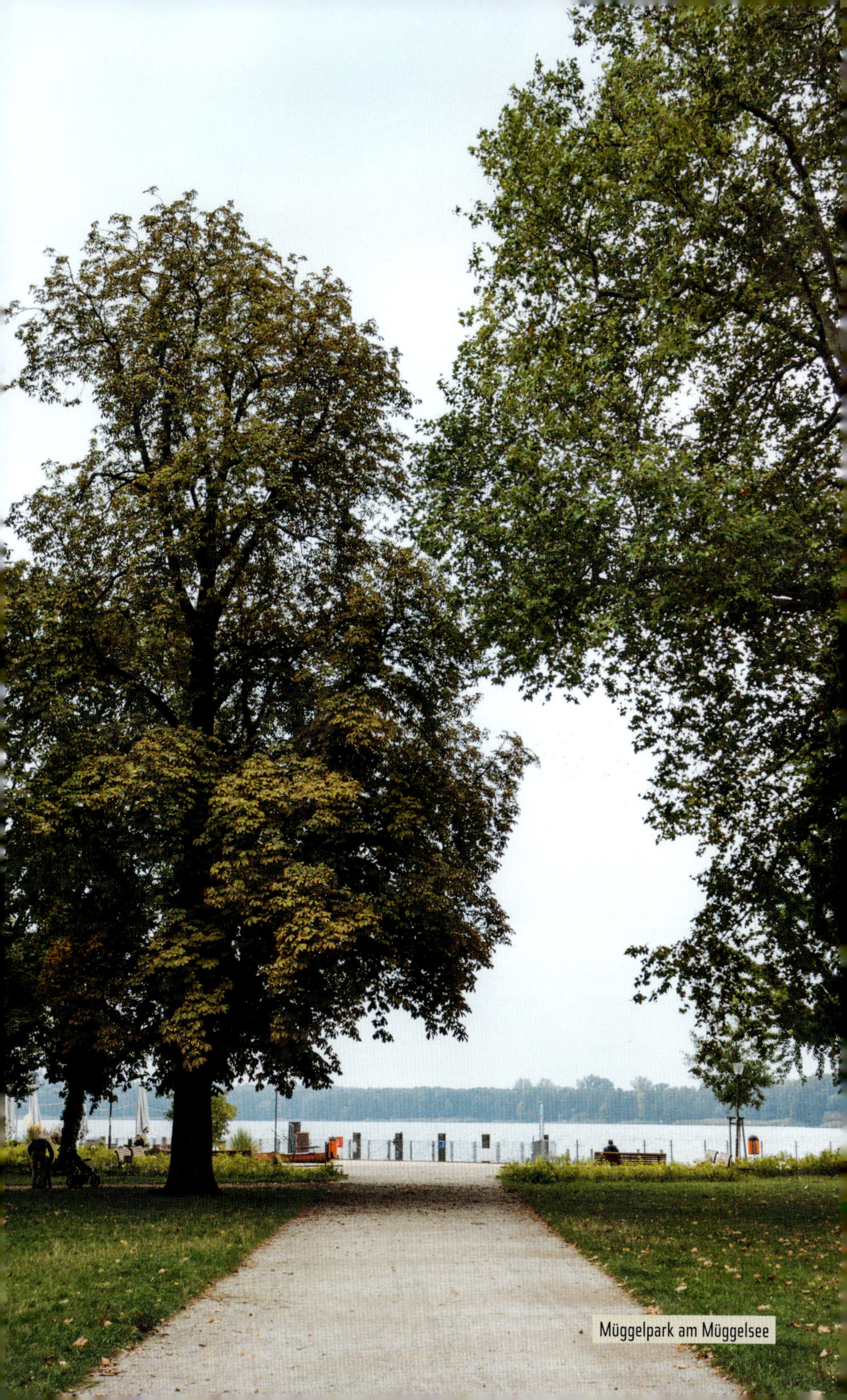

Müggelpark am Müggelsee

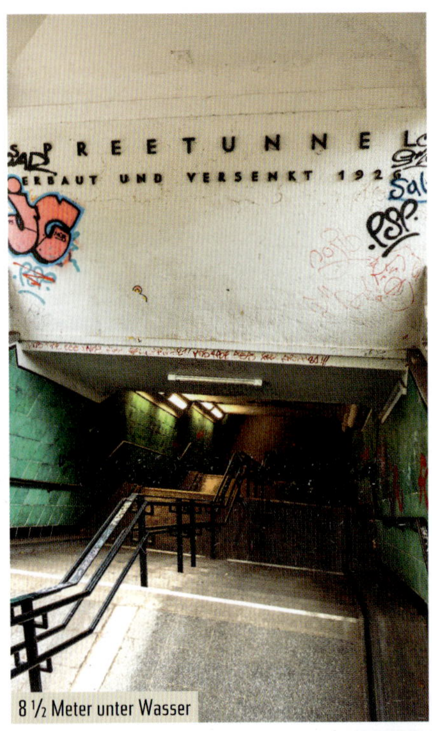

8 ½ Meter unter Wasser

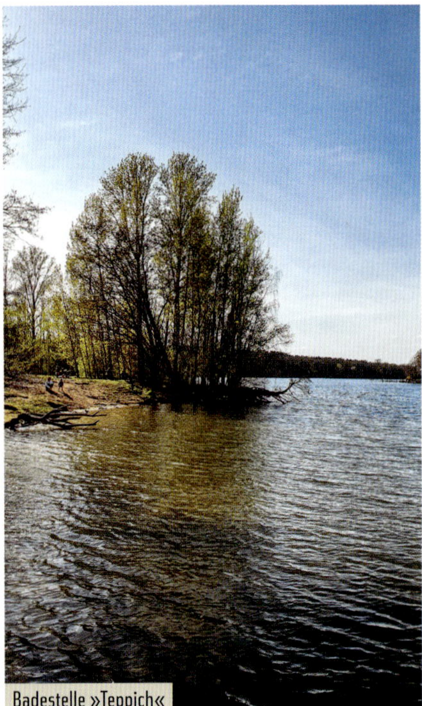
Badestelle »Teppich«

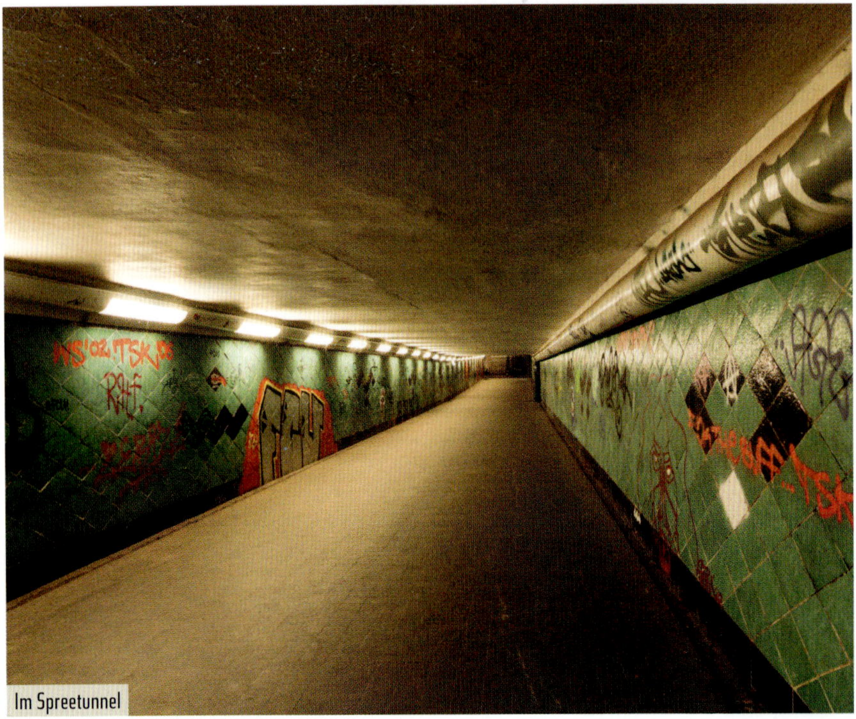

Im Spreetunnel

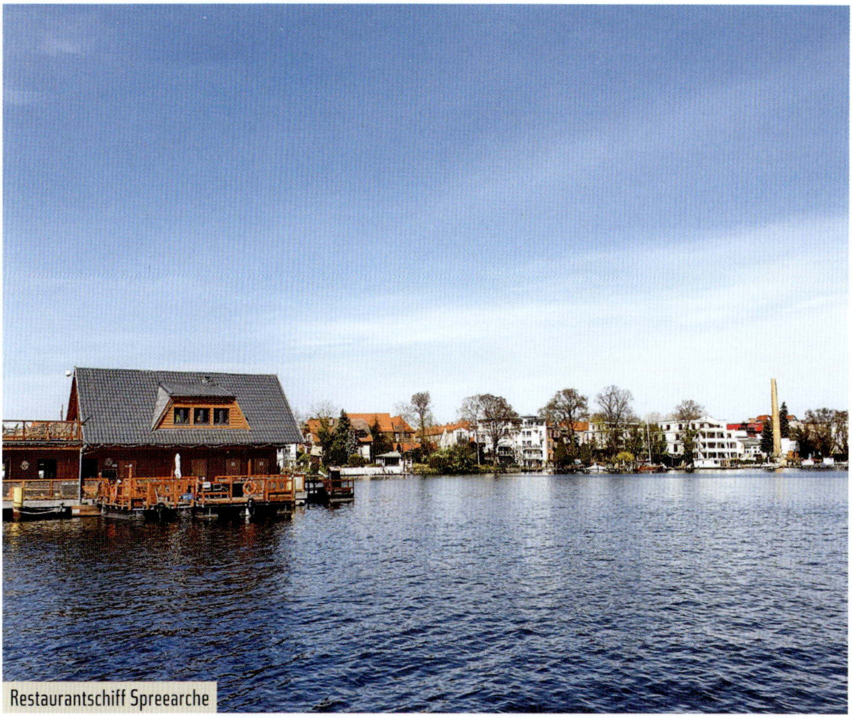

Restaurantschiff Spreearche

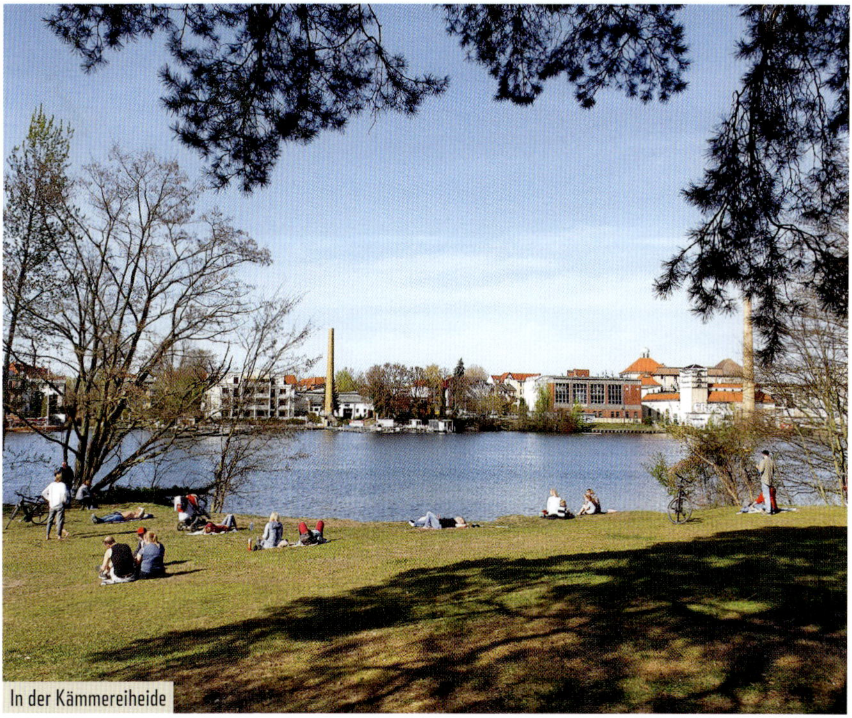

In der Kämmereiheide

2

ALLE FÄHREN IN BERLIN

VOM DAMPFER BIS ZUM RUDERBOOT

Die Berliner Fähren sind ein unterschätztes Fortbewegungsmittel, denn in wasserreichen Regionen ersparen sie umständliche Umwege und Staus während des Berufsverkehrs. Hinzu kommt, dass eine Fährfahrt zu jeder Jahreszeit, ob bei Regen im beheizten Innenraum oder bei Sonnenschein auf dem Deck, ein wohltuendes Erlebnis ist.
Einige der Fähren werden von der BVG betrieben und können mit einem regulären Ticket ohne Zusatzkosten genutzt werden, andere sind privat betrieben. Diese Fahrten zahlt man meist bar und direkt beim Fahrer. Spontane Veränderungen des Fahrplans sowie aktuelle Preise findet man auf der Webseite der jeweiligen Inseln oder Fähren.

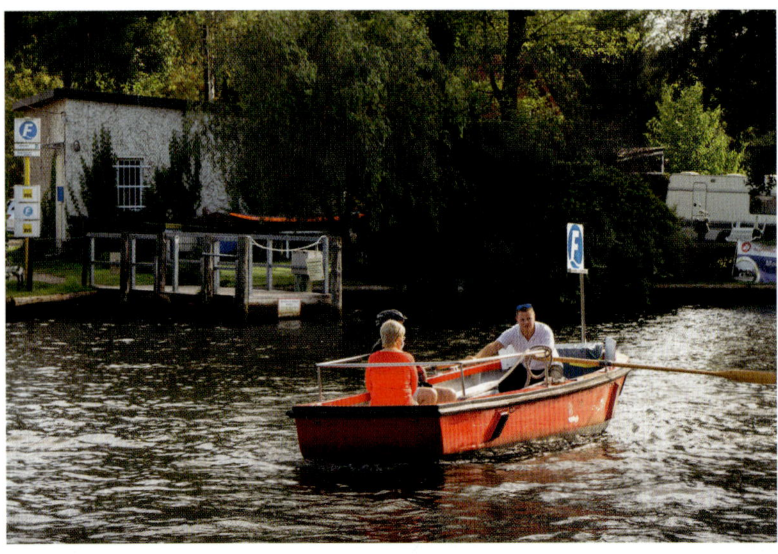

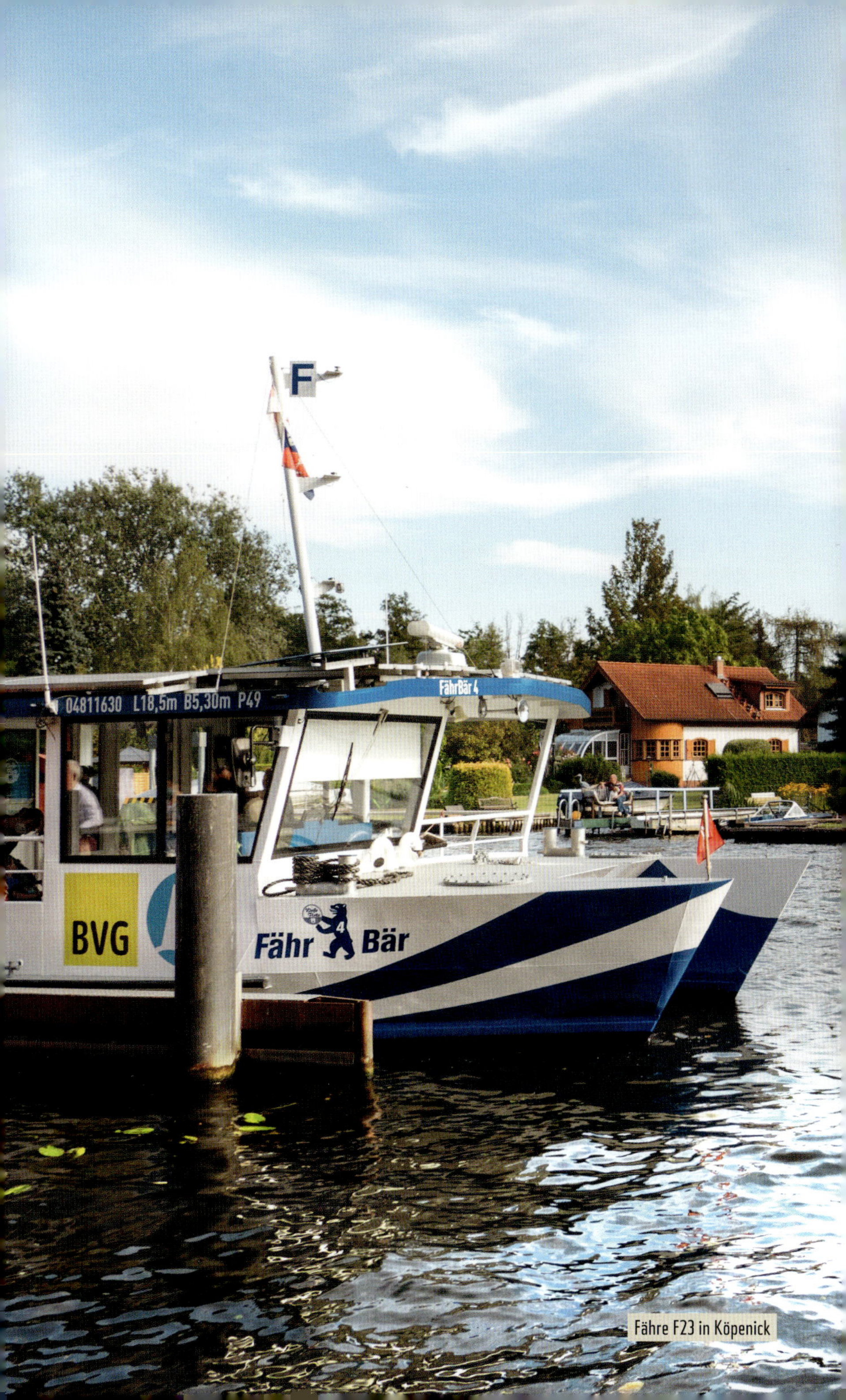

Fähre F23 in Köpenick

F10 WANNSEE – ALT-KLADOW

Die Fährlinie F10 ist ein echter Publikumsmagnet und beliebt bei Berlinern und Touristen. Wochentags wird sie von Pendlern und am Wochenende von ruhesuchenden Ausflüglern genutzt.

Fahrzeit: 20 Minuten • Gewässer: Großer Wannsee und Havel / BVG-Fähre • Aktuelle Fahrzeiten findet man auf: bvg.de/de/verbindungen/netzplaene-und-linien/faehre

F11 WILHELMSTRAND – BAUMSCHULENSTRASSE

Die F11 verbindet ganzjährig den Plänterwald mit der Gartensiedlung »Wilhelmstrand«. Sie ist Berlins älteste Fährverbindung und bereits seit 1896 in Betrieb.

Fahrzeit: 2 Minuten • Gewässer: Spree / BVG-Fähre • Aktuelle Fahrzeiten findet man auf: bvg.de/de/verbindungen/netzplaene-und-linien/faehre

F12 MÜGGELBERGALLEE – WASSERSPORTALLEE

Die F12 gilt als erste BVG-Fährlinie und verkehrte schon vor dem Zweiten Weltkrieg. Im wasserreichen Grünau ist sie eine wichtige Verbindung, die viel Zeit erspart.

Fahrzeit: 2 Minuten • Gewässer: Dahme / BVG-Fähre • Aktuelle Fahrzeiten findet man auf: bvg.de/de/verbindungen/netzplaene-und-linien/faehre

F21 KRAMPENBURG – ZUM SEEBLICK

Für Wanderer und Camper aus dem Wald an der Krampenburg ist die F21 die einzige Verbindung mit dem ÖPNV. Auch Autos dürfen in diesem Gebiet weiträumig nicht parken.

Fahrzeit: 7 Minuten • Gewässer: Langer See (Dahme) / BVG-Fähre • Aktuelle Fahrzeiten findet man auf: bvg.de/de/verbindungen/netzplaene-und-linien/faehre

F23 MÜGGELWERDERWEG (MÜGGELHORT – NEU HELGOLAND) KRUGGASSE

Die beliebte F23 fährt vom Müggelwerderweg bis zur Kruggasse im historischen Fischerdorf Rahnsdorf und hält unterwegs an den Stationen Müggelhort und Neu Helgoland.

Fahrzeit: 25 Minuten • Gewässer: Müggelsee, Müggelspree / BVG-Fähre • Aktuelle Fahrzeiten findet man auf: bvg.de/de/verbindungen/netzplaene-und-linien/faehre

F24 RUDERBOOT SPREEWIESEN – KRUGGASSE

Die F24 ist Berlins einzige Ruderboot-Fähre und legt eine Strecke von nur 33 Metern zurück. Für den spaßigen Kurztrip benötigt der Fährmann nur 13 Ruderschläge.

Fahrzeit: 5 Minuten • Gewässer: Müggelspree / BVG-Fähre • Aktuelle Fahrzeiten findet man auf: bvg.de/de/verbindungen/netzplaene-und-linien/faehre

FÄHRE ZUR PFAUENINSEL

Eine Überfahrt mit der kleinen Personenfähre dauert nur wenige Minuten, doch bringt einen auf ein Kleinod aus einer längst vergangenen Zeit.

Fahrzeit: 2 Minuten • Gewässer: Havel / Die Fähre wird von der Stiftung Preußische Schlösser und Gärten betrieben • Aktuelle Fahrzeiten findet man auf dem Hauptstadtportal: berlin.de/tourismus/dampferfahrten/faehren

FÄHRE ZUR INSEL REISWERDER

Wer nichts mehr mit der Großstadt zu tun haben, aber dafür nicht weit fahren möchte, der steigt auf die Fähre zur Insel Reiswerder und erlebt Berlin von seiner ruhigsten Seite.

Fahrzeit: 3 Minuten • Gewässer: Tegeler See / Privat betriebene Fähre • Aktuelle Fahrzeiten findet man auf: reiswerder.de

FÄHRE ZUR INSEL LINDWERDER

Lust auf ein romantisches Abendessen mit Seeblick? Das Restaurant »Lindwerder« auf der gleichnamigen Insel serviert mediterrane Küche in einer einzigartigen Lage.

Fahrzeit: 3 Minuten • Gewässer: Havel / Privat betriebene Fähre • Informationen zur Fähre findet man auf: lindwerder.de

FÄHRE HAKENFELDE – TEGELORT

Berlins einzige Autofähre bringt Pkws, Pferde, Wohnwagen, Motorräder, aber auch Personen ganzjährig in kürzester Zeit von Spandau nach Reinickendorf.

Fahrzeit: 3 Minuten • Gewässer: Havel / Privat betriebene Fähre • Aktuelle Fahrzeiten findet man auf: faehre-berlin.de

FÄHRE ZUR SCHULINSEL SCHARFENBERG

Jeden Morgen bringt die Fähre Schüler und Lehrer auf die Schulinsel Scharfenberg. Schulfremde dürfen die Fähre nur in Ausnahmefällen nutzen.

Fahrzeit: unter 2 Minuten
Gewässer: Tegeler See

FÄHRE TEGELORT (HAKENFELDE, INSEL VALENTINSWERDER, SAATWINKEL) HAVELSPITZE

Zwischen Frühjahr und Herbst ist die Fähre die einzige Möglichkeit, um auf die Insel Valentinswerder zu gelangen. Sie steuert vier weitere Anlegestellen auf dem Festland an.

Fahrzeit: 3 Minuten • Gewässer: Tegeler See, Havel / Privat betriebene Fähre • Aktuelle Fahrzeiten findet man auf: faehre-tegelersee.de

3
AN EINEM WINTERTAG

TOUR AM SPANDAUER HAVELUFER

Start: Scharfe Lanke
Ziel: Kladower Hafen
Länge: 9 Kilometer

Die Tour startet an der Scharfen Lanke in Spandau. Diese Havelbucht ist Standort zahlreicher Segelclubs und befindet sich an der alten Fischersiedlung Pichelsdorf. Am nördlichsten Punkt gibt es eine kleine Uferterrasse mit einem kilometerweiten Fernblick über das Gewässer. Schon Albert Einstein war begeistert von dieser Lage und mietete sich im Jahr 1920 in der noch immer existierenden Kolonie Bocksfelde ein. Am Westufer führt die gleichnamige Straße Scharfe Lanke hinauf zur Haveldüne. Warum selbst viele Ur-Berliner noch nichts von ihr gehört haben, ist bei diesem Ausblick nicht zu verstehen. Von der Erhebung schaut man über die Havel auf den Teufelsberg, Schildhorn und Pichelswerder bis zum Grunewaldturm und darüber hinaus. Mit Thermoskanne und Sitzkissen im Gepäck kann man dort im Winter herrliche Stunden verbringen.
Weiter geht es, immer am Wasser entlang, über die Dr.-Kleusberg-Promenade. Sie ist nach dem ehemaligen Spandauer Bürgermeister Herbert Kleusberg benannt und an heißen Tagen ein Geheimtipp. Anstelle eines Sandstrands, dafür schattig, mit Rasen und freiem Zugang zum Wasser, lassen sich hier ungestörte Sommertage verbringen. Im Winter spaziert man unter kahlen Obstbäumen und hört das Knacken der zugefrorenen Uferkanten. Die Villa Lemm, frühere Residenz eines britischen Stadtkommandanten, markiert das Ende der Promenade. Nun schlendert man etwa einen Kilometer durch Alt-Gatow und wird von dem Duft aus den italienischen Restaurants zu einer Pause verführt.

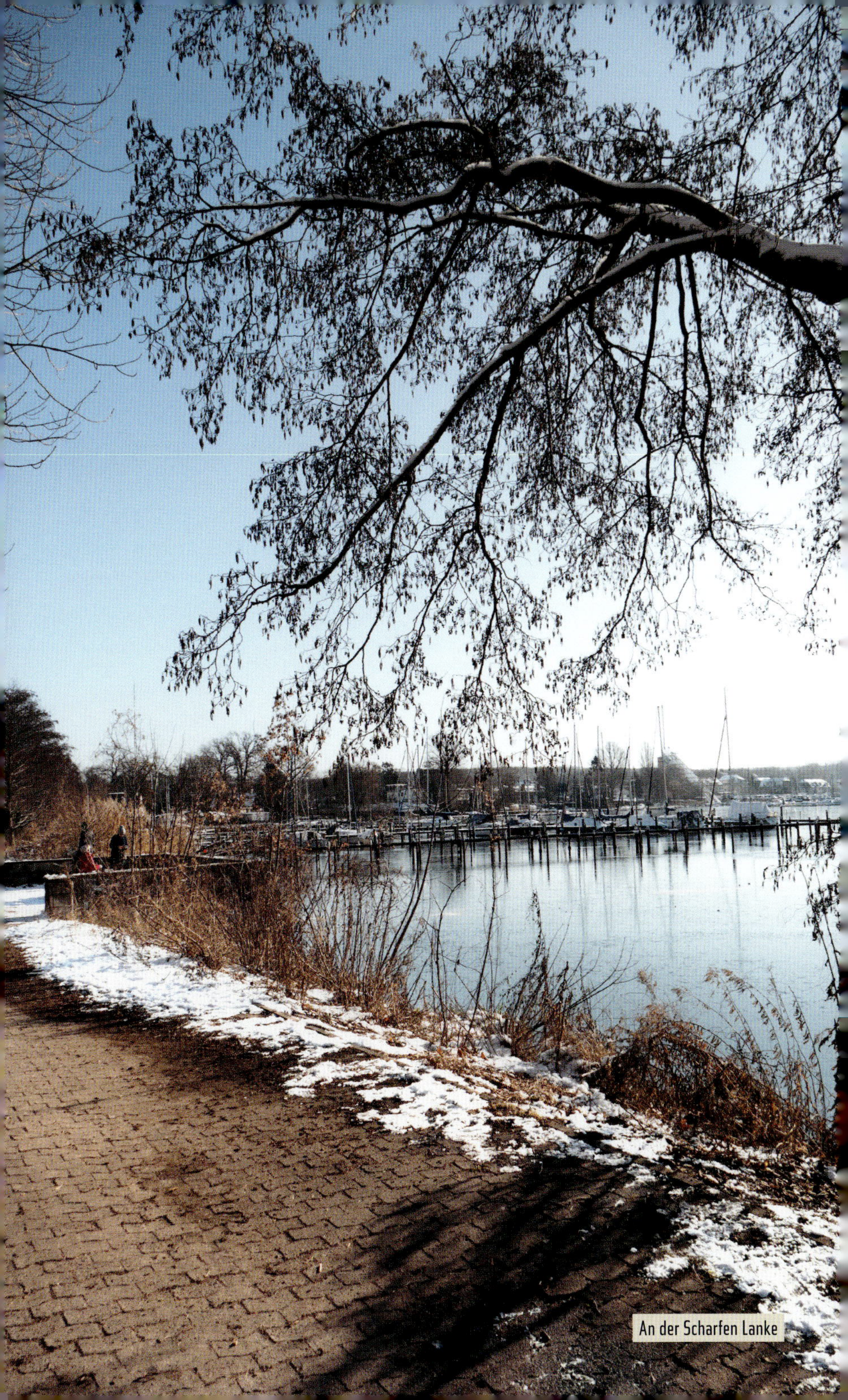

An der Scharfen Lanke

Gut gestärkt geht es auf einem unscheinbaren Weg an der Bushaltestelle »Am Graben« wieder zur Havel. Es folgen drei Kilometer unaufgeregtes Berlin, ohne Straßenlärm und Abgase. Kurz vor dem Ziel gibt es noch etwas fürs Auge: Auf einer hügeligen Parkanlage ragt das Gutshaus Neukladow aus dem Jahr 1800 in die Höhe. In dem schicken Anwesen lebte früher unter anderem die Mutter des Reichskanzlers Otto von Bismarck. Heute ist es ein Ausflugslokal und eine kulturelle Veranstaltungsstätte. Die von hohen Bäumen besäumte Imchenallee führt zum Ziel dieser Tour.
Der Kladower Hafen ist Berlins einziger Ort mit der Atmosphäre eines Küstenstädtchens und die schnelle Hilfe bei Fernweh. Auf der zugeschneiten Seebrücke schaut man auf die winterfesten Segelboote, während die Fähre 10 aus Wannsee anlegt und die hungrigen Fahrgäste in die urigen Wirtshäuser im Dorfkern Alt-Kladow ziehen.

Parkplatz an der Scharfen Lanke: Bocksfeldstraße – 52.513119, 13.192010
ÖPNV an der Scharfen Lanke: ›Jaczostraße‹ (Bus M36 und M49)

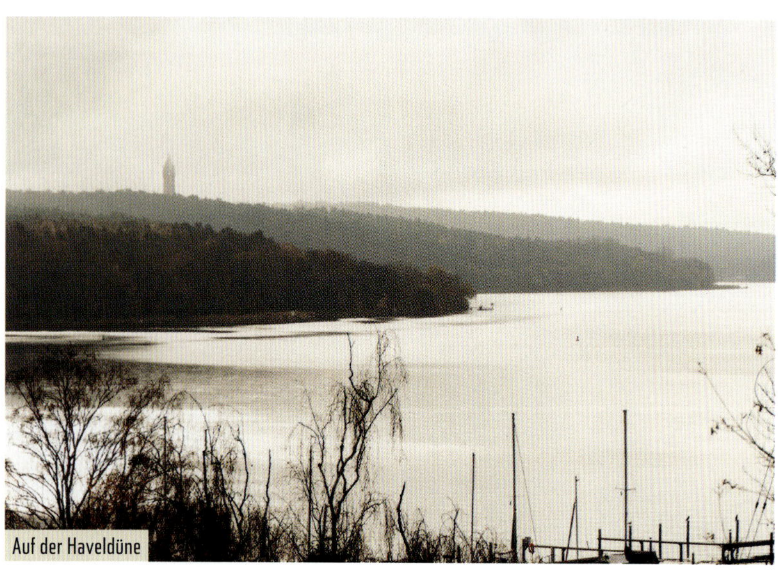
Auf der Haveldüne

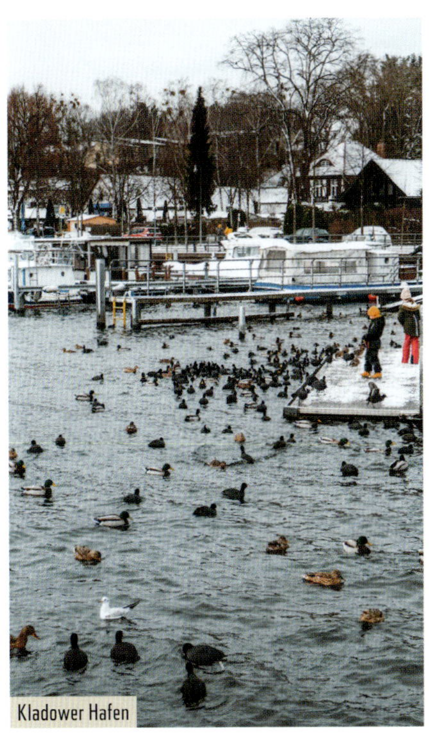
Kladower Hafen

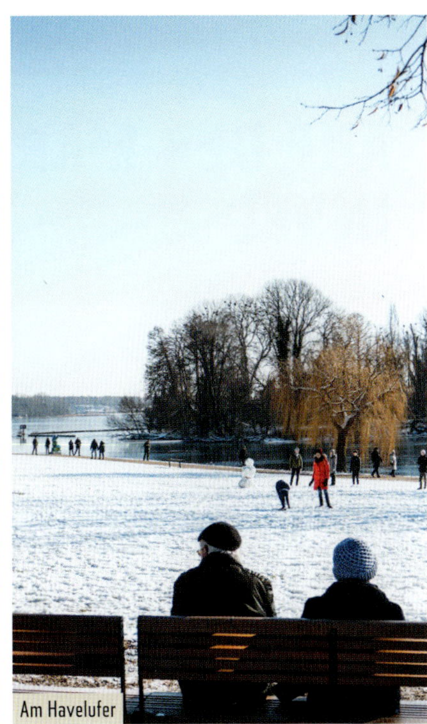
Am Havelufer

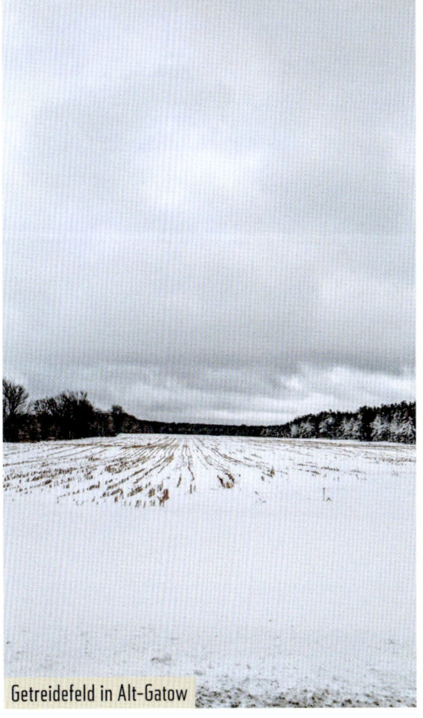
Getreidefeld in Alt-Gatow

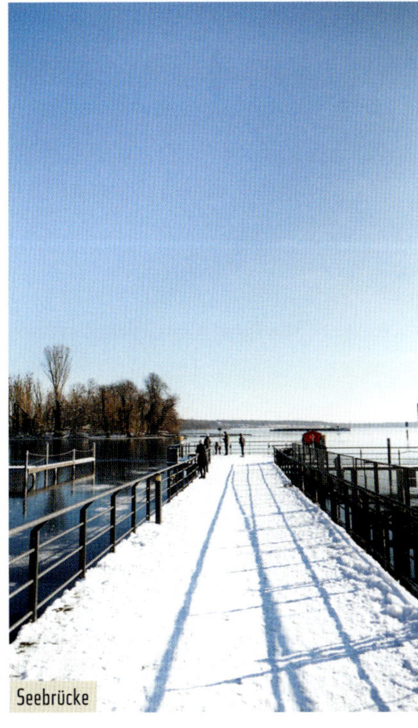
Seebrücke

4

AUF DER MARZAHNER INSEL

HABERMANNSEE

Jeder Berliner hat ein Lieblingsgewässer. Für die einen ist es der versteckte Waldsee um die Ecke, für die anderen ein Kanal, an dem man sich mit einem Buch zurückziehen kann. In Marzahn-Hellersdorf fällt die Entscheidung leicht: Der Habermannsee! Hier spielen Kinder mit Gummibooten, und passionierte Schwimmer ziehen mit Taucherbrille von Ufer zu Ufer. Am Himmel kreisen die Fischreiher, in dem bis zu sechs Meter tiefen Wasser treiben dicke Karpfen und Hechte. Durch die Mitte des Sees zieht sich eine Sandbank, die sich je nach Wasserstand vergrößert oder komplett zu verschwinden droht. Ihr Spitzname ist »Die Marzahner Insel« – kaum ein Ort im Bezirk ist so abgelegen wie dieser. Der Habermannsee ist Teil der Kaulsdorfer Seenkette und einer der natürlichsten Seen im Berliner Osten. Hier gibt es weder Imbisse noch schicke Cafés zum Einkehren. Die angrenzenden Hochbauten verschwinden hinter einem kleinen Waldgebiet, das den See umgibt. Wer Lust auf glasklares Wasser und 1000 Meter Sandstrand hat, der wird hier vielleicht seinen neuen Lieblingssee finden.

Parkplatz: Goldregenstraße – 52.496118, 13.600596
Nächstgelegene ÖPNV: ›Ledebourstr.‹ (Tram 62, 63)

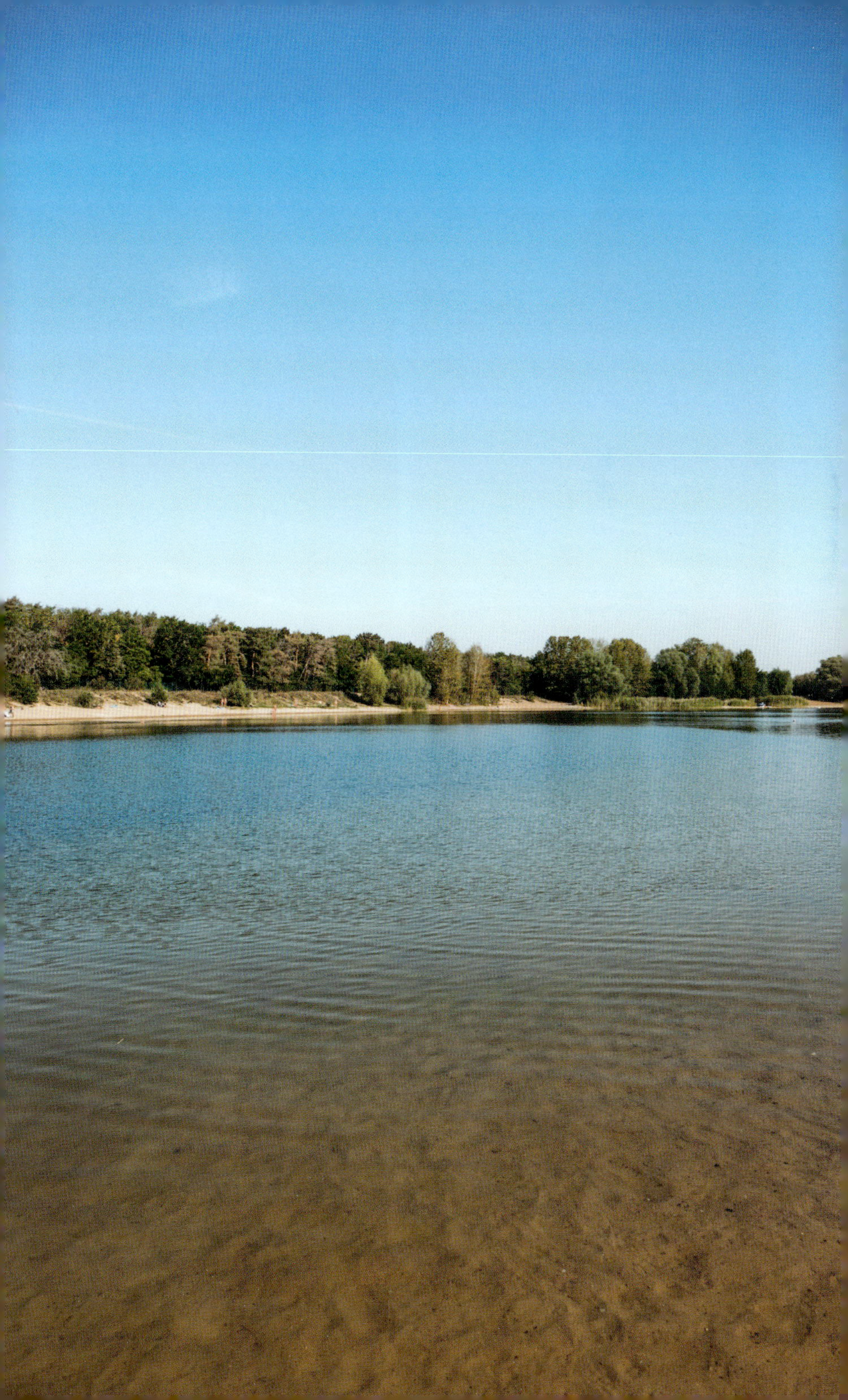

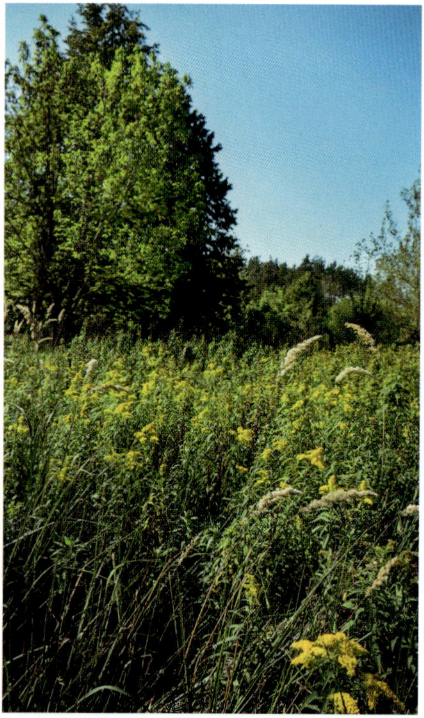

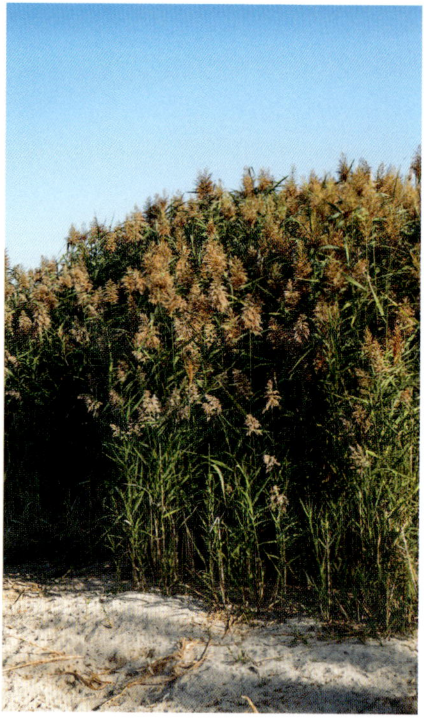

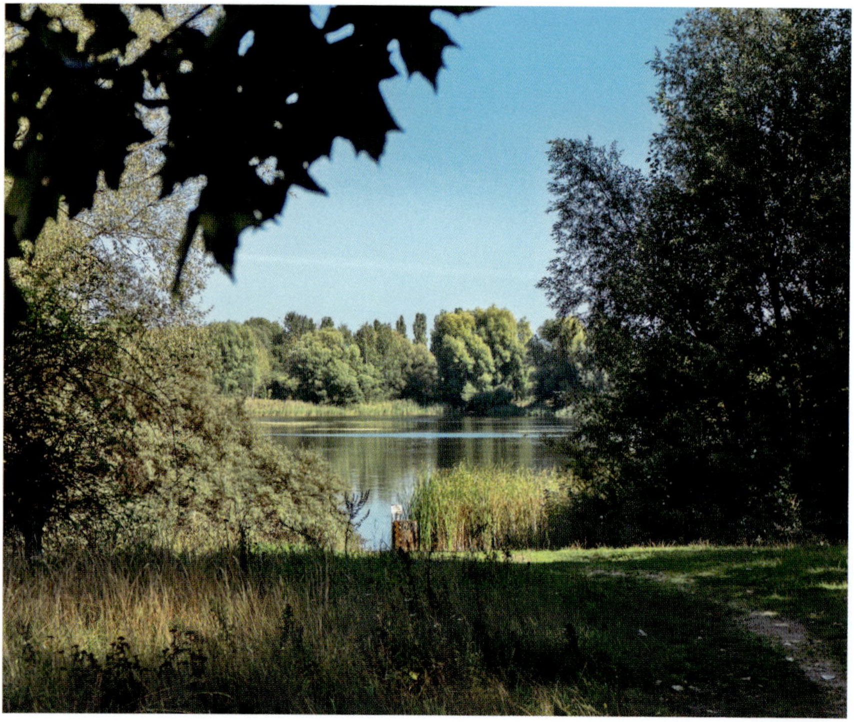

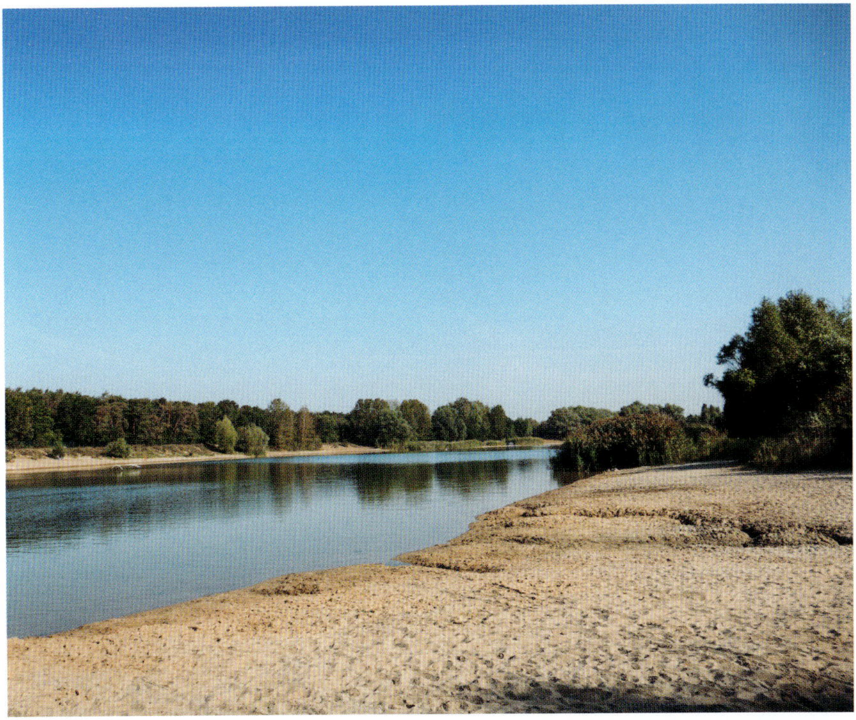

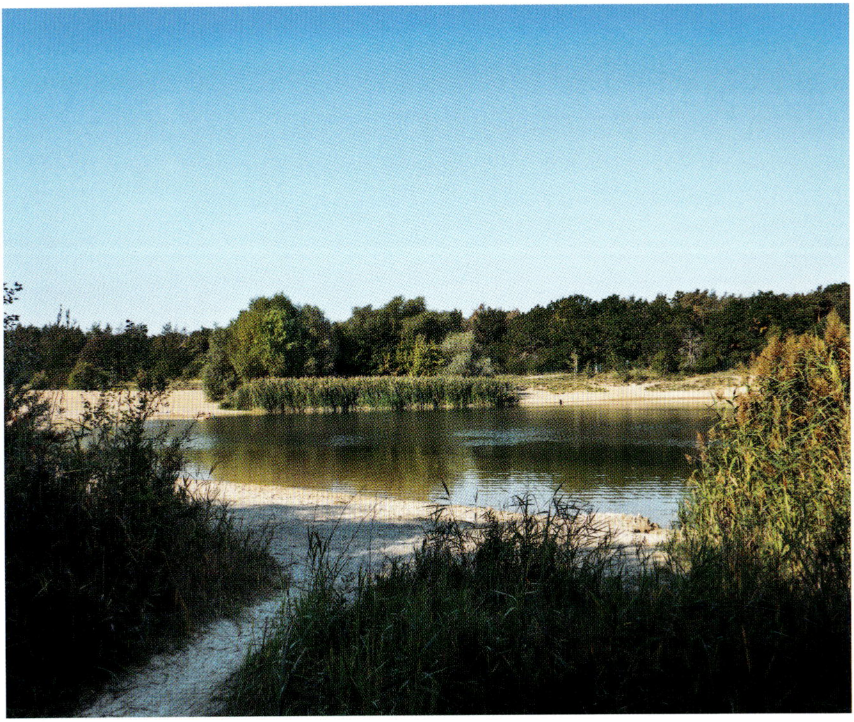

5

BERLIN LERNT SURFEN

DAS WELLENWERK

Schon mal im Urlaub am Strand gelegen und Surfer beobachtet, die lässig auf dem blauen Wasser schweben, und dich gefragt, ob auch du das könntest? Dann versuch's doch einfach mal – vielleicht sogar noch heute! Das Wellenwerk in Lichtenberg erzeugt Berlins erste künstliche Surfwelle mit bis zu 1,60 Metern Wasserhöhe. Ob bei klirrender Kälte oder ausbleibendem Sommerwetter, die Wassertemperatur beträgt immer warme 26 Grad. »Aber ich habe das noch nie gemacht!« Kein Problem, das erfahrene Personal kann die Wellenhöhe per Knopfdruck regulieren und somit auch blutigen Anfängern den Traum vom Wellenreiten ermöglichen. Seit 2019 wird hier sogar die Meisterschaft im Rapid Surfing ausgetragen. Mitmachen kann jeder ab acht Jahren und selbst der Neoprenanzug wird einem gestellt.
Alle Informationen zu den Preisen, Teilnahmebedingungen und freien Terminen, findet man auf *wellenwerk-berlin.de*

Parkplatz: Landsberger Allee – 52.533254, 13.494876
Nächstgelegene ÖPNV: ›Genslerstraße‹ (Tram 16, M4 und M5 sowie Bus M6)

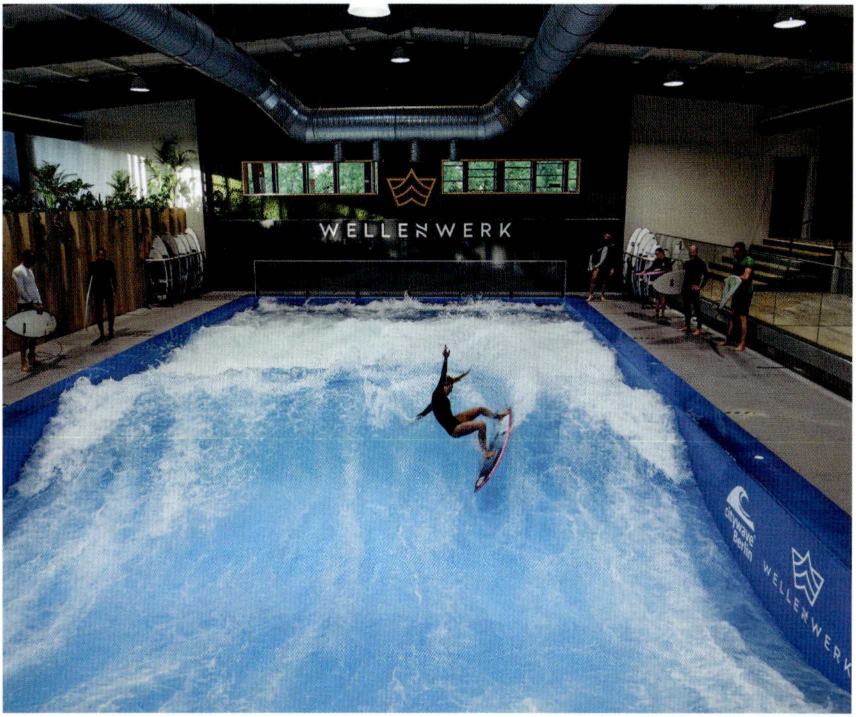

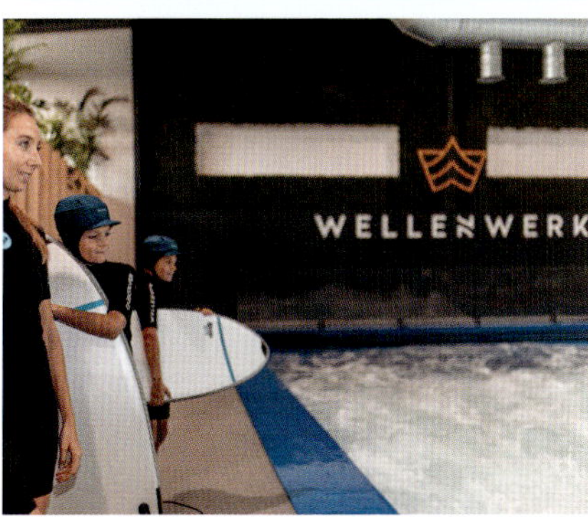
WELLENWERK

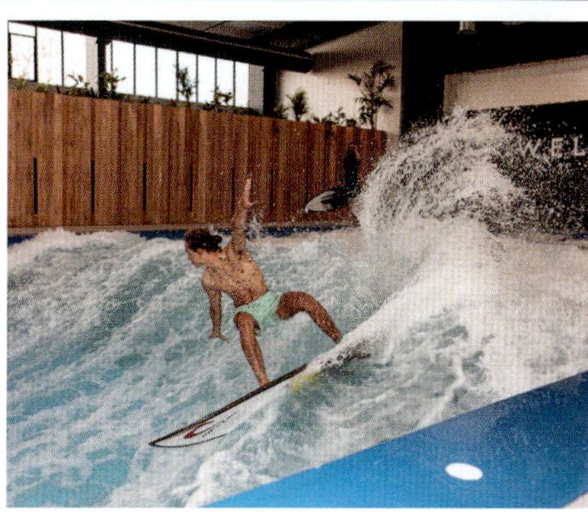

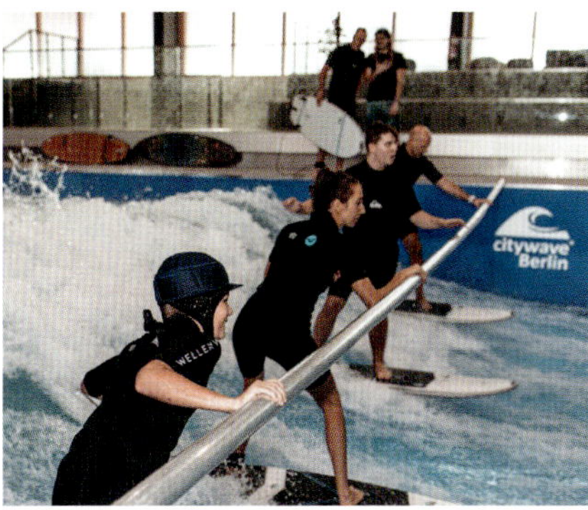
citywave
Berlin

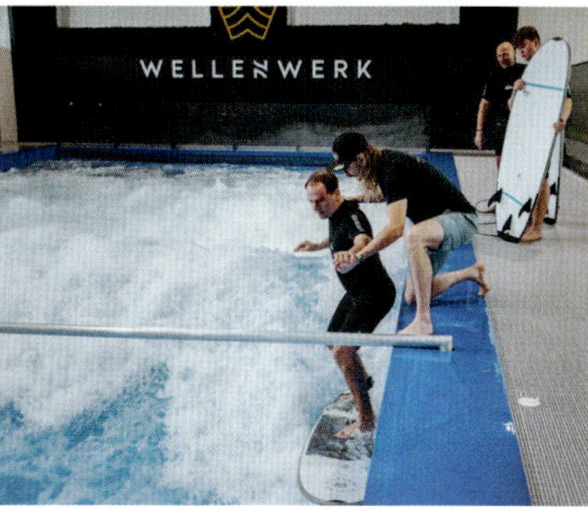
WELLENWERK

6

BERLIN LIEGT ALSO DOCH AM MEER

STRANDBAD MÜGGELSEE

Feiner Sandstrand, Beachvolleyball und bis zum Horizont nur klares, blaues Wasser. Was nach einem Tag am Meer klingt, bekommt man ganzjährig im Strandbad Müggelsee geboten. Die Besonderheit: Im Gegensatz zu den anderen Strandbädern ist der Eintritt hier frei. Wie das geht? Indem sich Investoren und der Senat nicht einig werden. Kein unbekanntes Problem in Berlin. Seit 2006 weiß niemand so recht, wie es mit dem in die Jahre gekommenen, aber beliebten Strandbad weitergehen soll. Nur eines war schon immer sicher: Es bleibt öffentlich zugänglich. Im Jahr 2021 versprach Bezirksbürgermeister Igel sogar, dass das Bad selbst nach einer kostspieligen Sanierung kostenlos bleibt. Von den Uneinigkeiten in den Büros ist auf dem heißen Sandstrand nichts zu spüren. Rund 385 000 Menschen besuchen jedes Jahr das Pendant zum Strandbad Wannsee. Und das nicht nur im Sommer. An bitterkalten Tagen kann man sich hier so richtig schön vom Wind durchpusten lassen und dem peitschenden Wasser des Müggelsees zuhören, wie es an der Buhne zerspringt. Ostsee-Feeling in der Hauptstadt! Sogar so sehr, dass sich hier Großmöwen angesiedelt haben, die sonst nur Küstenstädte bewohnen. Der lautstarke Gesang der Möwen, gepaart mit dem Blick auf nichts anderes als Wasser, ist schon fast etwas unwirklich für unsere Stadt. Berlin liegt am Meer. Zumindest fühlt es sich hier manchmal so an.

Parkplatz: Fürstenwalder Damm – 52.444614, 13.677733
Nächstgelegene ÖPNV: ›Strandbad Müggelsee‹ (Tram 61)

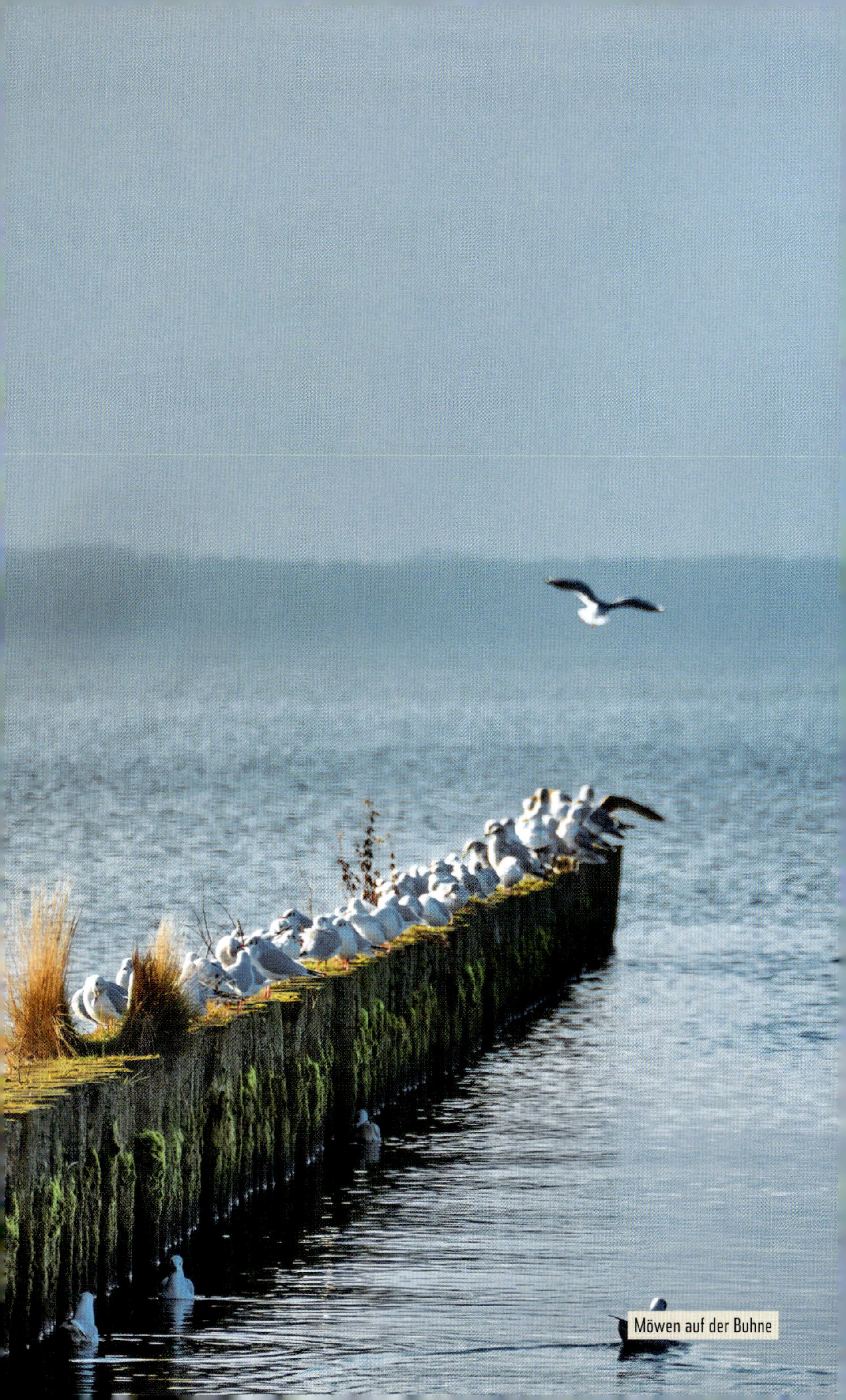

Möwen auf der Buhne

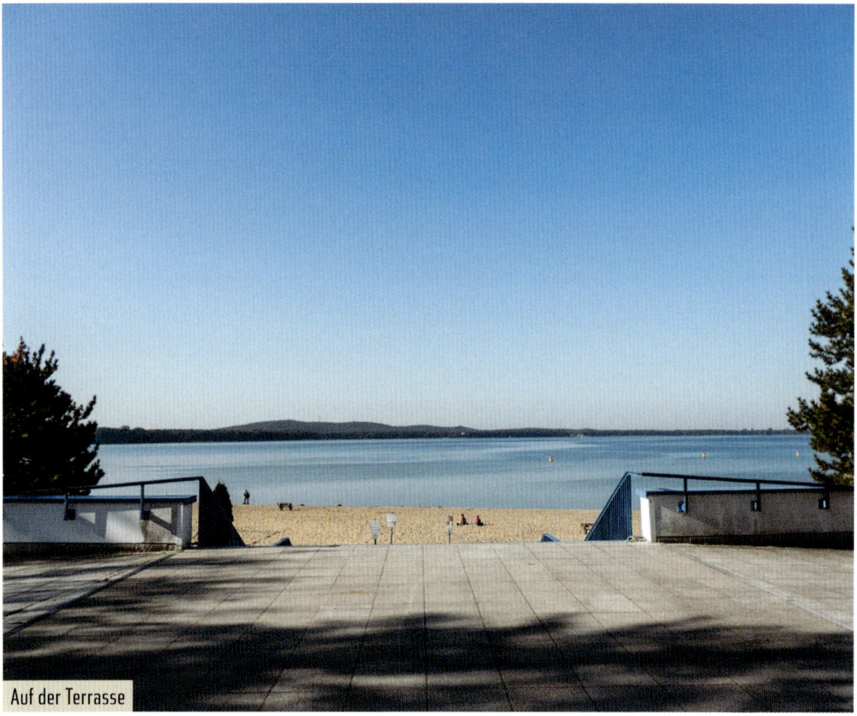

Auf der Terrasse

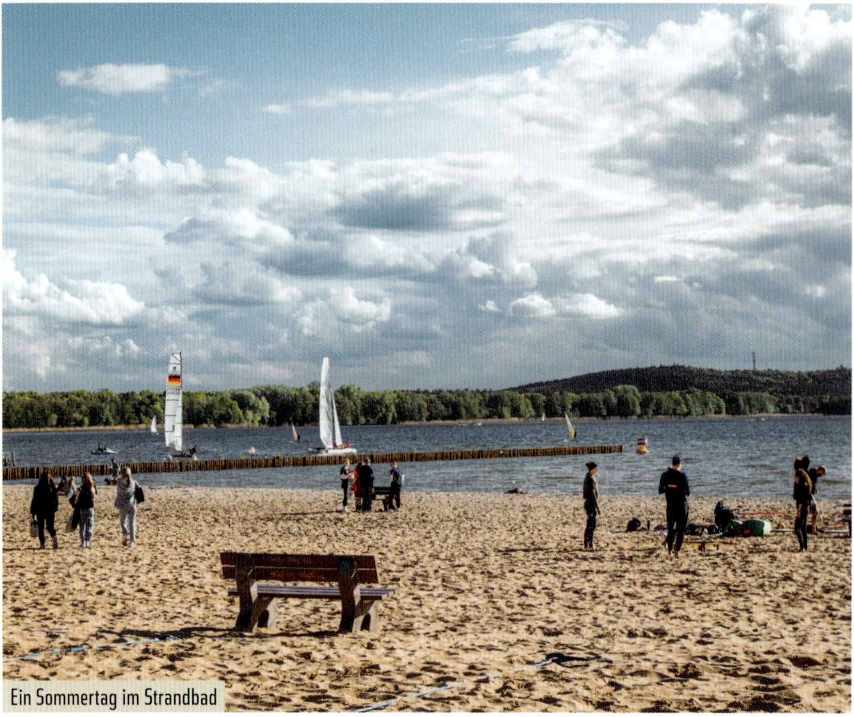

Ein Sommertag im Strandbad

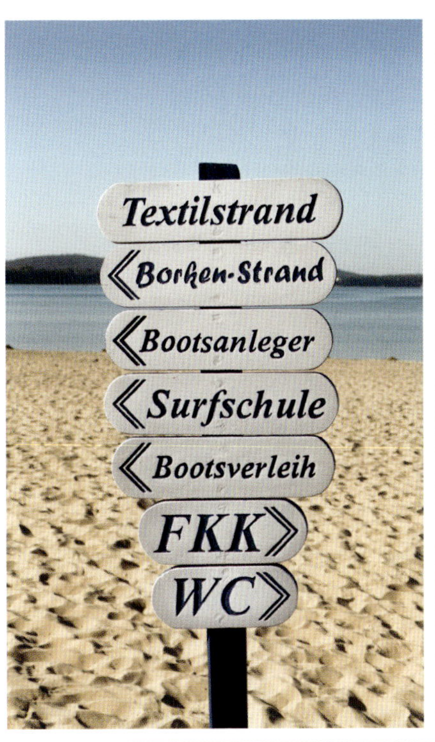

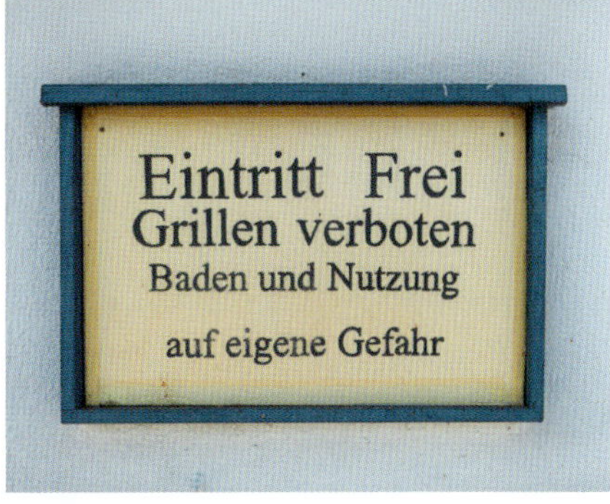

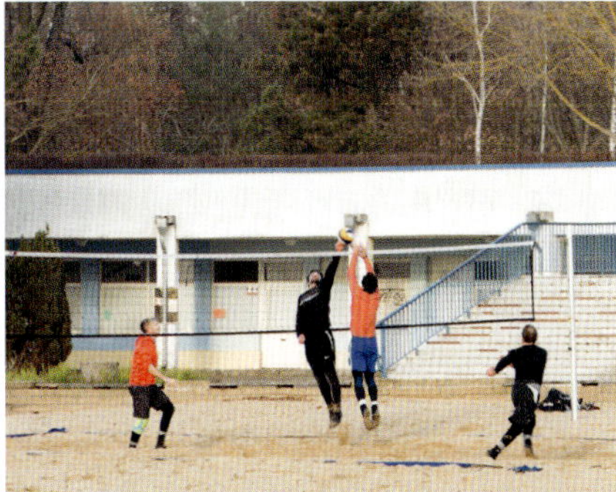

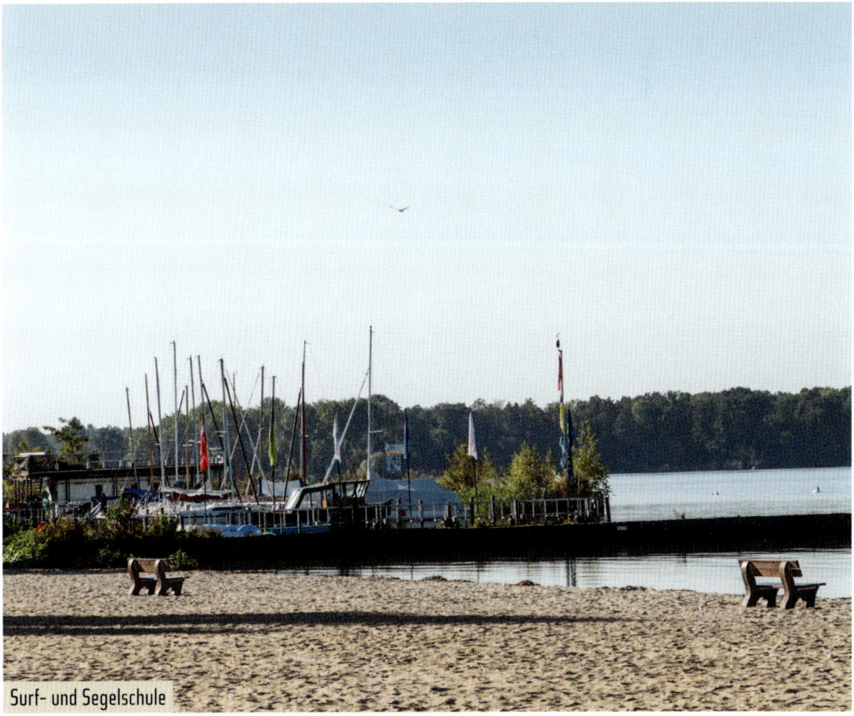

Surf- und Segelschule

7
BERLINER ORJINALE

KRUMME LANKE UND SCHLACHTENSEE

Die Krumme Lanke und der Schlachtensee im beschaulichen Berliner Südwesten – wer kennt sie nicht? Sie gehören zu Berlin wie Currywurst und der Ku'damm. Man hat ihnen Lieder gewidmet und ganze Bücher über sie geschrieben. Im Sommer sind sie die Badewannen der Berliner und zu allen anderen Jahreszeiten stille Rückzugsorte. Einer von ihnen ist sogar Preisträger eines internationalen Wettbewerbs. Und das Beste: Sie liegen direkt nebeneinander und können bei einem Zwei-Seen-Spaziergang erkundet werden.

Parkplatz: Fischerhüttenweg – 52.447639, 13.228156
Nächstgelegene ÖPNV: ›Krumme Lanke‹ (U3, Bus 118, 622)

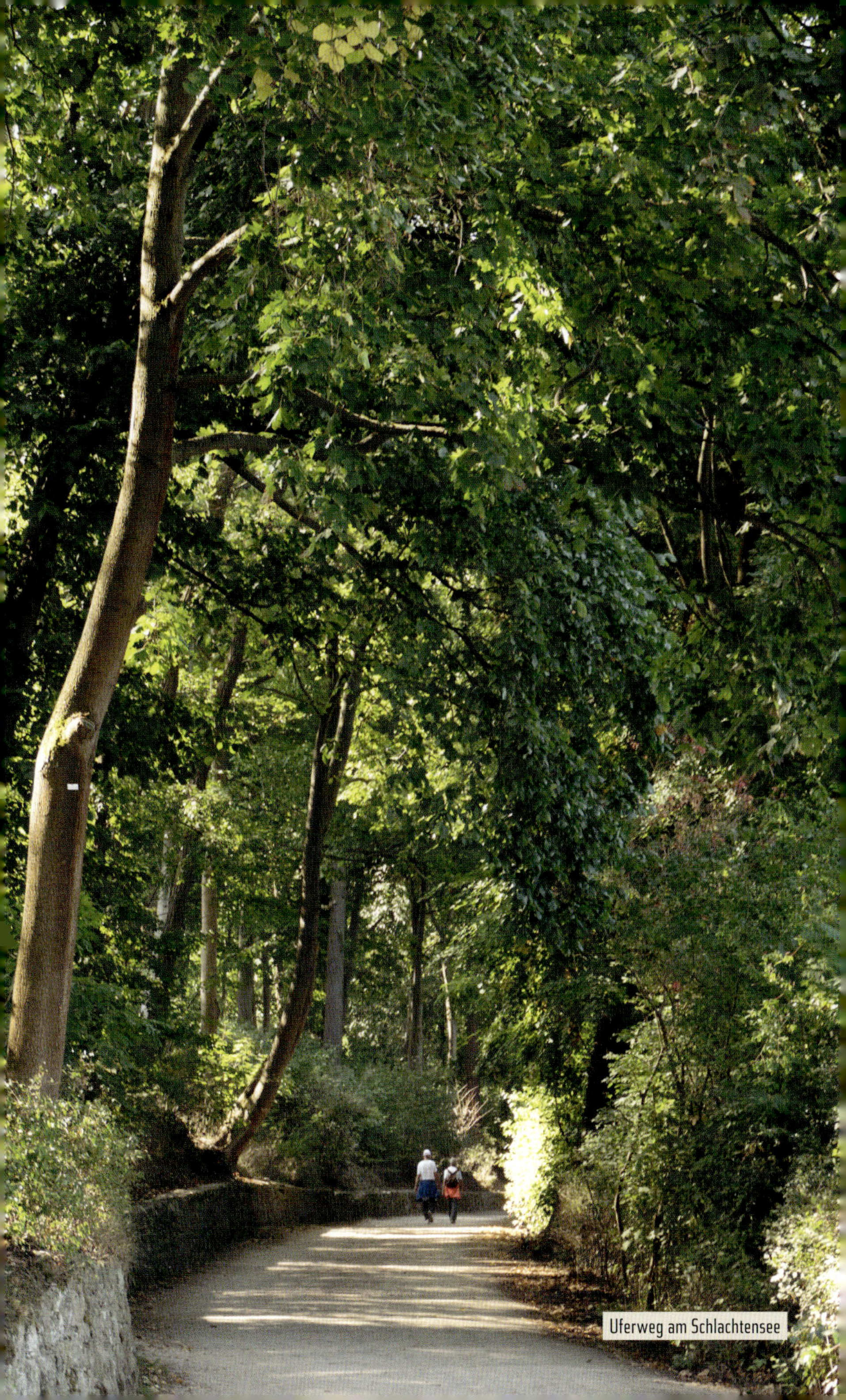

Uferweg am Schlachtensee

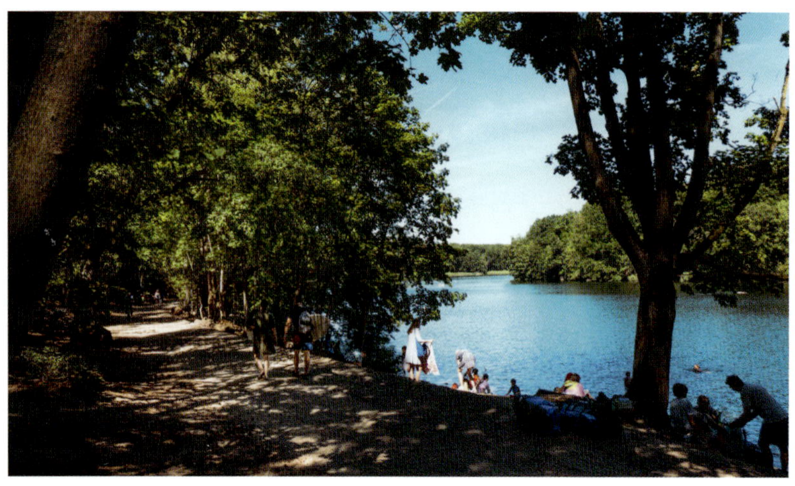

KRUMME LANKE

Baden in der Krummen Lanke? Alles andere als ein Geheimtipp. Sobald das Thermometer die 25-Grad-Marke überschreitet, füllen sich zur Mittagszeit die Sandstrände und bleiben auch bis tief in die Nacht gut besucht. Kaum eine Chance auf Ruhe und Entspannung. Viel interessanter ist jedoch das, was abseits an dem Gewässer passiert.

Abgesehen vom Badespaß ist die Krumme Lanke ein äußerst natürlicher Waldsee mit einer artenreichen Flora und Fauna. An den geschützten Uferbereichen quaken Frösche um die Wette, während Fischreiher regungslos auf Baumstämmen sitzen. Ihre Beute sind die handlangen Fische im Wasser, aber auch Aale und Zander leben hier. Alle Jahre wieder kursiert das Gerücht vom »Monsterwels aus der Krummen Lanke«. Das 2,5 Meter große Ungeheuer soll liebend gerne nach Menschen schnappen und schon ganze Hunde verspeist haben. Stadtangler erzählen von schweißtreibenden Drills mitten in der Nacht, doch im letzten Moment sei das Untier immer wieder entkommen.

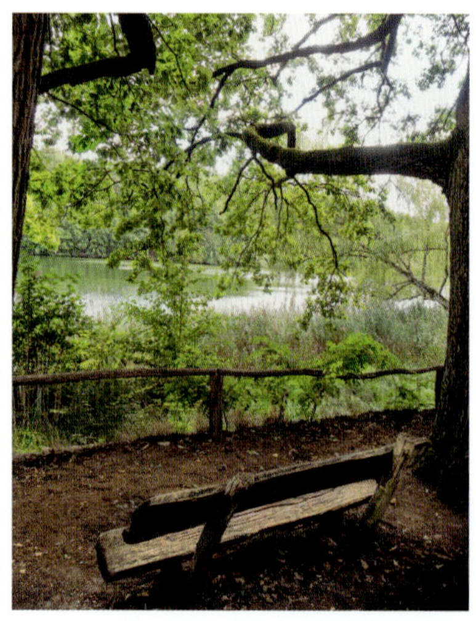

SCHLACHTENSEE

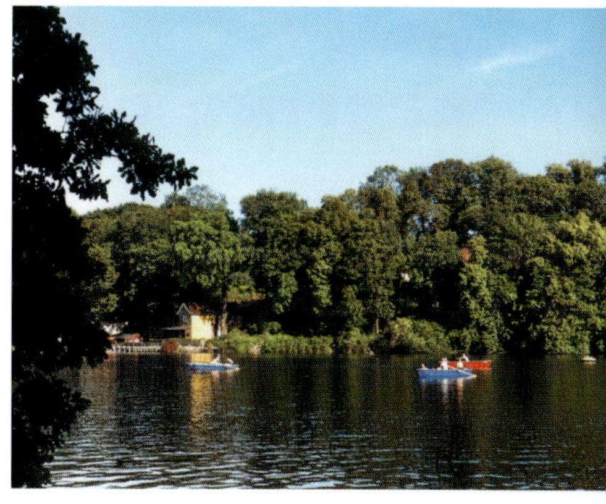

Niemand geringeres als der US-amerikanische Fernsehsender CNN kürte unsere Schlachte zu einem der 20 schönsten Badeseen weltweit. Grund dafür seien die vielen Zugangsmöglichkeiten ins »kühle, grüne Wasser« und die hohen Bäume, bestehend aus Kiefern und Ulmen, die den See umgeben. Kleine Buchten, umherspringende Eichhörnchen und sandige Pfade sind der ideale Rückzugsort mitten in der Stadt. Auch die problemlose Erreichbarkeit mit der S-Bahn macht einen Besuch sehr attraktiv.

Zu den Highlights zählt außerdem ein Besuch im historischen Gasthaus »Fischerhütte«, das bereits seit 1723 seine Besucher mit Speis und Trank versorgt. Auch die Fahrt mit einem Ruderboot, das man sich am Westufer ausleihen kann, ist ein Garant für einen romantischen Ausflug.

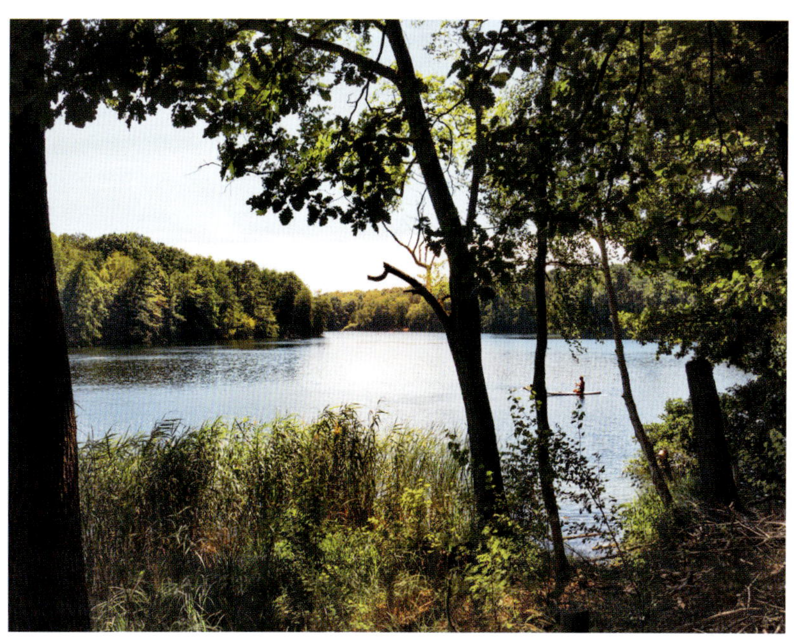

8
BERLINS SCHÖNSTE BUCHT

GROSSE STEINLANKE

Schon jemals von der Großen Steinlanke gehört? Keine Sorge, so geht es den meisten. Um das versteckte Idyll zu finden, geht es in den südlichen Teil des Grunewalds. Die langgestreckte Bucht mit freiem Zugang zum Wasser befindet sich an einem 180 Meter langen Sandstrand. Kein feiner Sand, eher wild und mit etwas Grün versehen. Am Uferbereich sorgt Schilfrohr für Windschutz und Schatten. Ein paar ins Wasser gestürzte Baumstämme bieten sich als natürliche Sitzbänke an.
An der Ostseite führt ein steiler Hang hinauf in den Wald – mit etwas Fantasie könnte es auch eine Düne sein. Nun braucht es ein wenig Muskelkraft in den Beinen und man gelangt in einen recht isolierten Teil des Grunewalds. Ein stark bewachsenes Gebiet, das vornehmlich als Rückzugsort von Wildschweinen und Rehen genutzt wird. Also kurz den herrlichen Ausblick auf die Weite der Havel genießen und schnell wieder hinab zur Badebucht!
Apropos Baden: Während sich der Sand als riesiger Buddelkasten eignet, ist der Einstieg ins kühle Nass perfekt für Kinder. Selbst nach über 50 Metern steht man gerade mal knietief im Wasser.

Parkplatz: Havelchaussee – 52.451597, 13.191582
Nächstgelegene ÖPNV: ›Großes Fenster‹ (Bus 218)

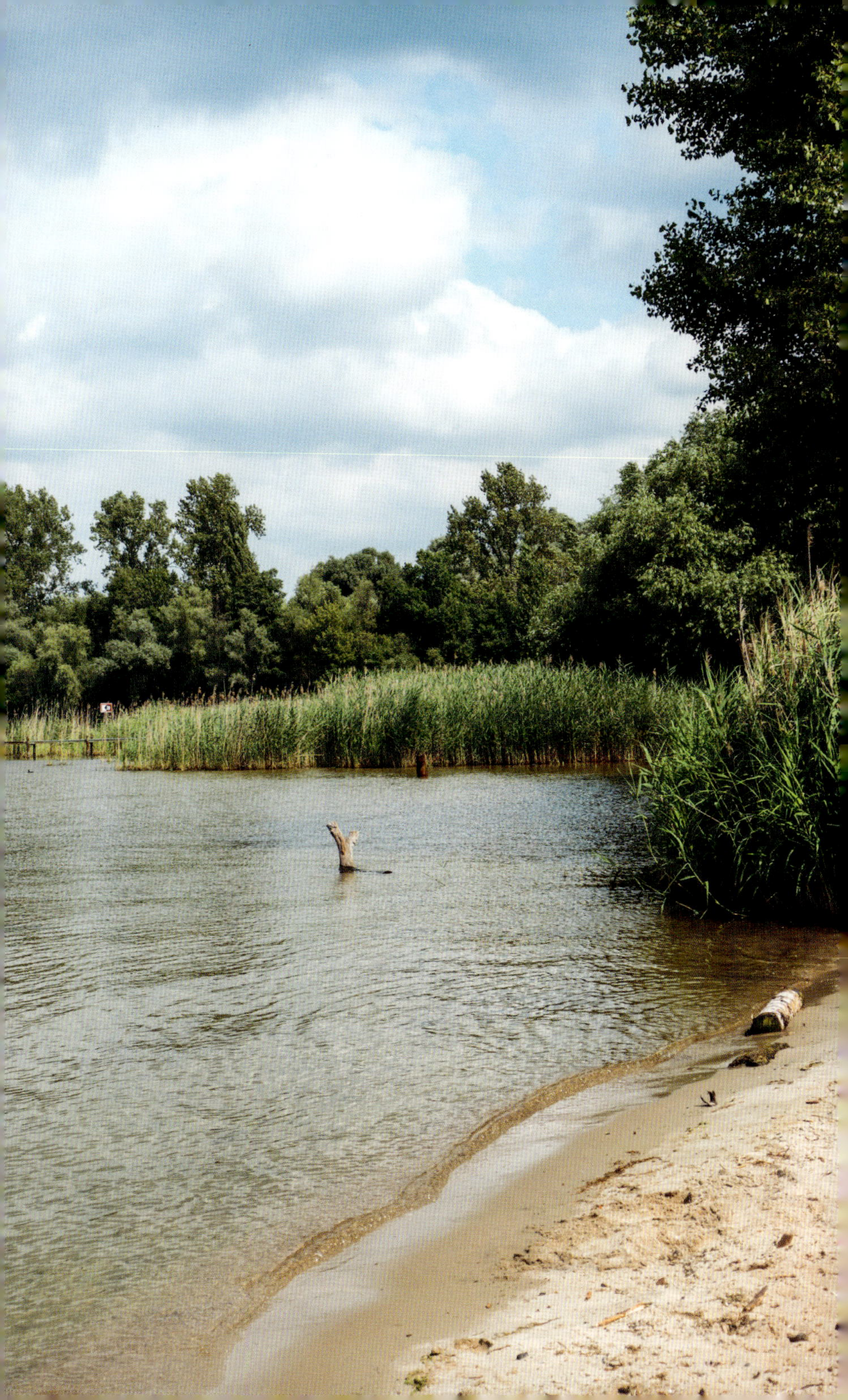

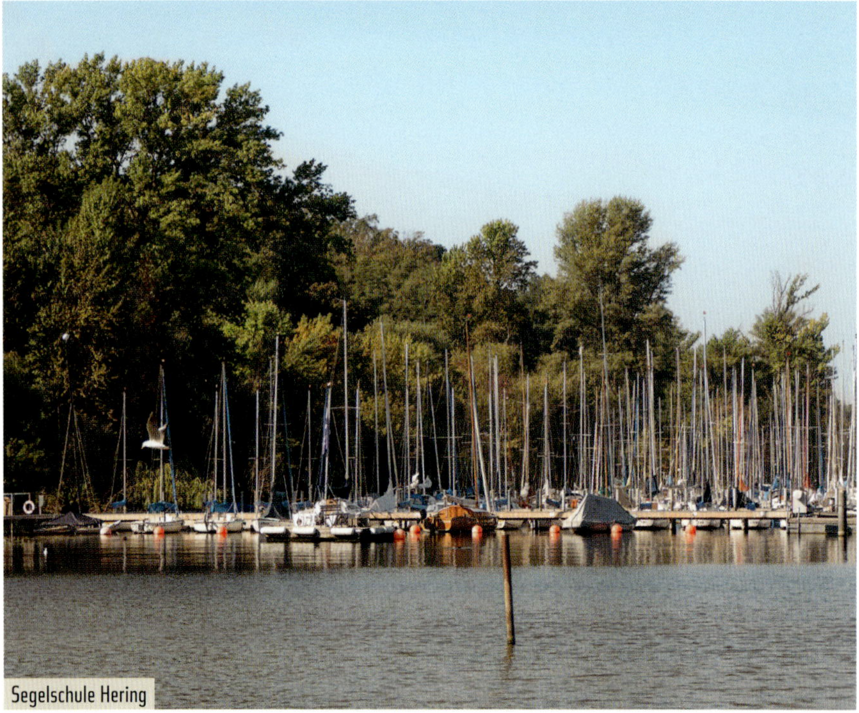

Segelschule Hering

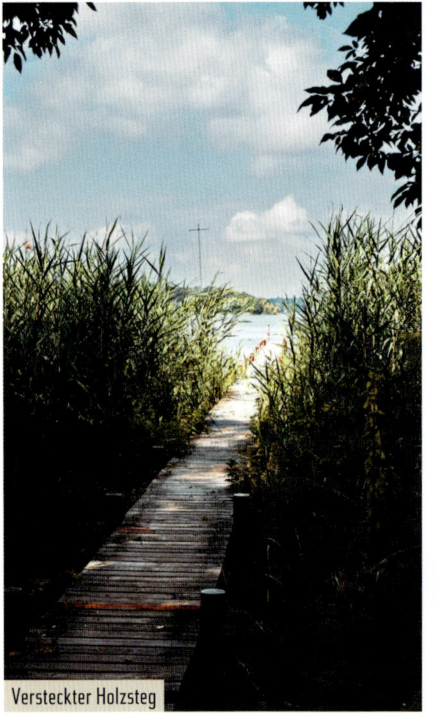
Versteckter Holzsteg

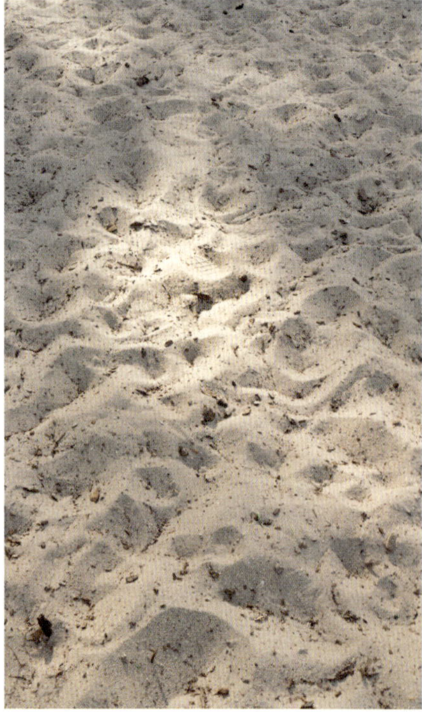

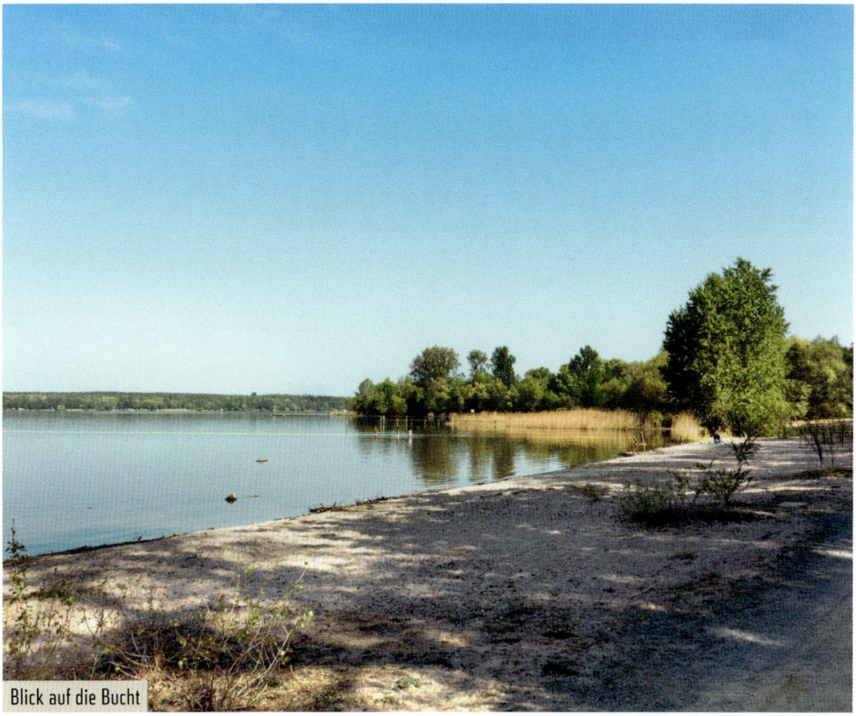

Blick auf die Bucht

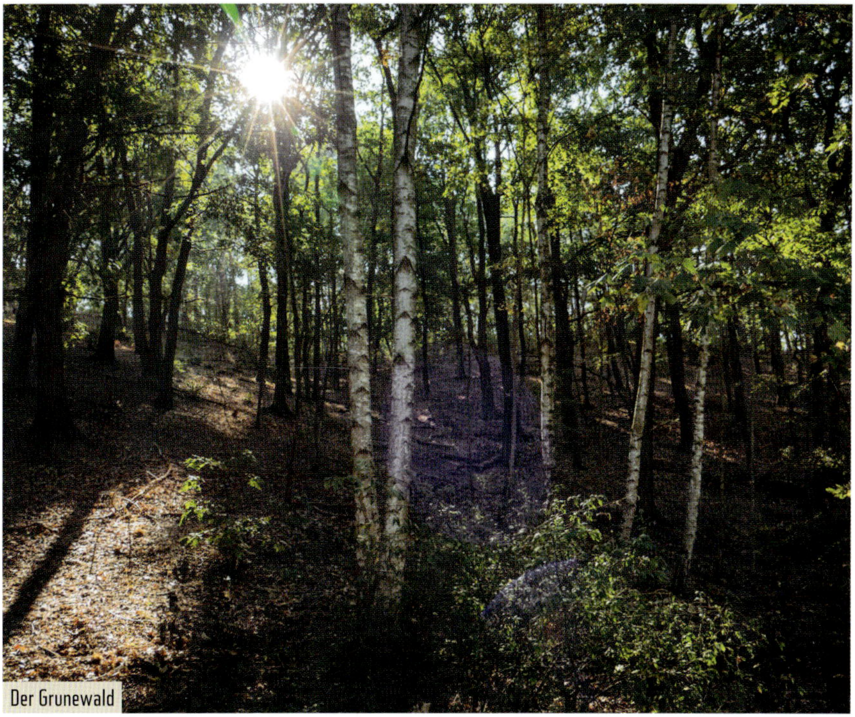

Der Grunewald

9

BIBER, BOMBEN UND BERÜHMTE BRÜDER

BERLINS GEHEIME INSELN

Die Pfaueninsel, Insel der Jugend, Museumsinsel. Sie stehen in etlichen Reiseführern und werden von Menschen aus aller Welt aufgesucht. Doch Berlins Inseln sind weit mehr als reizvolle Sehenswürdigkeiten. Viele von ihnen fristen ein unbekanntes Dasein und wurden irgendwann einfach vergessen. Sie sind für Menschen unzugänglich oder nur noch wenigen vorbehalten. Andere wiederum gehören der Tierwelt und stecken voller Leben. Eines haben sie aber alle gemeinsam: Sie haben Geschichte und Geschichten, die sich lohnen, gehört zu werden.

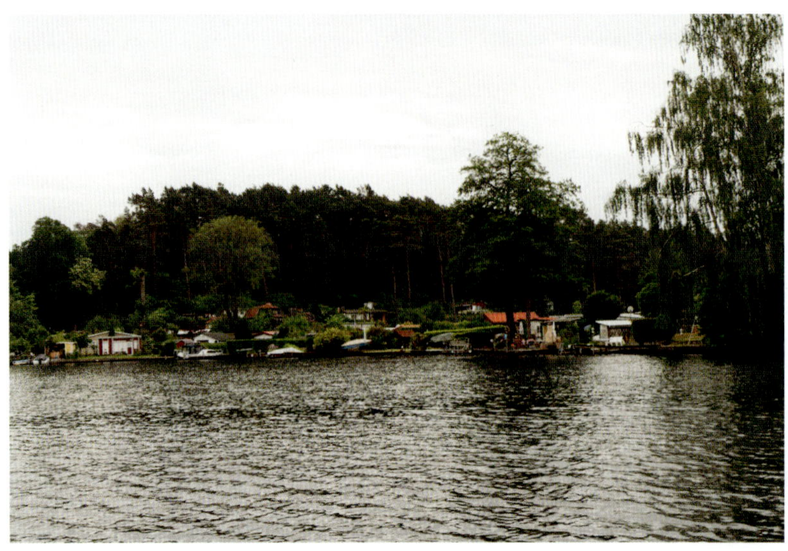

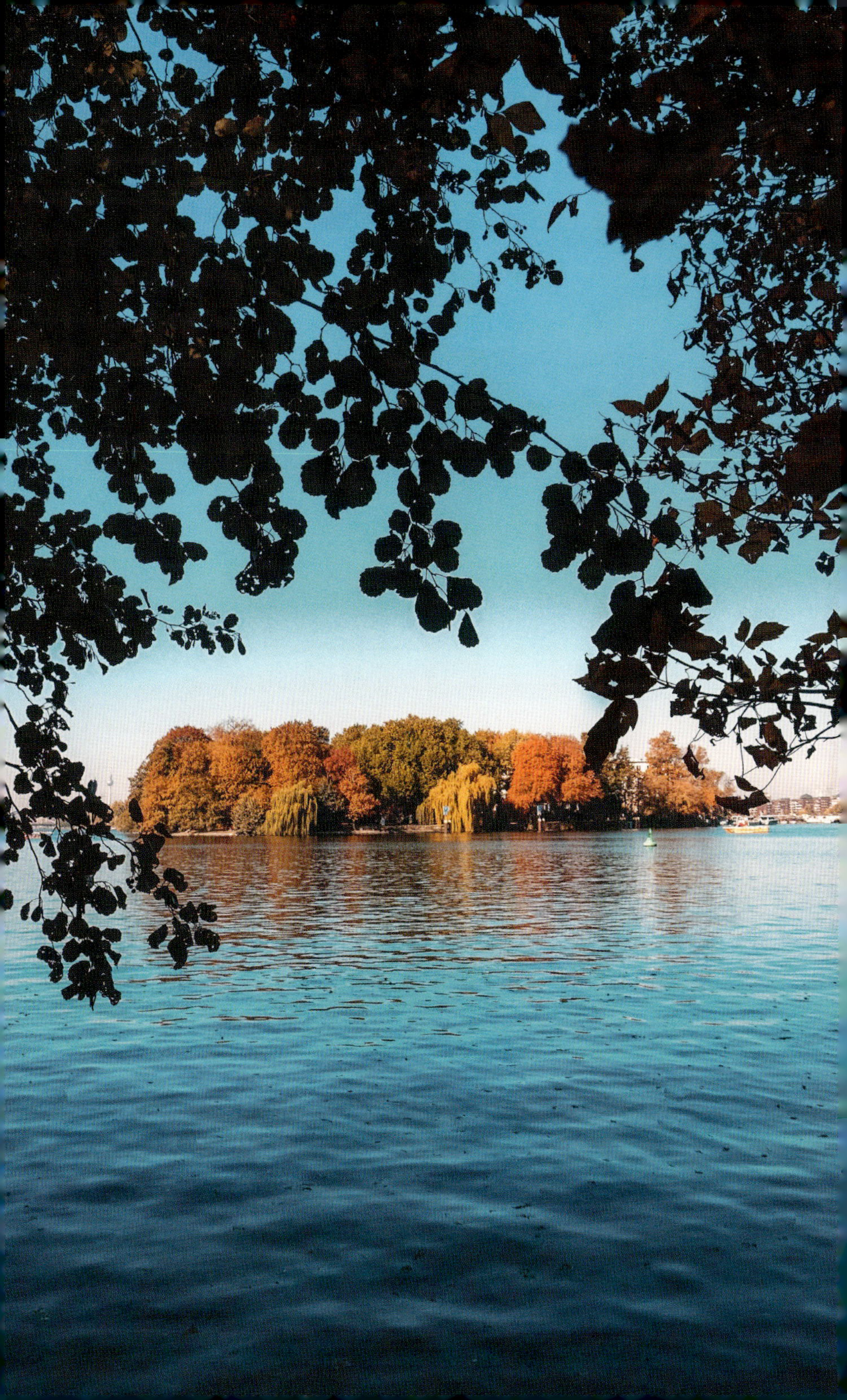

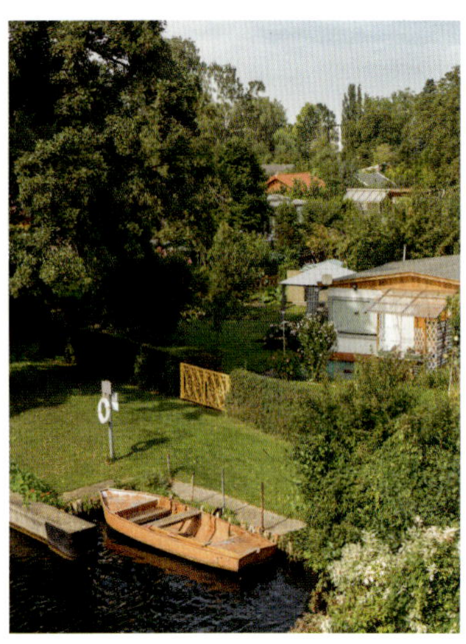

BAUMGARTENINSEL

MÜGGELSPREE – KÖPENICK

Kein Boot? Kein Zugang! Im 19. Jahrhundert nutzten Köpenicker Wäscherinnen die Insel noch als Trockenplatz – heute gehört sie den Kleingärtnern. Seit der Erweiterung der Gräben kommt man nur noch per Boot auf das grüne Kleinod.

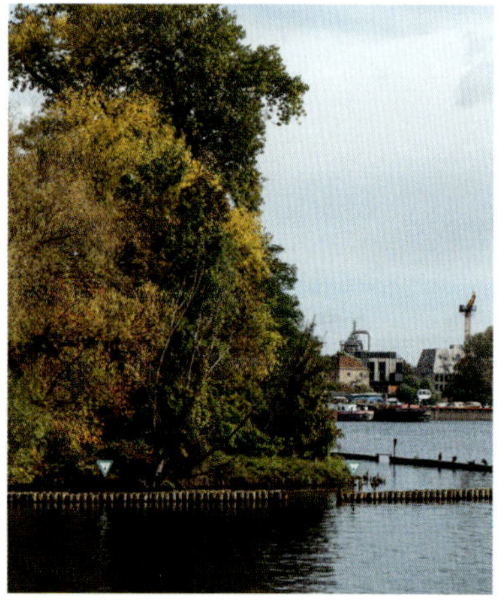

KRATZBRUCH UND LIEBESINSEL

SPREE – FRIEDRICHSHAIN

Die verbotenen Inseln: Die benachbarten Inseln Kratzbruch und Liebesinsel stehen unter Naturschutz und dürfen weder betreten noch auf zehn Metern Entfernung angefahren werden. Sie sind der Lebensraum einer siebenköpfigen Biberfamilie, die im angrenzenden Stralau und Rummelsburg für umgestürzte Bäume sorgt.

HASSELWERDER

TEGELER SEE – TEGEL

Heimat der Familie von Humboldt: Hasselwerder gehört zum nahegelegenen Schloss Tegel, in dem die bekannten Brüder Wilhelm und Alexander von Humboldt aufwuchsen. Noch immer ist die Insel im Besitz der Nachfahren der beiden Forscher und Denker.

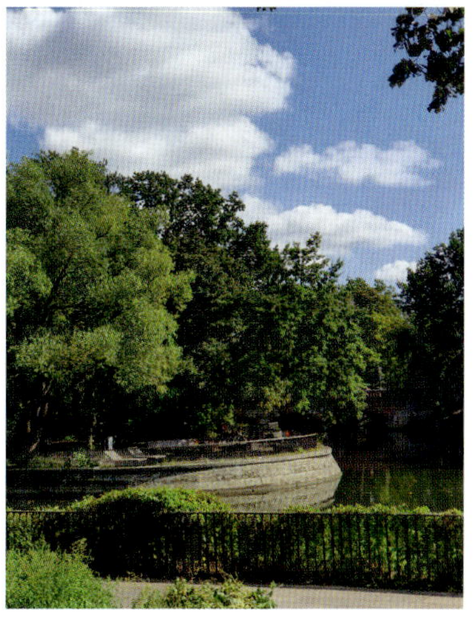

LOHMÜHLENINSEL

LANDWEHRKANAL – KREUZBERG

Ein Blick in die Vergangenheit: Die kleine Lohmühleninsel in Kreuzberg wirkt unscheinbar, doch steckt voller Relikte. Hier gibt es unter anderem das alte Zollhaus, Berlins erste Tankstelle, vier Inselbrücken und die Oberschleuse zu entdecken. Geheimtipp: Jimmy's Falafel-Wagen auf der Görlitzer Brücke!

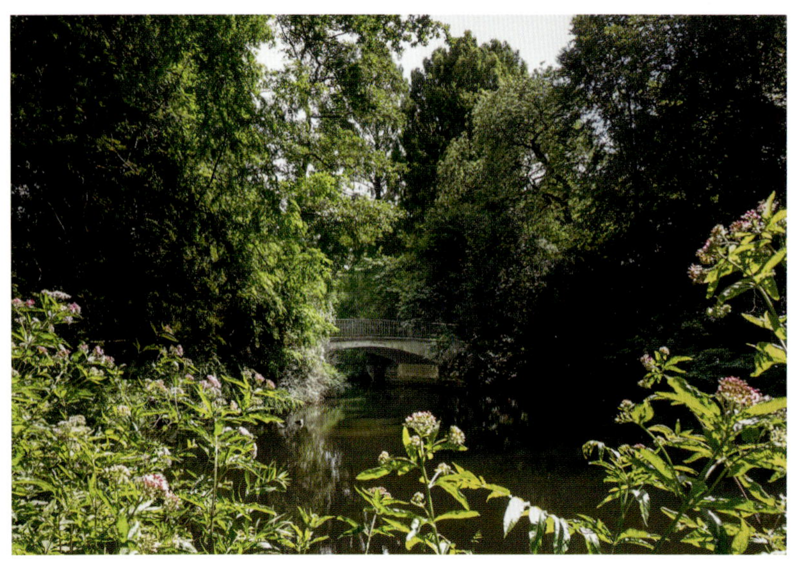

ROUSSEAU-INSEL

TIERGARTENGEWÄSSER – TIERGARTEN

Der versteckte Schatz: Die kleine Insel im Großen Tiergarten trägt den Namen des bedeutenden Philosophen Jean-Jacques Rousseau. Sie ist die Nachgestaltung einer Insel im Pariser Park von Ermenonville, auf der Rousseaus Sarkophag steht.

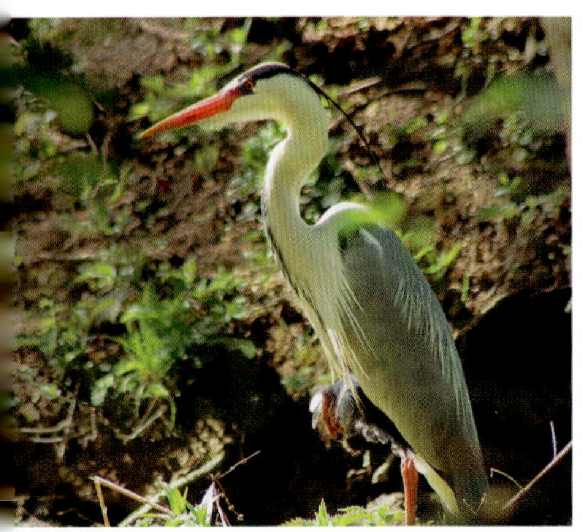

IMCHEN

HAVEL – KLADOW

Menschenleer, doch voller Leben: Die Insel Imchen ist ein unbewohntes und für Menschen unzugängliches Naturschutzgebiet, das der Vogelwelt als abgeschirmter Lebensraum dient. Sie befindet sich nur 50 Meter vom Festland am Kladower Hafen entfernt. Mit einem Fernglas lassen sich die Brutplätze von Kormoran, Graureiher und Eisvogel erkennen.

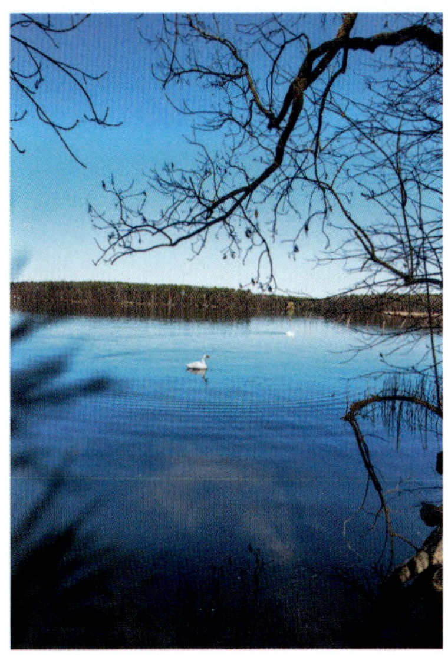

DOMMELWALL

SEDDINSEE – ZWISCHEN SCHMÖCKWITZ UND GOSEN

Migges Insel: Der Landschaftsarchitekt Leberecht Migge bewohnte die Insel ab den 1930er Jahren und lebte seinen Traum vom Aussteigen und Selbstversorgen. Im Zweiten Weltkrieg fanden hier etliche Menschen Schutz vor den Bombenangriffen. Die Insel ist heute unzugänglich, aber Migges Haus existiert noch immer.

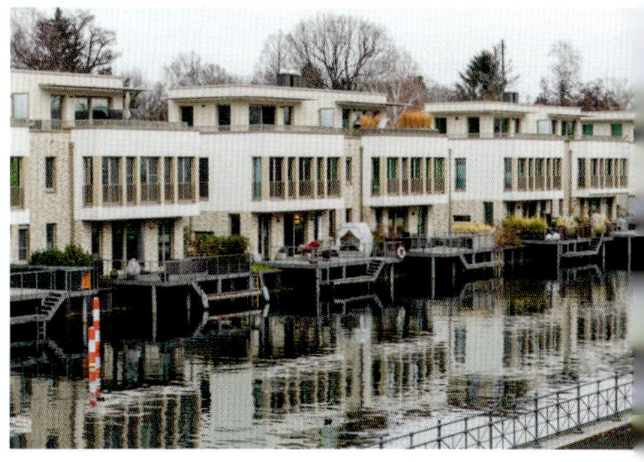

HUMBOLDTINSEL

TEGELER SEE – TEGEL

Kostspieliger Luxus: Auf der nur 17 Meter breiten Humboldtinsel entstand ab 2013 ein exklusives Wohngebiet und Berlins einzige Insel, auf der die Bewohner direkten Zugang zum Wasser haben. Den besten Blick auf die moderne Villensiedlung bekommt man von der Sechserbrücke.

10 DAHMENBESUCH

EIN SPAZIERGANG AN DER DAHME

Der Kopf schreit nach Ruhe, aber der Urlaub ist noch in weiter Ferne? Diese Tour ist die schnelle Hilfe für gestresste Großstädter. Der knapp zweistündige Ausflug führt über das Wasser der Dahme und mitten durch eines der abgelegensten Gebiete Berlins. Statt Straßen gibt es nur Waldwege, Autolärm wird durch Vogelgesang ersetzt und als Hintergrundmusik dient das sanfte Plätschern der Wellen.

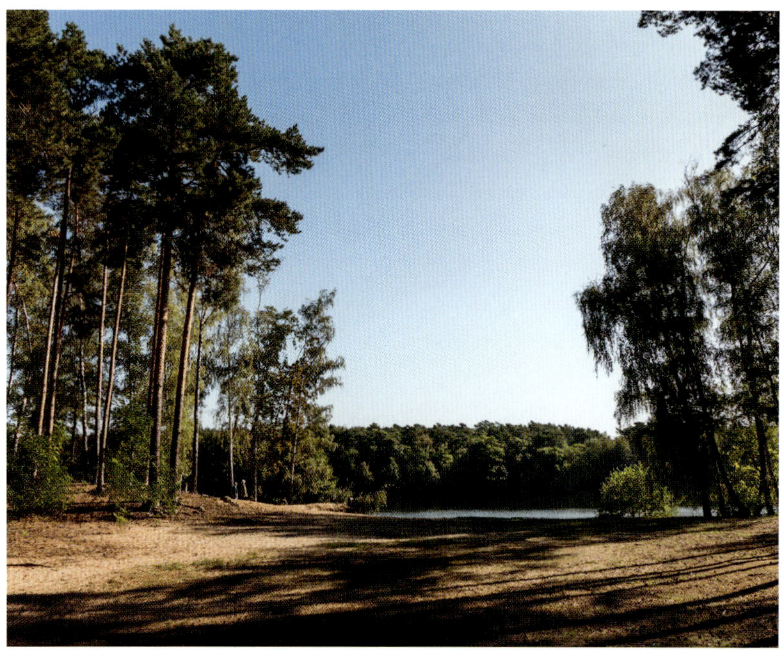

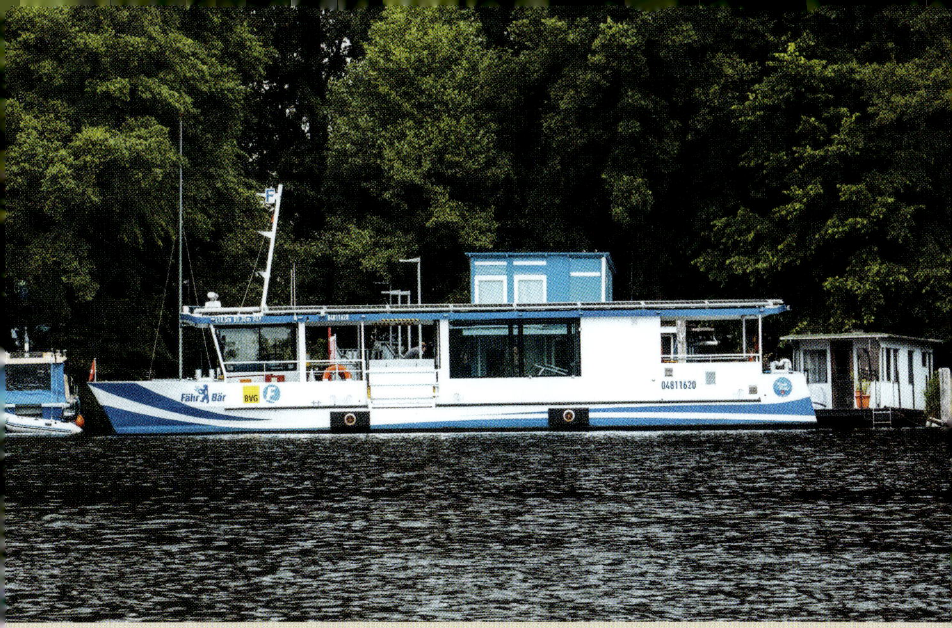

AN-UND ABFAHRT MIT DER FÄHRE

Länge: 6,5 Kilometer
Dauer inkl. Fährfahrten: 2 Stunden

START

Fähre F12, Anlegestelle »Wassersportallee«
Adresse: Wassersportallee,
12527 Berlin-Grünau
Fahrzeit: 2 Minuten

ZIEL

Anlegestelle »Müggelbergallee«
Adresse: Müggelbergallee 1A, 12557 Berlin

Nach dem Anlegen der Fähre folgt man dem kopfsteingepflasterten Weg und biegt rechts in die Wendenschloßstraße ab. Von dort aus geht es 500 Meter durch ein beschauliches Wohnviertel, bis das Möllhausenufer erreicht ist. Nun verabschiedet man sich langsam von der Zivilisation und folgt der Uferpromenade, die in einen Wanderweg übergeht. Es erwarten einen sechs Kilometer voller Gelassenheit, mit Wald und Wasser so weit das Auge reicht. Der Weg endet an der Anlegestelle »Krampenburg«. Mit der Fähre F21 geht es in sieben Minuten nach Schmöckwitz. Von dort aus gelangt man mit der Tram 68 wieder zum Ausgangspunkt dieser Tour.

Da es sich bei beiden Fähren um offizielle BVG-Fährschiffe handelt, kann man sie problemlos mit einer vorhandenen Monatskarte oder einem Einzelticket nutzen. Die Mitnahme von Fahrrädern ist erlaubt. Die aktuellen Fährzeiten findet man auf bvg.de

STATIONEN AUF DER TOUR

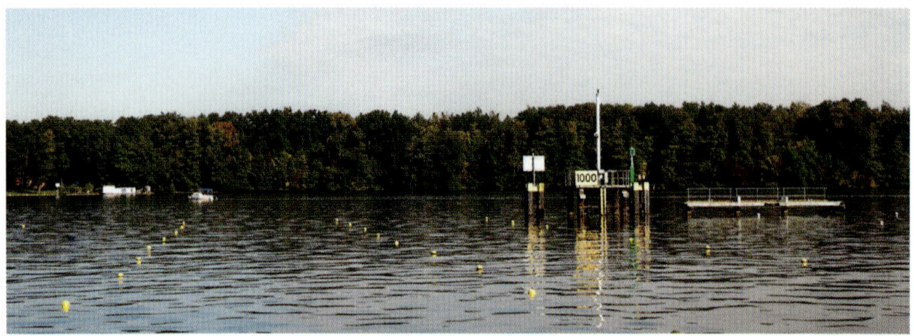

1. REGATTASTRECKE GRÜNAU

Im Jahr 1936 blickte die gesamte Sportwelt auf das kleine Grünau. Die dortige Regattastrecke war Austragungsort für die Kanu- und Ruderwettbewerbe der olympischen Spiele und stand plötzlich in der internationalen Presse. Noch heute finden regelmäßig Wettrennen auf der Wasserstrecke statt; damit ist sie die älteste aktive Sportstätte Berlins. Den besten Blick auf die Strecke bekommt man auf einem Plateau an der Wendenschloßstraße, Ecke Möllhausenufer (52.413793, 13.590457).

Adresse: Regattastraße 191, 12527 Berlin

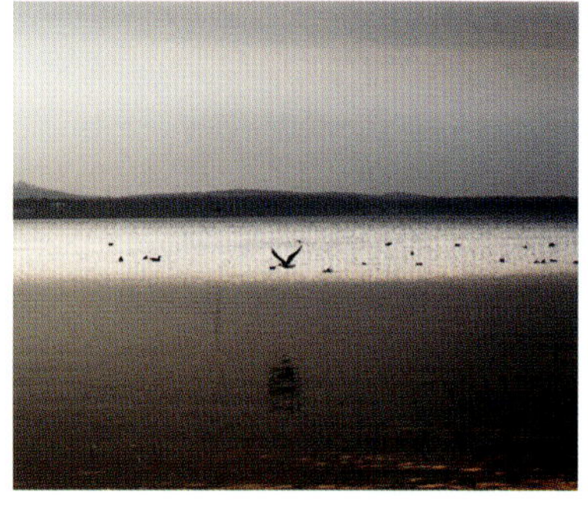

2. SEEBAD WENDENSCHLOSS

Das traditionsreiche Seebad sorgt seit 1915 für Badespaß an der Dahme. Doch auch für Schwimm-Muffel gibt es ein großes Angebot: Neben regelmäßigen Filmveranstaltungen unter freiem Himmel, einem Beachvolleyballfeld und einem Bootsverleih, lockt auch ein Biergarten mit kulinarischem Angebot die Besucher ins Bad.

Adresse: Möllhausenufer 30, 12557 Berlin

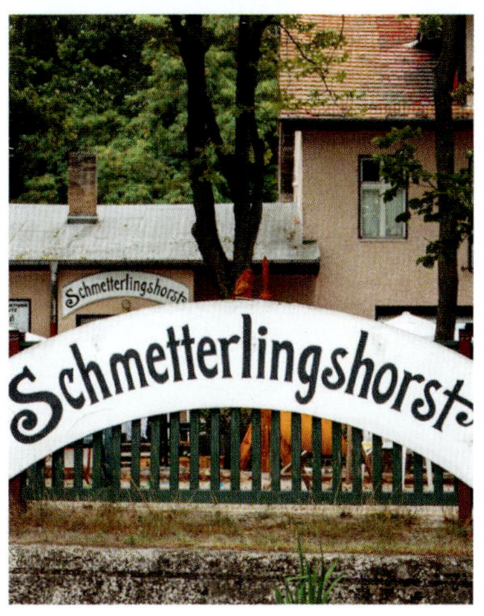

3. SCHMETTERLINGSHORST

Die historische Ausflugsstätte »Schmetterlingshorst« bietet seit 1898 Wanderern und Radfahrern Stärkung vom Grill und in flüssiger Form. Grund für den Namen ist eine angegliederte Halle, in der über 3 500 exotische und einheimische Schmetterlinge ausgestellt sind. Laut Betreiber handelt es sich um die zweitgrößte Sammlung Europas.

Adresse: Zum Schmetterlingshorst 2, 12559 Berlin

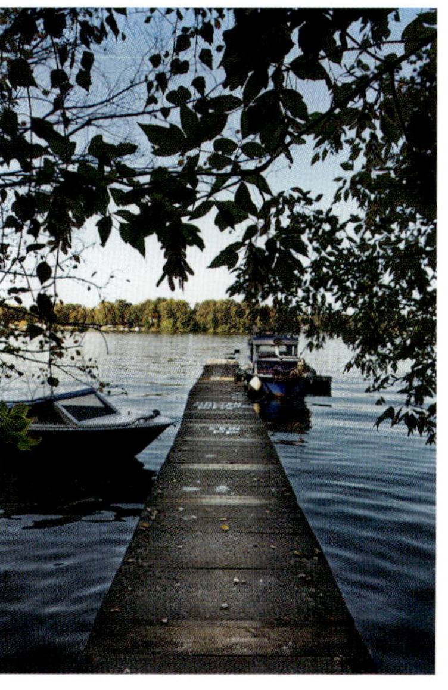

4. VERSTECKTER STEG

Ein versteckter Steg am Ende der Uferpromenade ist der ideale Abschluss für diese Tour. Mit dem Wald im Rücken schaut man auf das stille Wasser der Dahme und kann Berlin von seiner ruhigsten Seite erleben. Ein herrlicher Picknick-Spot, der Tag und Nacht geöffnet ist.

Zielgenaue Geodaten: 52.389594, 13.648790

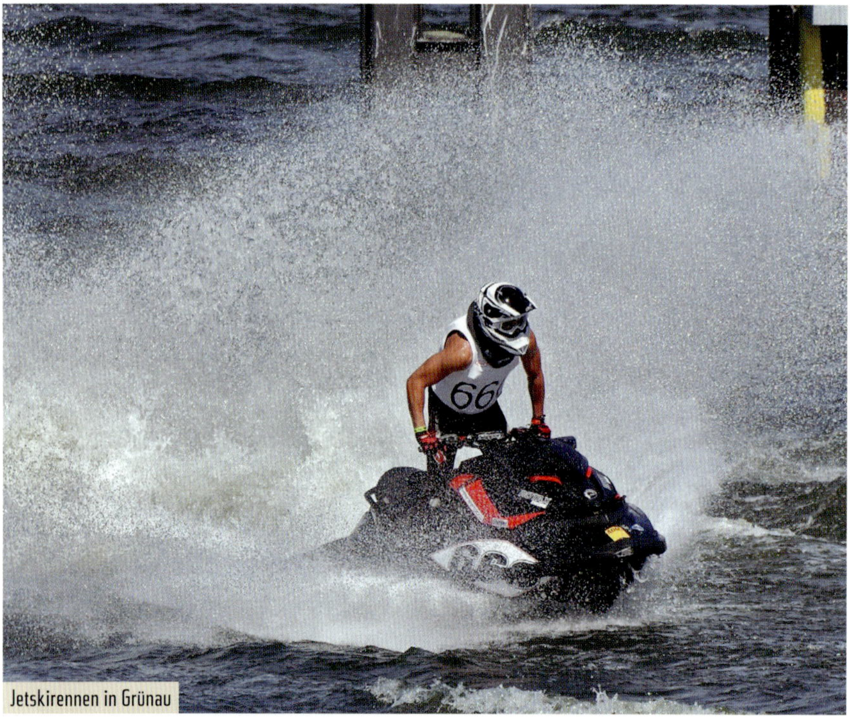

Jetskirennen in Grünau

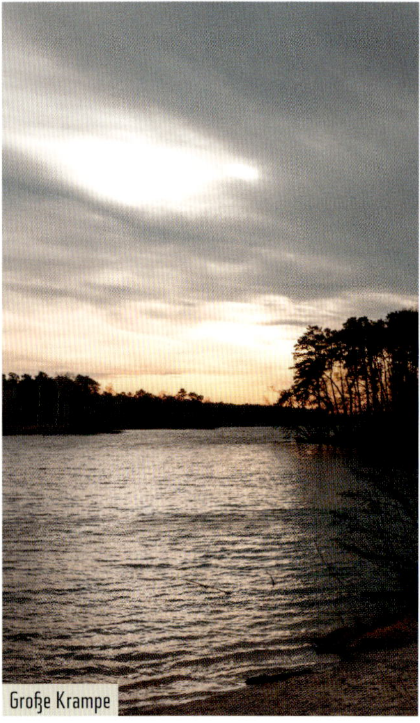
Große Krampe

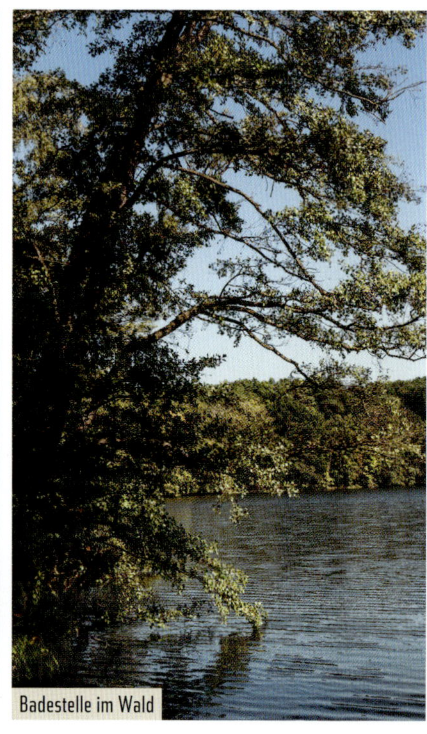
Badestelle im Wald

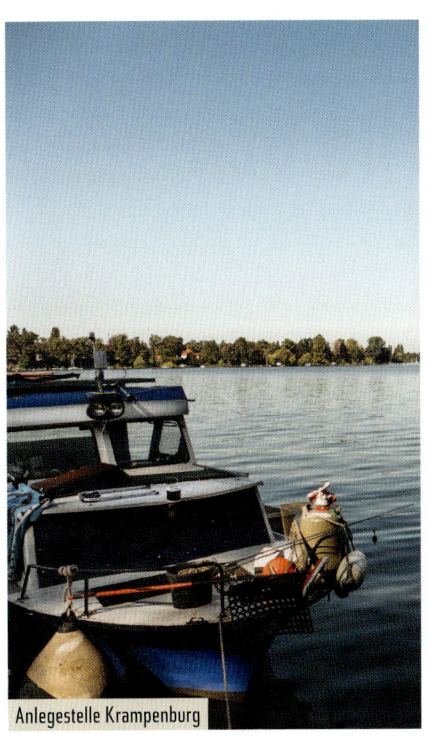
Anlegestelle Krampenburg

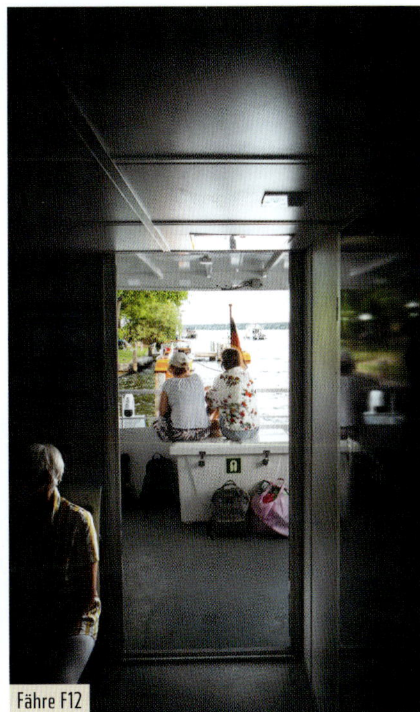
Fähre F12

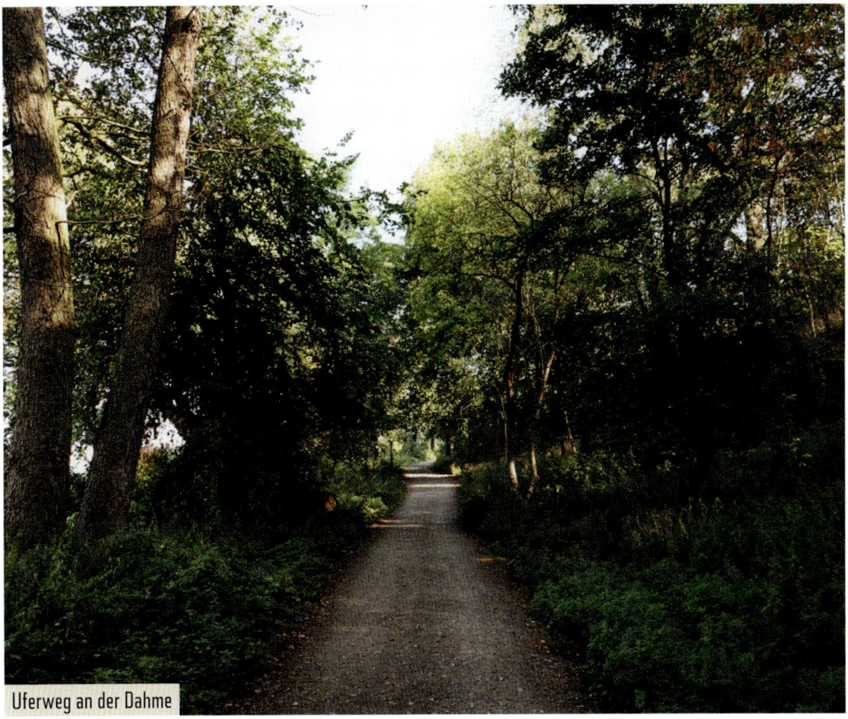

Uferweg an der Dahme

11

DAS VORBILD FÜR DEN PANAMAKANAL

SCHLEUSE KLEINMACHNOW

Die Schleuse Kleinmachnow befindet sich knapp zwei Kilometer hinter der Berliner Landesgrenze und ist eine historische Sehenswürdigkeit, die Anfang des 20. Jahrhunderts als Gipfel der Ingenieurskunst galt. Die dort angewandte Treideltechnik, also das Ziehen eines Schiffes oder Lastkahns stromaufwärts, lockte Experten aus aller Welt nach Brandenburg. Eine revolutionäre Vorgehensweise, die später oft kopiert wurde. Eine nahezu baugleiche Variante findet man sogar am Panamakanal.

Der Besuchermagnet verschaffte der damaligen 400-Seelen-Gemeinde internationale Bekanntheit und damit Freude bei den ansässigen Hotel- und Lokalbesitzern. Heute zählt sie zu den bedeutendsten Bauwerken in der Region.

Die Anlage ist gespickt mit Schaukästen, die Auskunft über Geschichte, Gegenwart und Zukunft der Schleuse liefern. Außerdem finden regelmäßige Führungen statt. Direkt neben der Schleuse steht ein altes BVG-Relikt: der Triebwagen TM aus dem Jahr 1927. Er verkehrte auf der ehemaligen Straßenbahnlinie 96 und befindet sich nun an seiner einstigen Endhaltestelle »Kleinmachnower Schleuse«.

Parkplatz: Stahnsdorfer Damm – 52.395202, 13.208559

Nächstgelegene ÖPNV: ›Kleinmachnow, Am Hochwald‹ (Bus 620, 623 sowie 628)

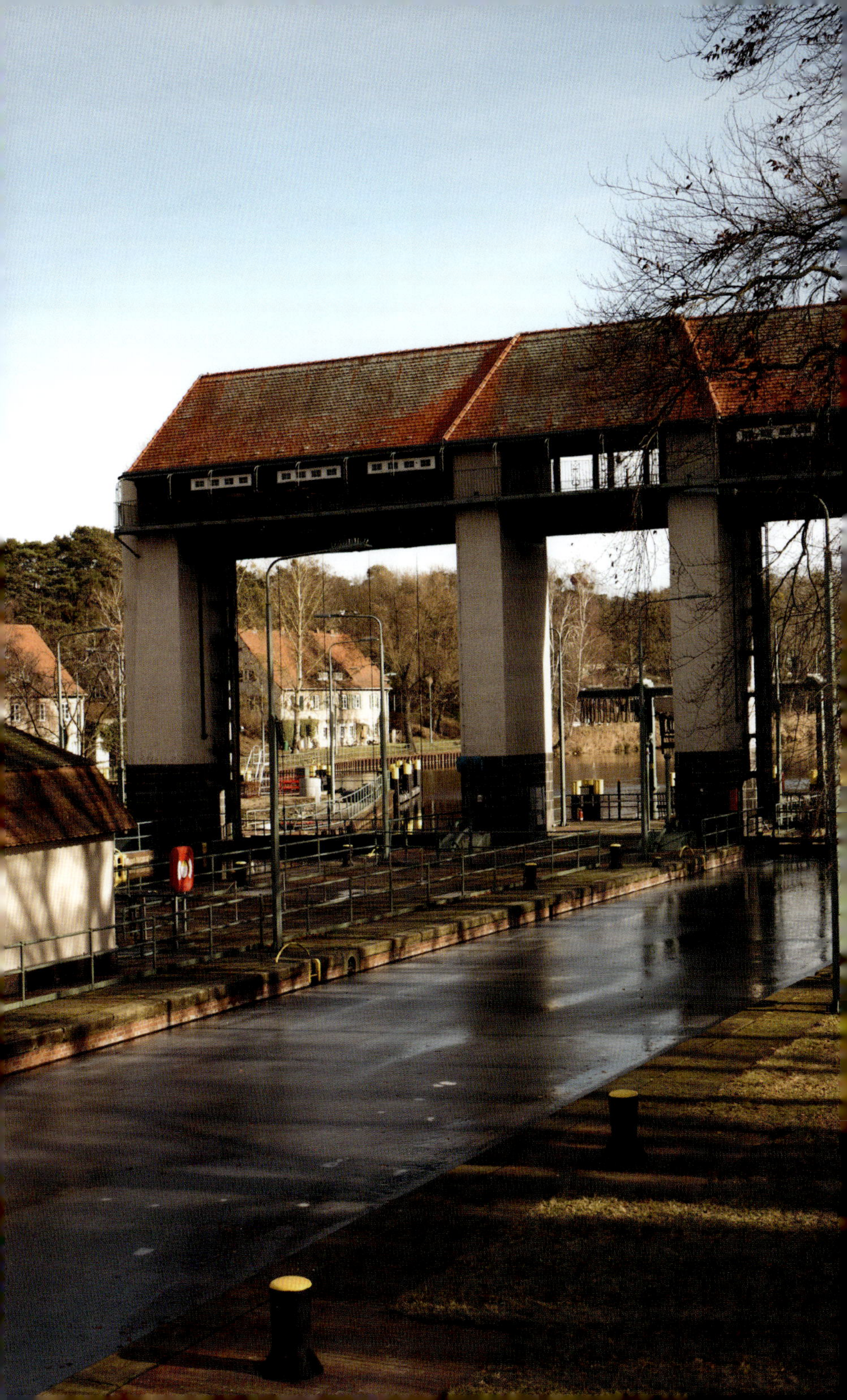

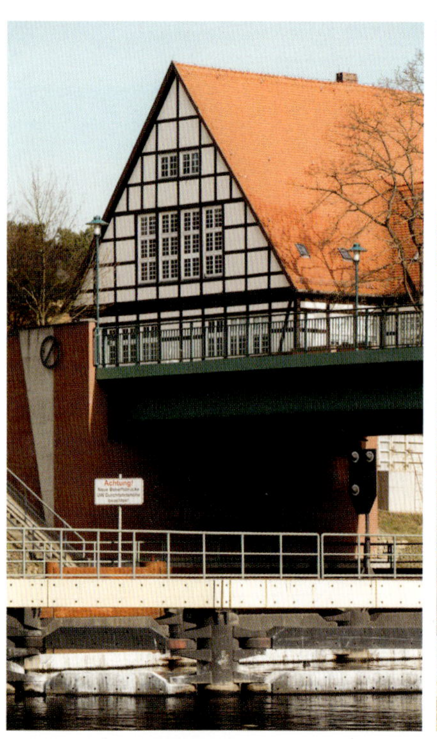
Achtung!

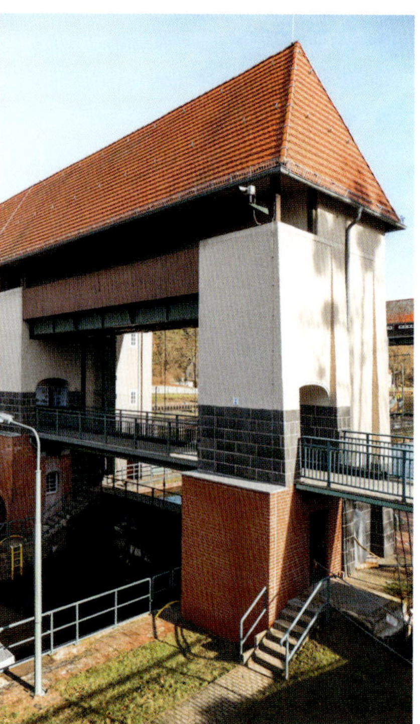

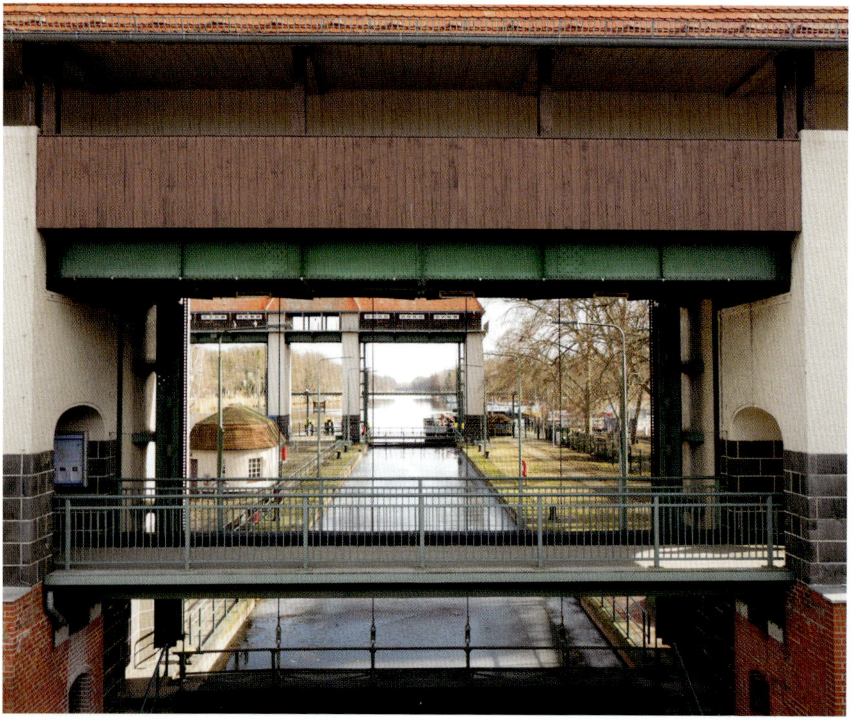

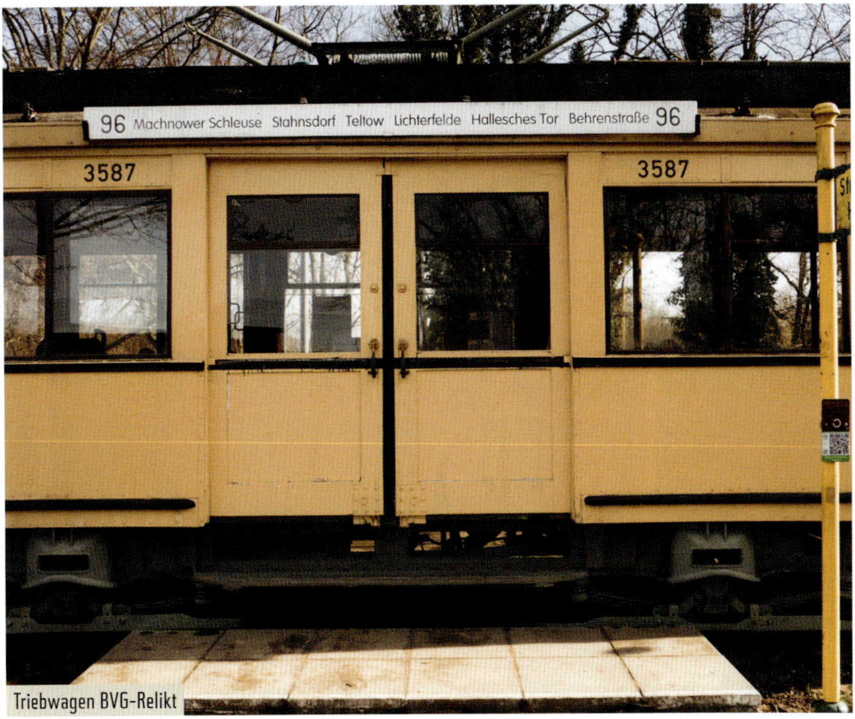

Triebwagen BVG-Relikt

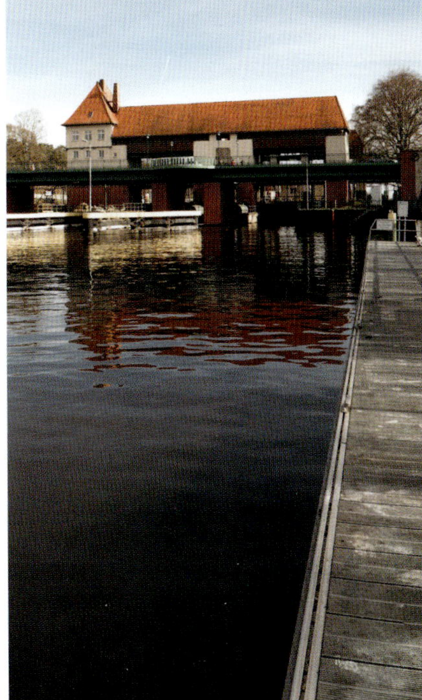

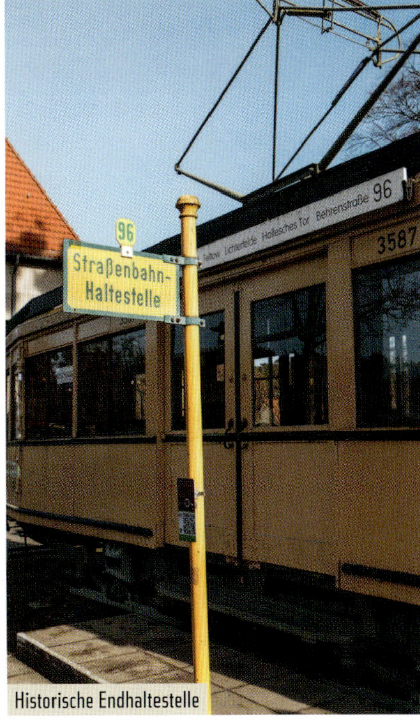

Historische Endhaltestelle

12
DIE BERLINER SEEHUNDE

WINTERSCHWIMMEN UND EISBADEN IN BERLIN

Wenn das Thermometer die 20-Grad-Marke nicht mehr überschreitet, wird es an den Badeseen schlagartig leer. Herrschte am sonnigen Samstag noch Platzmangel an den Sandstränden, sind sie am trüben Sonntag bereits wie ausgestorben. Aus einem unerklärlichen Grund sind wir Menschen extrem empfindlich, wenn es um unsere Badetemperatur geht. Schwimmen in einem kalten Gewässer? Unvorstellbar! Aber nicht für alle ...

Für die Frauen und Männer der »Berliner Seehunde« beginnt die Badesaison erst dann, wenn die Warmduscher die Seen verlassen haben. In der Zeit von Mitte September bis Ende April treffen sich die Mitglieder der über 120 Hartgesottenen zum gemeinsamen Baden im Strandbad Orankesee. Ganz egal, ob es regnet, schneit oder der See gefroren ist. Hier geht es nicht darum, wer es am längsten im kalten Wasser aushält, sondern um den Spaß unter Gleichgesinnten. Denn Eisbaden hebt die Stimmung und härtet zudem noch ab.

Für besonders viel Freude – auch bei den Zuschauern – sorgt das alljährliche »Winterschwimmen in Berlin«. Hierbei treffen sich die Seehunde an jedem zweiten Samstag im Januar zum sogenannten Eisfasching. Kostümiert und gut gelaunt steigen sie mit Eisschwimmern aus der ganzen Welt in das kalte Wasser und feiern ihren Sport, der frei von Wettbewerbscharakter ist und die unterschiedlichsten Menschen zwischen zwölf und 90 Jahren zu einer großen Gemeinschaft zusammenführt.

Interessiert am Eisbaden? Auf der Website *berliner-seehunde-orankesee.de* kann man mit den Winterschwimmern in Kontakt treten und vielleicht schon beim nächsten Treffen dabei sein.

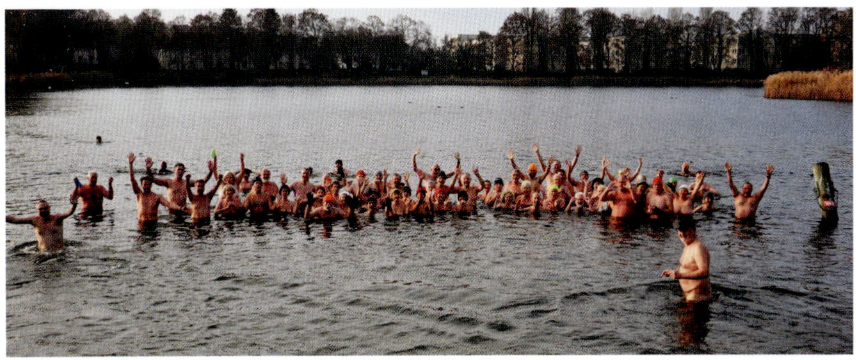

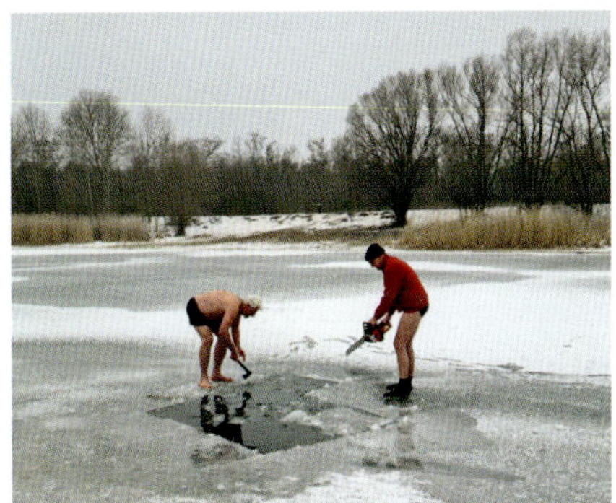

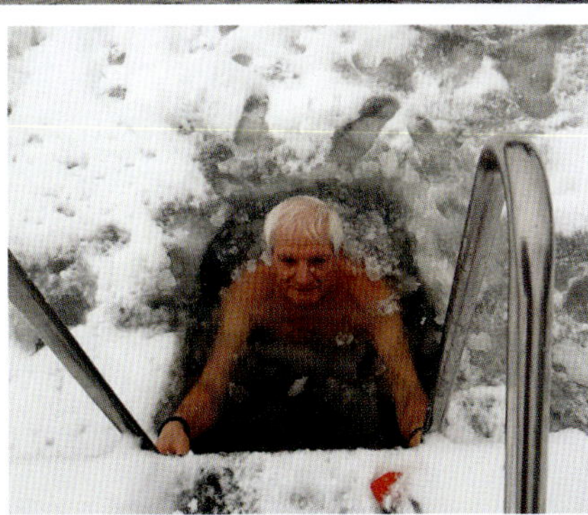

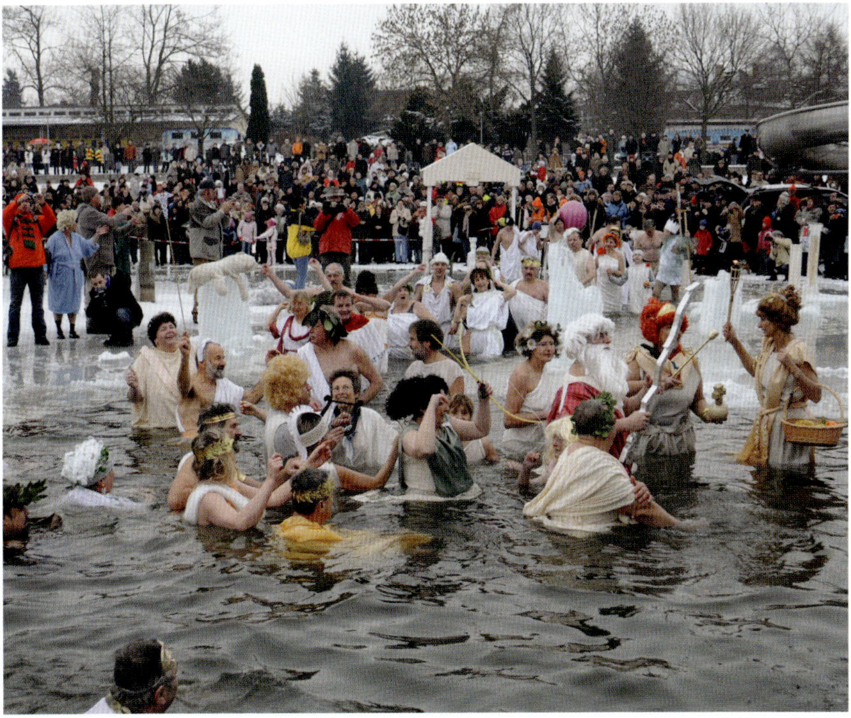

13

DIE PASSEN HIER NICHT HIN

ALTER PARK / LEHNEPARK

Der Tempelhofer Damm ist alles andere als ein idyllischer Ort. Nahezu täglich kommt es zu Staus auf der sechsspurigen Straße. Imbisse, Friseure und Krimskrams-Läden reihen sich dicht aneinander. Wer ahnt schon, dass man ausgerechnet hier Erholung am Wasser findet?
Alles, was man tun muss, ist, in die Parkstraße abzubiegen, und plötzlich ist von Hektik und Verkehr nichts mehr zu spüren. Nun steht man zwischen zwei kleinen Grünanlagen mit jeweils einem Gewässer. Die Rede ist vom Lehnepark mit dem Wilhelmsteich im Norden und dem Alten Park mit dem Klarensee im Süden. Beide Anlagen punkten weniger mit einem abwechslungsreichen Freizeitangebot, sondern sind vielmehr Rückzugsorte, um Kraft zu tanken. Genau das Richtige also, was diese Gegend braucht.
Besonders schön ist der dauerhafte Blick auf den Turm der Dorfkirche. Sie ist die größte aller Dorfkirchen in Berlin und befindet sich leicht erhöht auf einem Friedhof. Sie bildet das Zentrum eines Ortes, den man in einem solch ruhelosen Teil der Stadt nicht vermutet.

Parkplatz: Reinhardtplatz – 52.464518, 13.383662
Nächstgelegene ÖPNV: ›Rathaus Tempelhof‹ (Bus 184)

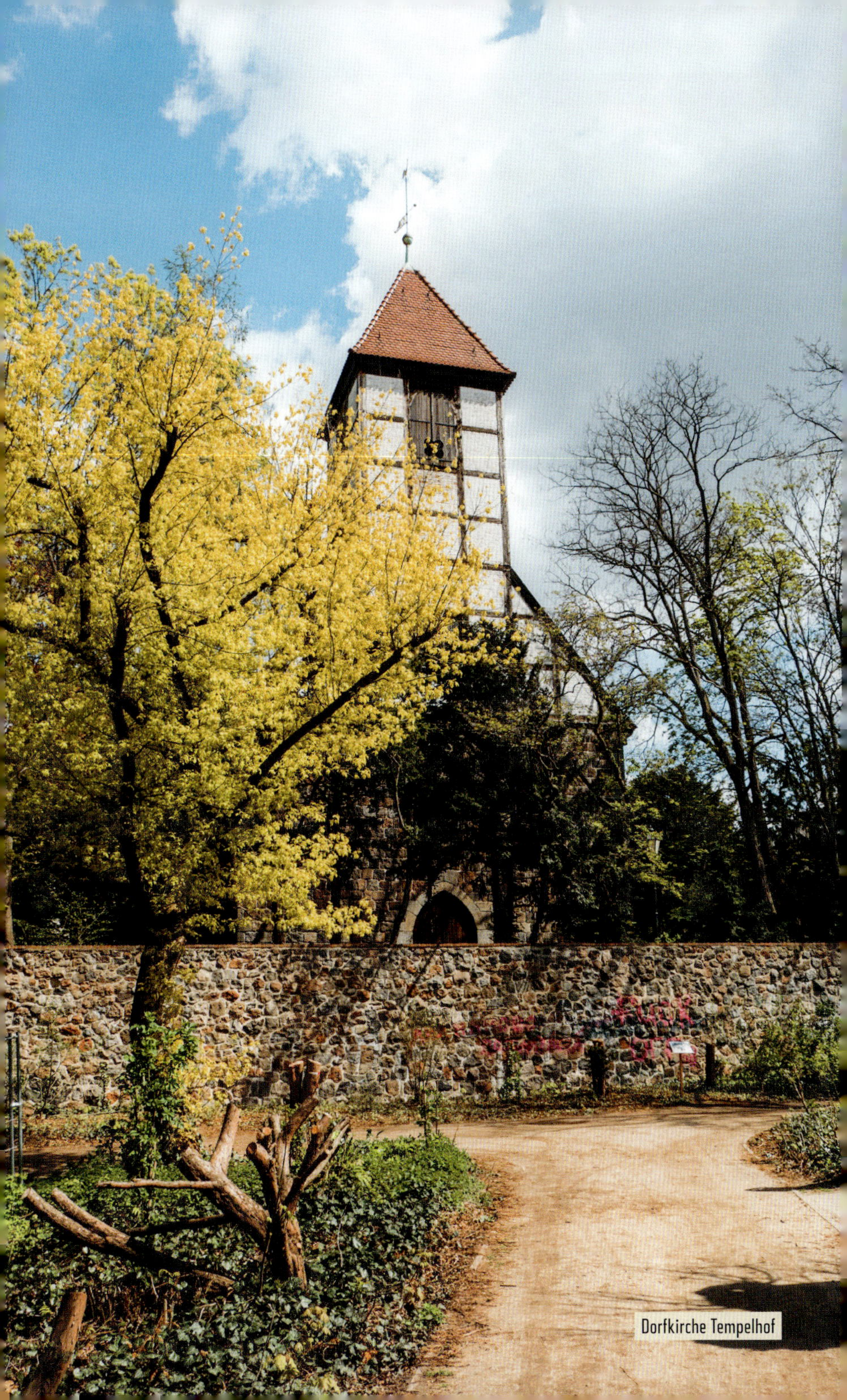

Dorfkirche Tempelhof

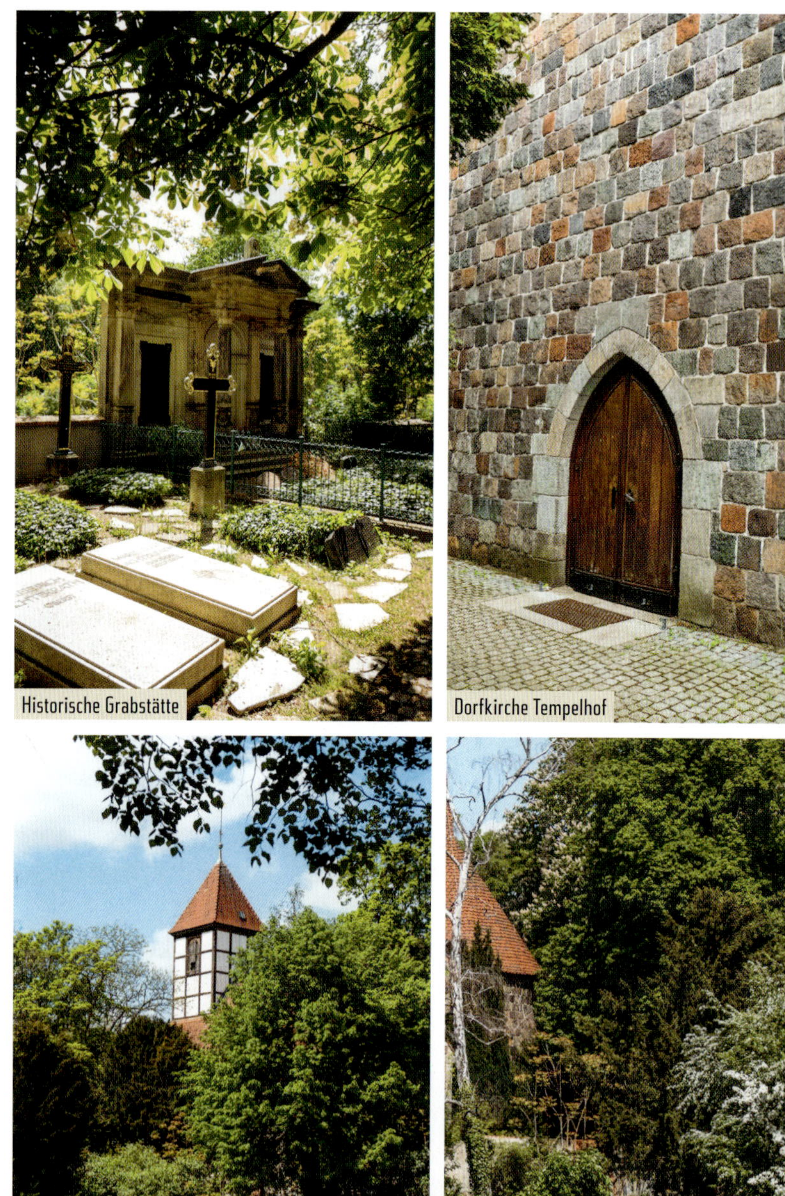

Historische Grabstätte

Dorfkirche Tempelhof

Blick auf die Dorfkirche

Klarensee im Alten Park

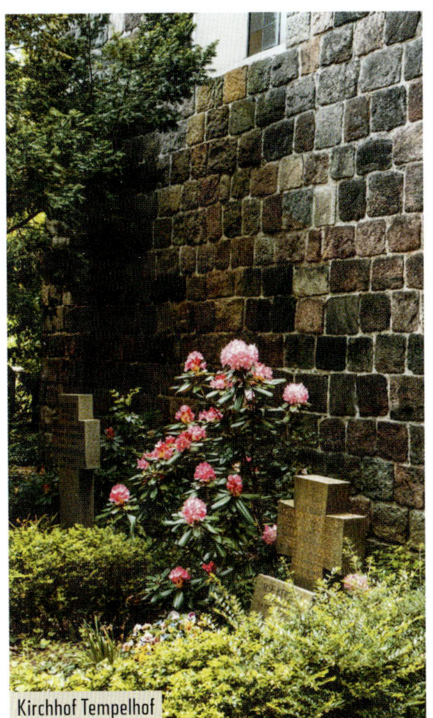
Kirchhof Tempelhof

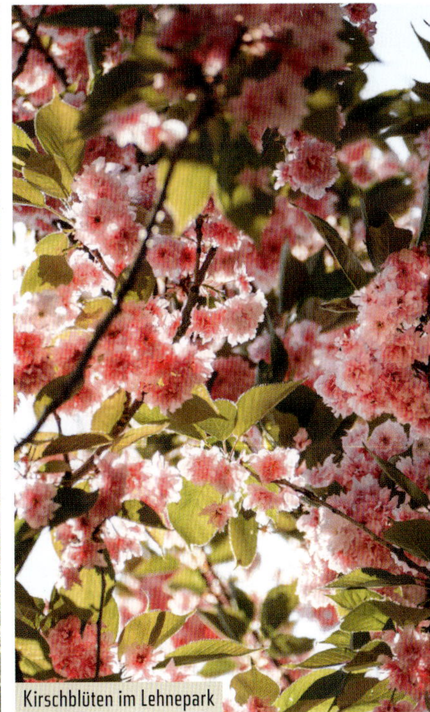
Kirschblüten im Lehnepark

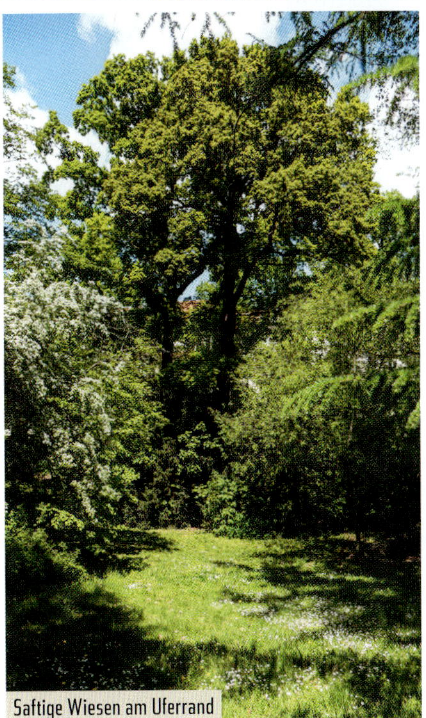
Saftige Wiesen am Uferrand

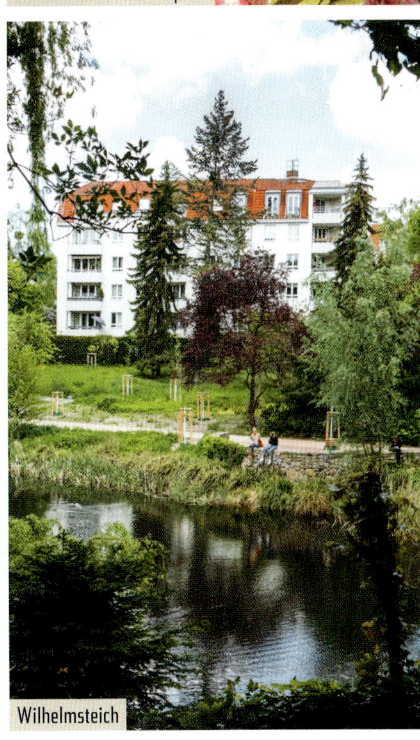
Wilhelmsteich

14
DIE TOUR FÜR DEINEN INSTAGRAM-ACCOUNT

IN VIER KILOMETERN ZU 21 BERLINER SEHENSWÜRDIGKEITEN

Für Besucher Berlins gibt es häufig nur ein Ziel: So viel wie möglich von der Stadt sehen. Die erlebten Momente werden mit der Kamera festgehalten und finden ihren Platz im Fotoalbum oder auf den sozialen Medien. Vor allem die zahlreichen Sehenswürdigkeiten haben es den (Hobby-)Fotografen angetan. Der Berliner Dom während des Sonnenuntergangs mit dem Fernsehturm im Hintergrund oder ein Schnappschuss der verschneiten Friedrichstraße sind begehrte Fotomotive, für die sich viele Menschen auf den Weg durch die ganze Stadt machen. Umso schöner ist es doch, wenn man dafür nicht durch überfüllte Straßen laufen muss, sondern sich in einem angenehmen Ambiente aufhält. Und wo ist Berlin am attraktivsten? Natürlich am Wasser!

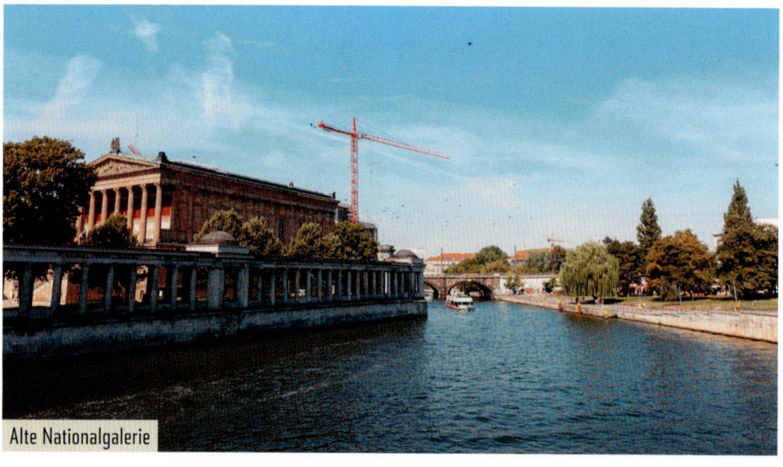
Alte Nationalgalerie

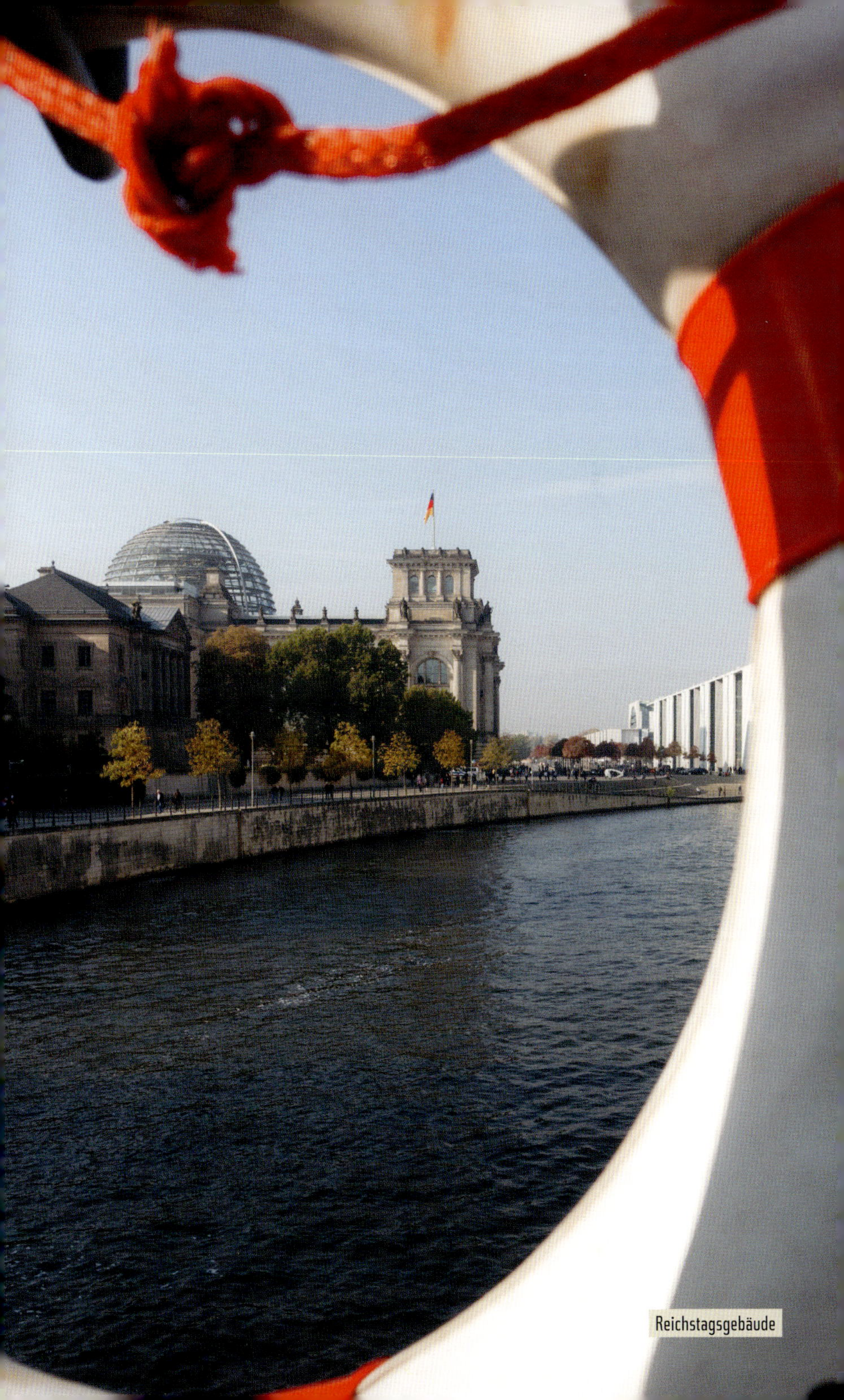

Reichstagsgebäude

DER ROUTENVERLAUF

Die Tour beginnt im politischen Zentrum Berlins. Start ist das Schloss Bellevue – der erste Amtssitz des Bundespräsidenten. Hier folgt man der *John-Foster-Dulles-Allee* und biegt links zum *Bettina-von-Arnim-Ufer* ein. Nun geht es immer am Wasser entlang, über den Spreebogen bis zur Marschallbrücke und weiter über das Reichstagsufer. Hier verlässt man das Regierungsviertel und befindet sich auf der *Friedrichstraße*, eine der bekanntesten Straßen im historischen Berlin Mitte. Die dortige Uferpromenade *Am Weidendamm* geht über in den *Kupfergraben*, dessen Ende an der Eisernen Brücke auf die Museumsinsel führt. Das UNESCO-Welterbe beherbergt eine jahrtausendealte Sammlung der Kunst- und Kulturgeschichte Europas. Über den Lustgarten, einer kleinen Grünanlage am Berliner Dom, gelangt man zum neuen Berliner Schloss. Das Bauwerk ist der Nachbau des einstigen Königlichen Stadtschlosses aus dem Jahr 1443 und das Finale dieser Sightseeing-Tour.

SEHENSWÜRDIGKEITEN AUF DIESER TOUR

- Schloss Bellevue
- Haus der Kulturen der Welt
- Carillon
- Tipi am Kanzleramt
- Bundeskanzleramt
- Spreebogen
- Futurium auf der anderen Spreeseite
- Paul-Löbe- und Marie-Elisabeth-Lüders-Haus
- Reichstagsgebäude
- Tränenpalast
- Friedrichstraße
- Museumsinsel: Bode-Museum, Pergamonmuseum, Alte Nationalgalerie, Neues Museum, Altes Museum, James-Simon-Galerie
- Berliner Dom
- Lustgarten
- Berliner Schloss

Auf unserem Instagram-Account »stadtpampa.de« veröffentlichen wir die besten Fotos aus der Hauptstadt. Nutze den Hashtag #besteberlin und bekomme die Chance auf ein Feature!

Parkplatz am Startpunkt: Straße des 17. Juni – 52.514371, 13.346494
Nächstgelegene ÖPNV: ›Schloss Bellevue‹ (Bus 100 und 187)

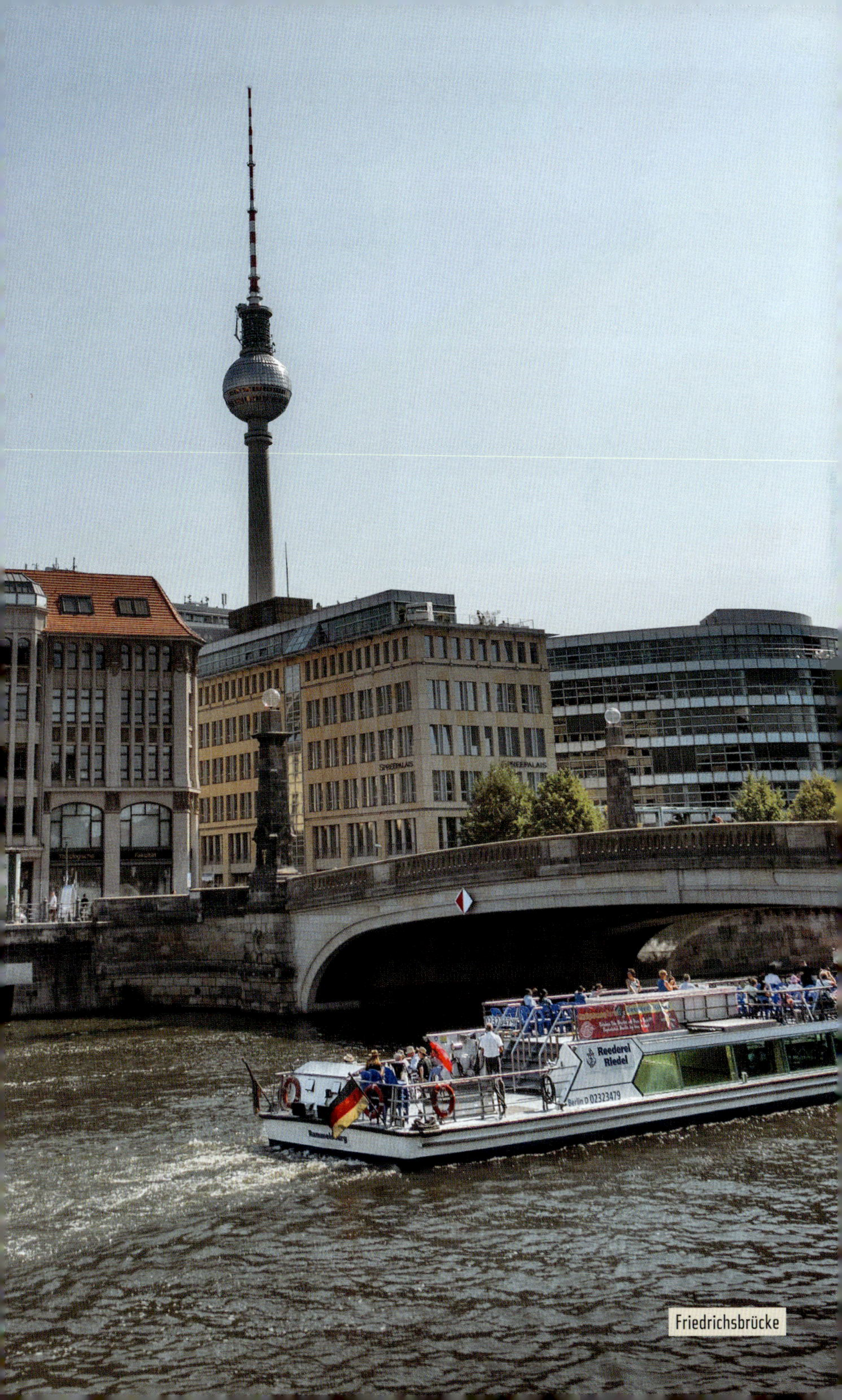

Friedrichsbrücke

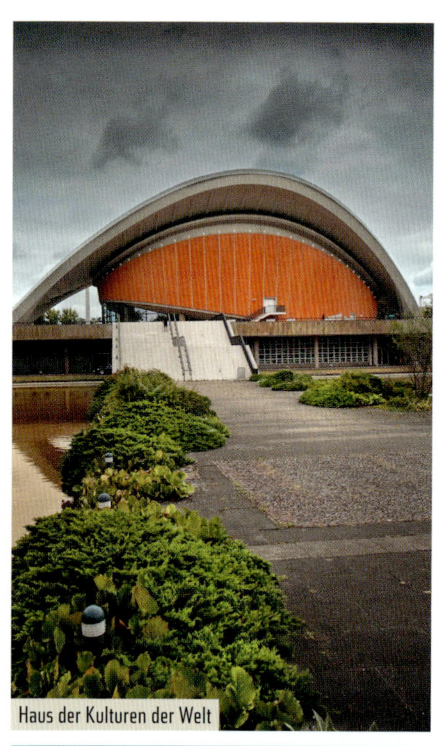
Haus der Kulturen der Welt

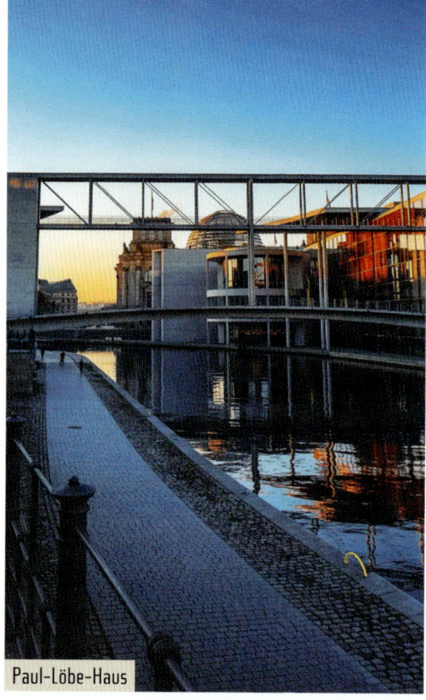
Paul-Löbe-Haus

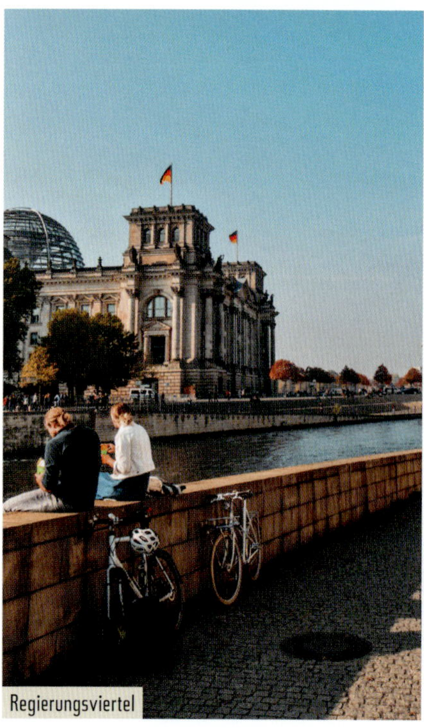
Regierungsviertel

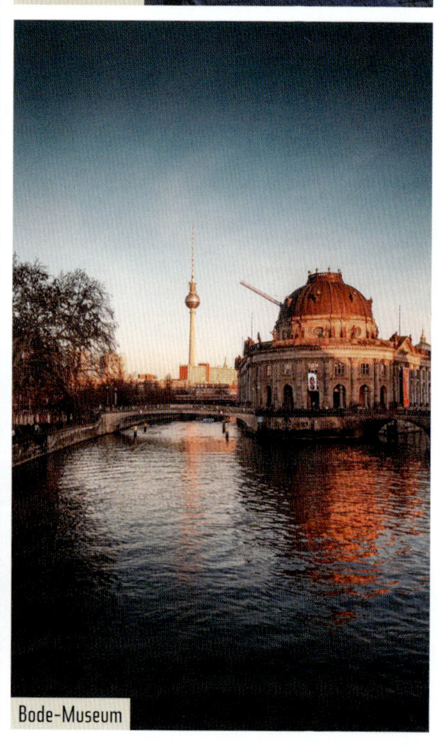
Bode-Museum

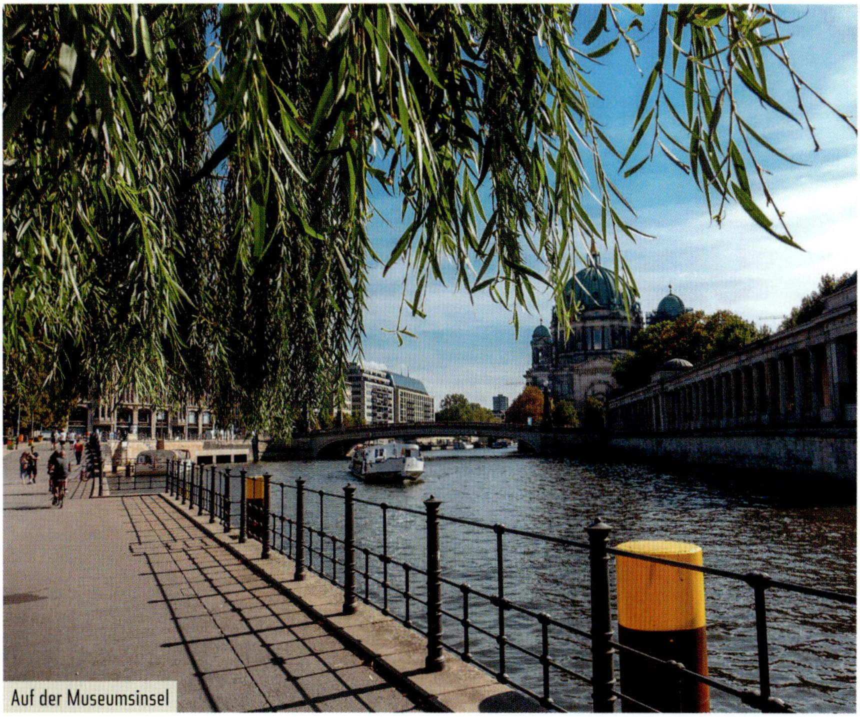

Auf der Museumsinsel

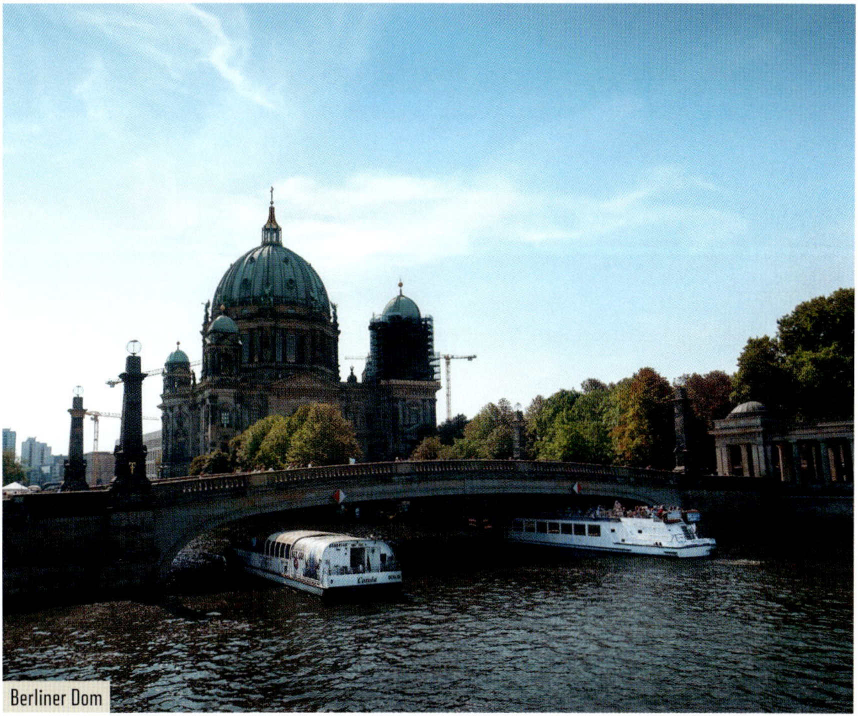

Berliner Dom

15
DU SCHÖNER MORGENNEBEL

SEDDINSEE

Was für den Autofahrer eine Qual, ist für den Fotografen die große Freude: Dichter Morgennebel, der sich wie eine Decke über die Landschaft legt. Die besten Chancen auf Nebel bekommt man kurz nach dem Sonnenaufgang nach einer klaren Herbstnacht, wenn die Temperaturen sinken. Einer der schönsten Orte, um das zu erleben, ist der Seddinsee.

Um diesen zu erreichen, geht es durch alte Fischersiedlungen mit historischen Häusern und dörflichem Charme. Sie heißen Gosen-Neu Zittau oder Eichwalde und läuten den Ausflug in eine Welt fernab der Großstadt ein.

Das Ziel ist die Südseite des Seddinsees. Sie ist ausgestattet mit einer Promenade, die im weiteren Verlauf zu einem Waldweg übergeht. Das Wasser des Seddinsees ständig im Blick, geht es nun immer tiefer in die dunkle Natur hinein. An einem frühen Morgen ist die Wahrscheinlichkeit höher, auf Wildschweine zu treffen als auf Menschen. Der See ist überzogen mit einer dicken Nebelschicht. Fische springen aus dem Wasser und Greifvögel streifen über die spiegelglatte Wasseroberfläche, um sie sich zu schnappen. Angler haben ihre Ruderboote geankert und sind auf der Jagd nach Zander und Hecht.

Es gibt dort diese alte Holzbank (52.377603, 13.666507) an einer Ausbuchtung des Seddinsees, auf der man mit dem Rücken zum Wald sitzt. Von hier aus ist man hautnah dabei, wenn sich der Morgennebel auflöst und Stück für Stück den Blick über das Wasser ermöglicht. Ein Traum!

Parkplatz: Schwarzer Weg – 52.374992, 13.657795

Nächstgelegene ÖPNV: ›Alt-Schmöckwitz‹ (Tram 68 und Bus 168)

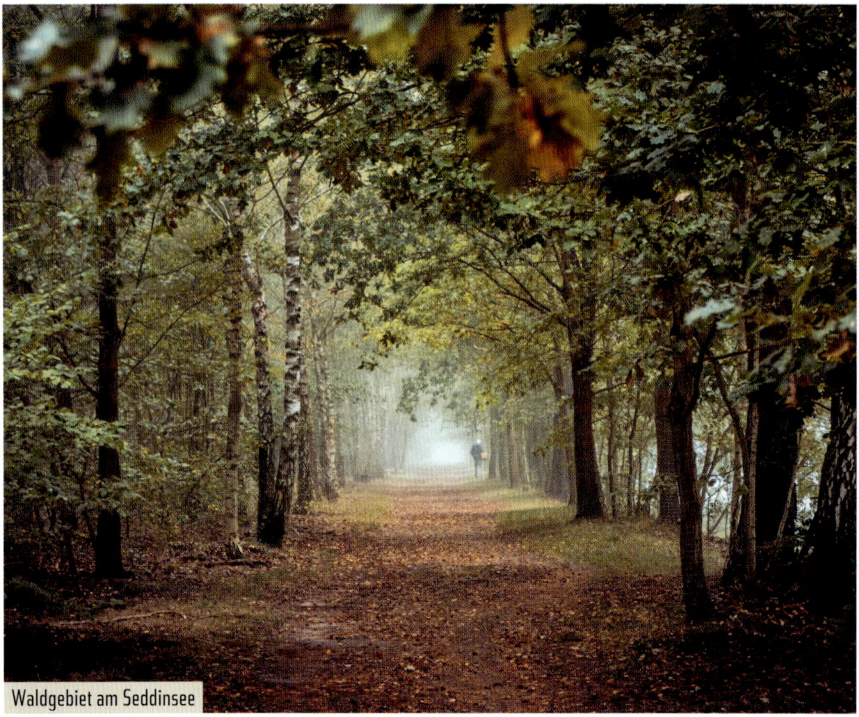

Waldgebiet am Seddinsee

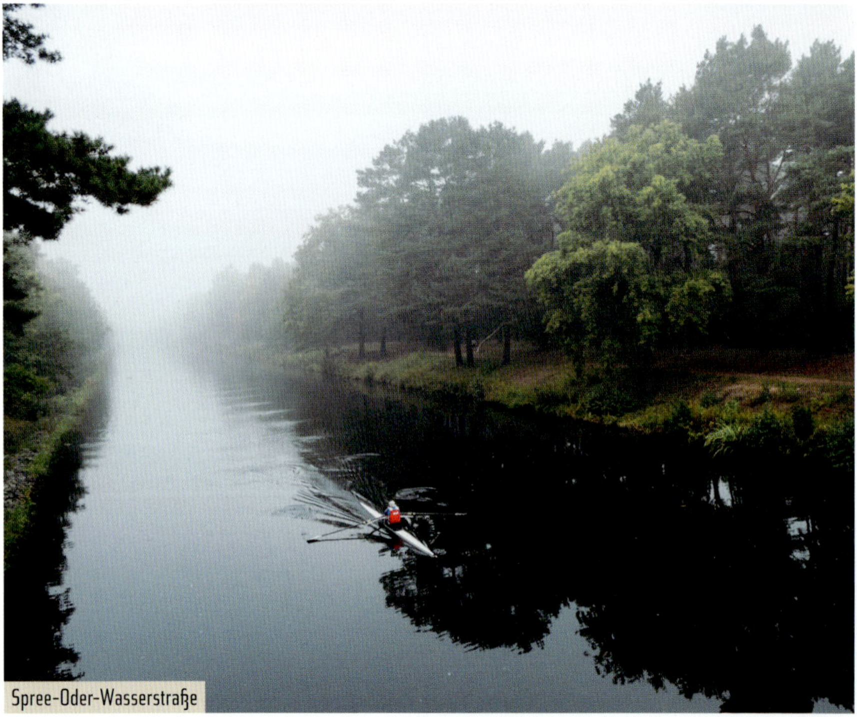

Spree-Oder-Wasserstraße

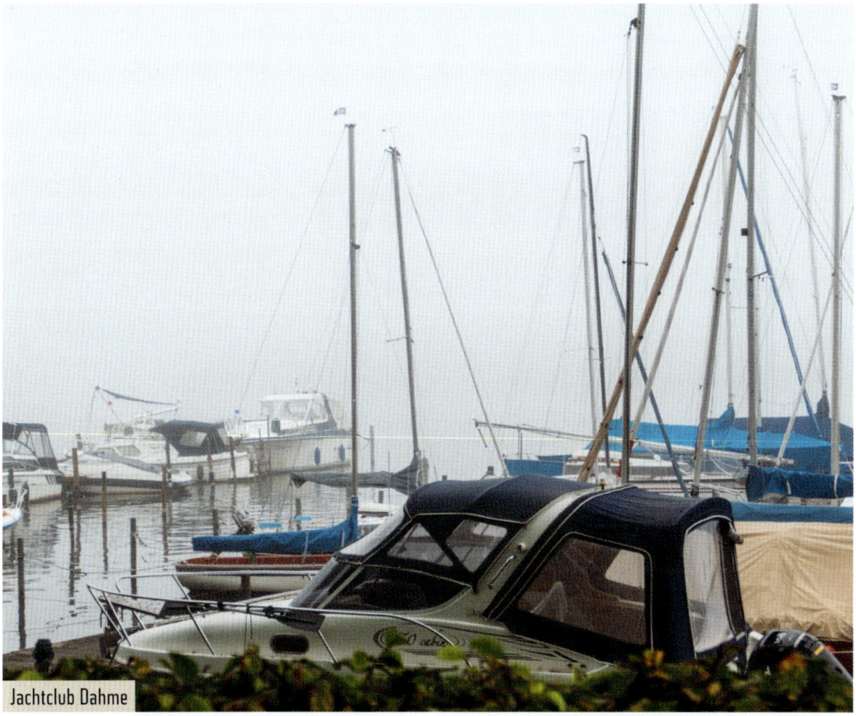

Jachtclub Dahme

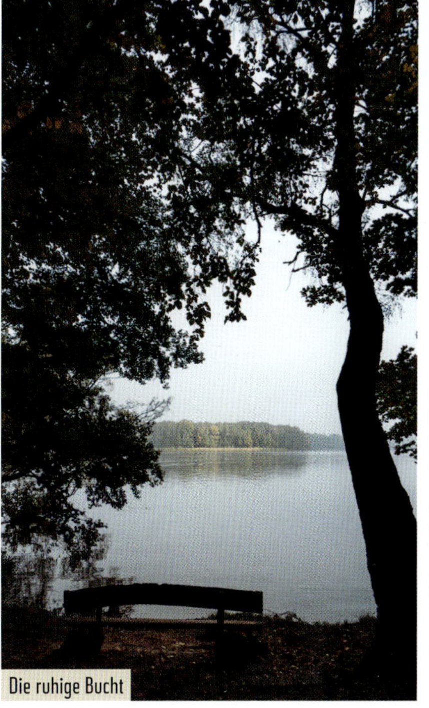

Die ruhige Bucht

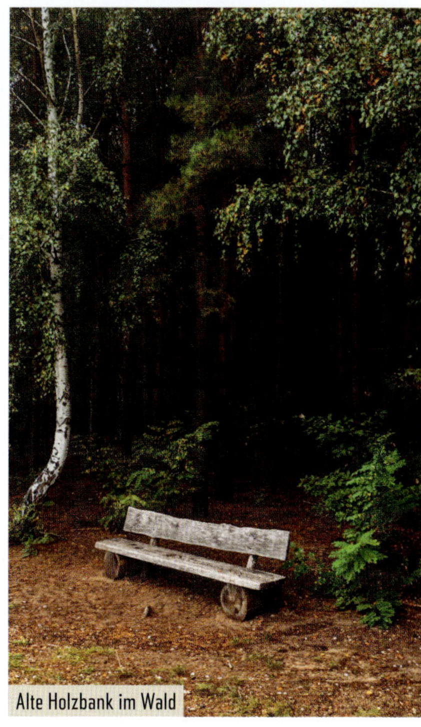

Alte Holzbank im Wald

16

EDEL ODER HAUSMANNSKOST

GASTROTIPPS AUF UND AM WASSER

Da das Auge bekanntlich mitisst, schmeckt gutes Essen doch gleich viel besser, wenn man es in einem ansprechenden Ambiente zu sich nimmt. Was gibt es da Schöneres, als den Wellen zu lauschen und die frische Brise des Sees zu spüren? Egal, ob deftige Hausmannskost auf dem Holzsteg, edle Fischspezialitäten vor dem Kamin oder ein süßes Frühstück auf der Hafenterrasse: Diese zehn Gastrotipps am Wasser decken jeden Geschmack ab.

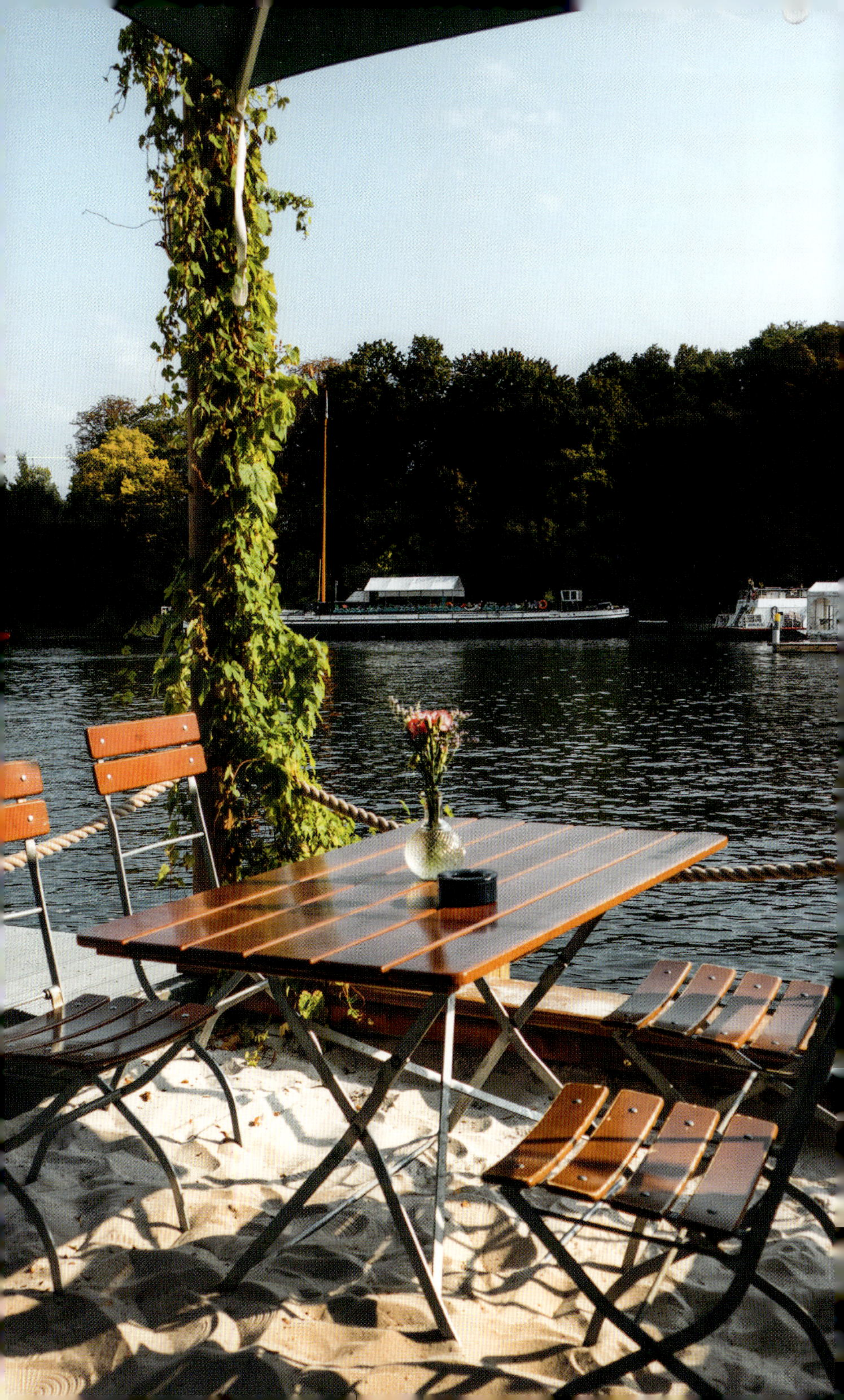

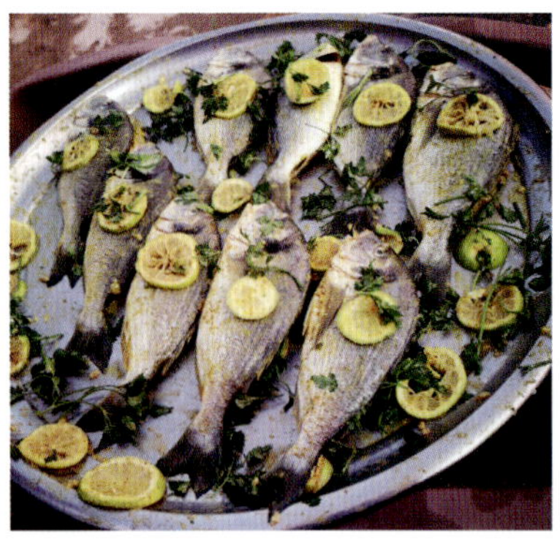

KRANHAUSCAFÉ

Industrieromantik trifft Süßes: Das Kranhauscafé in Oberschöneweide serviert Kuchen, Sandwiches, Quiches und frisch gepresste Säfte mit Spreeblick und Kran auf dem Dach.

Paul-Tropp-Straße 11, 12459 Berlin

SPREEARCHE

Idyllischer geht's nicht: Das schwimmende Restaurantschiff im Blockhaus-Stil ist nur mit der Fähre erreichbar. Serviert werden regionale Köstlichkeiten und hauseigener Räucherfisch.

www.spreearche.de

ANKERKLAUSE

Fotogener Klassiker: Berlins berühmteste Hafenbar am Kanal, mit Terrasse, Jukebox und einer großen Auswahl an Speisen – von Fish & Chips bis zum Kartoffelpuffer.

Kottbusser Damm 104, 10967 Berlin

www.ankerklause.de

RESTAURANT BALTHAZAR

Fine Dining im Herzen der Stadt: Hochwertige, japanisch-italienische Küche mit Terrasse am Spreeufer, traumhaft gelegen im Nikolaiviertel.

Spreeufer 2, 10178 Berlin

www.balthazar-restaurant.de

FREISCHWIMMER

Urbane Gemütlichkeit: Beliebtes Restaurant mit moderner, europäischer Küche, Bootssteg, Kaminzimmer und Wintergarten.

Vor dem Schlesischen Tor 2, 10997 Berlin

www.freischwimmer-berlin.com

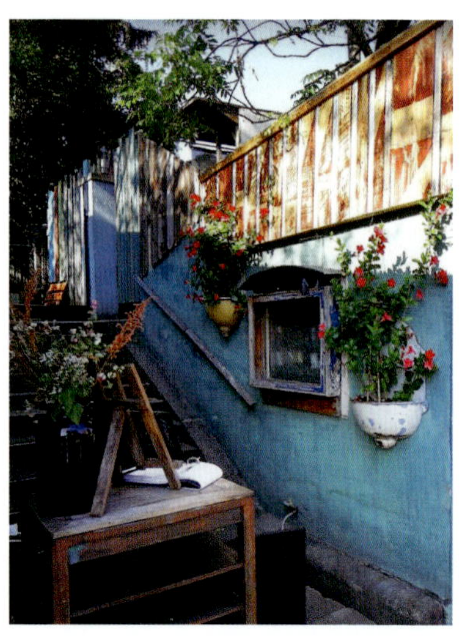

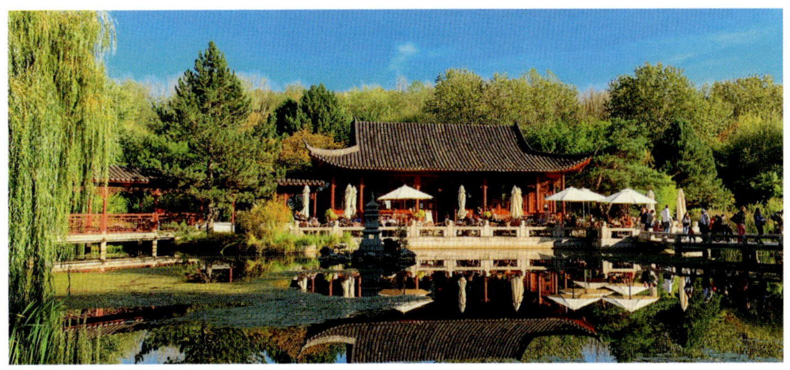

CHINESISCHES TEEHAUS

Exotik in Marzahn: Ein authentisch chinesisches Teehaus im Tsingtao-Pavillon serviert über 30 Teeraritäten und kleine Speisen.

Befindet sich in den Gärten der Welt
www.china-teehaus.de

KULTURHAUS INSEL BERLIN

Auf der Insel: Zapfbier, Havelländer Apfelschwein und Bio-Kaffee. Die Küche im Kulturhaus auf der Insel der Jugend serviert Soulfood mit regionalen Produkten.

Alt-Treptow 6, 12435 Berlin
www.inselberlin.de

FISHERMANS – DAS FISCHRESTAURANT

Der Name ist Programm: Saisonal wechselnde Fischspezialitäten aus nachhaltiger Fischerei, mit Terrasse und Blick auf den Tegeler See.

Eisenhammerweg 20, 13507 Berlin
www.fishermans-berlin.de

PAVILLON AM UFER

Der Geheimtipp: Kleines Café mit hausgemachten Gerichten und Waffeln am Landwehrkanal; verwandelt sich abends in eine Straßenbar.

Paul-Lincke-Ufer 4, 10999 Berlin

NEU-HELGOLAND

Ausflugslokal seit 1897: Traditionsreiches Familienunternehmen serviert deutsche Klassiker mit Raffinesse in einem Wäldchen an der Müggelspree.

Neuhelgoländer Weg 1, 12559 Berlin
www.neu-helgoland.de

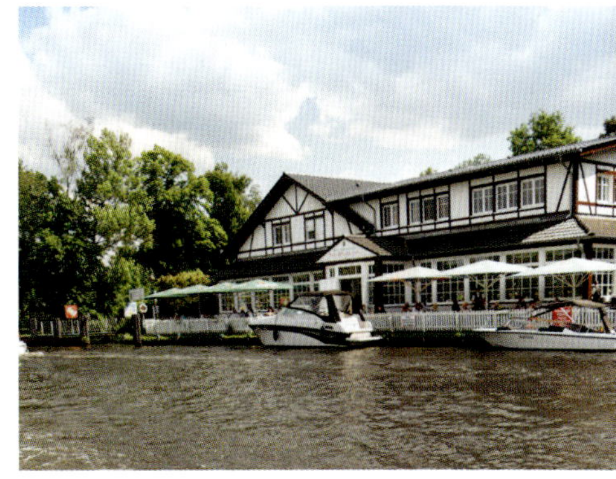

17
»EIN HAUCH VON CENTRAL PARK«

WITZLEBENKIEZ

Mit der besonders reizvollen Lage zwischen Funkturm und dem Kurfürstendamm zählt der Witzlebenkiez in Charlottenburg nicht grundlos zu einer der teuersten Gegenden Berlins. Das Viertel ist geprägt von Boutiquen und hochpreisigen Restaurants, in denen Promis aus TV und Kultur ein- und ausgehen. In den vornehmen Wohnhäusern lebt nur, wer sich's leisten kann – oft befinden sich an den Klingelschildern nicht einmal die Namen der bekannten Mieter. Beliebt ist die Gegend auch für die *Suarezstraße* – besser bekannt als *Antikstraße*. Sie ist eine einzigartige Shoppingmeile, in der sich gehobene Antiquitätenläden aneinanderreihen. Nirgendwo ist die Chance auf eine seltene Rarität höher als hier.

Der Ruhepol in Witzleben ist der Lietzensee im gleichnamigen Lietzenseepark. Der Tagesspiegel sprach dem Park sogar mal »einen Hauch von Central Park« zu. Ein Spaziergang entlang der Uferpromenade ist genau das Richtige nach einem Shoppingbummel. Hier schaut man auf Blässhühner, Höckerschwäne und offene Karpfenmünder zwischen Seerosen. Wer mag, breitet seine Decke auf den Wiesen am See aus, picknickt mit der Familie und genießt dabei den Blick auf die gegenüberliegenden Altbauten. Der schönste Ort ist die herabfallende Brunnenanlage an der Großen Kaskade. Hier kann man sich zum Plätschern des Wassers seinem neuesten Buch widmen und Kraft tanken. Unerwartete Idylle mitten im Herzen der City West.

Parkplatz: Lietzenseeufer – 52.507690, 13.290999
Nächstgelegene ÖPNV: ›Kuno-Fischer-Str.‹ (Bus M49)

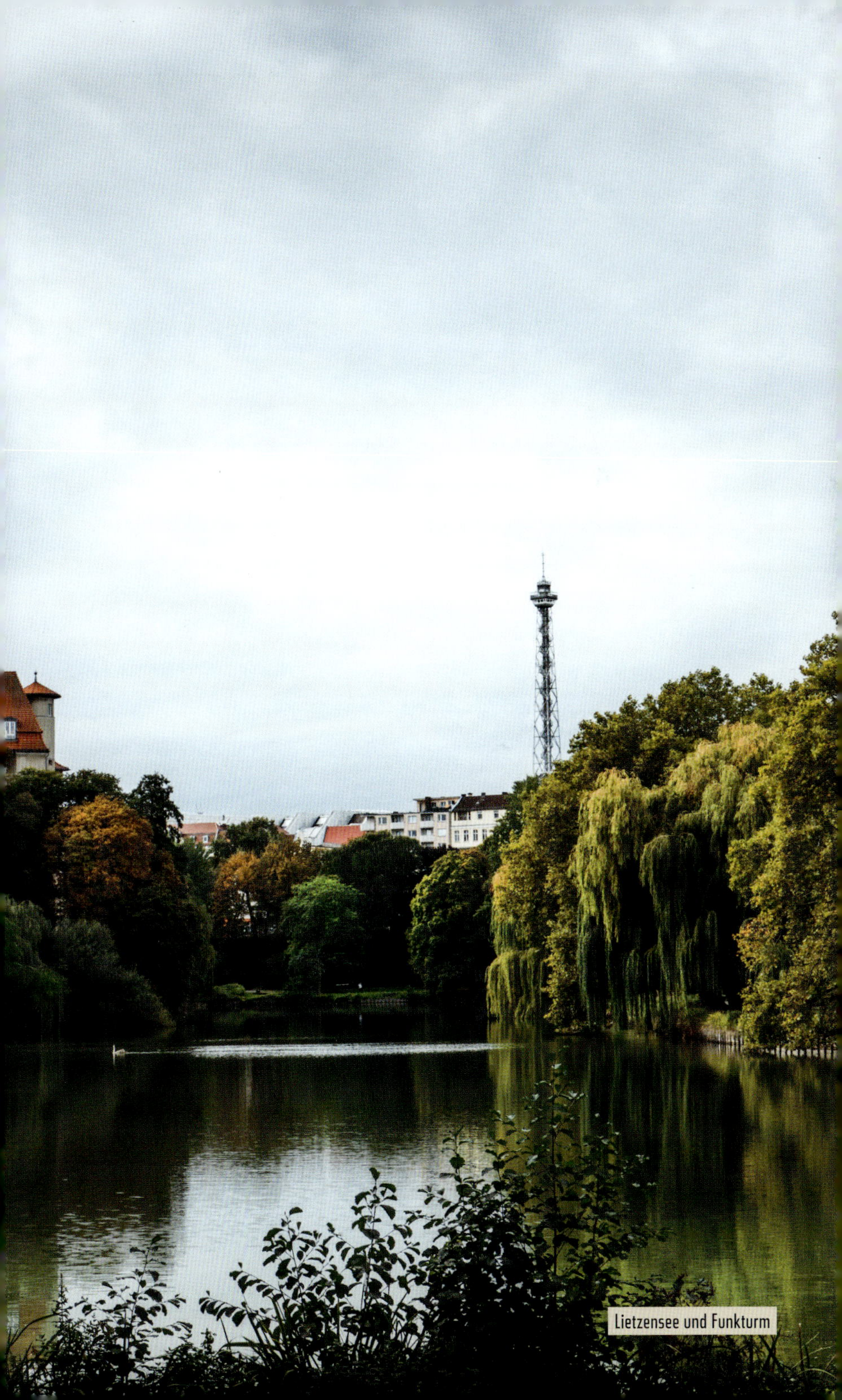
Lietzensee und Funkturm

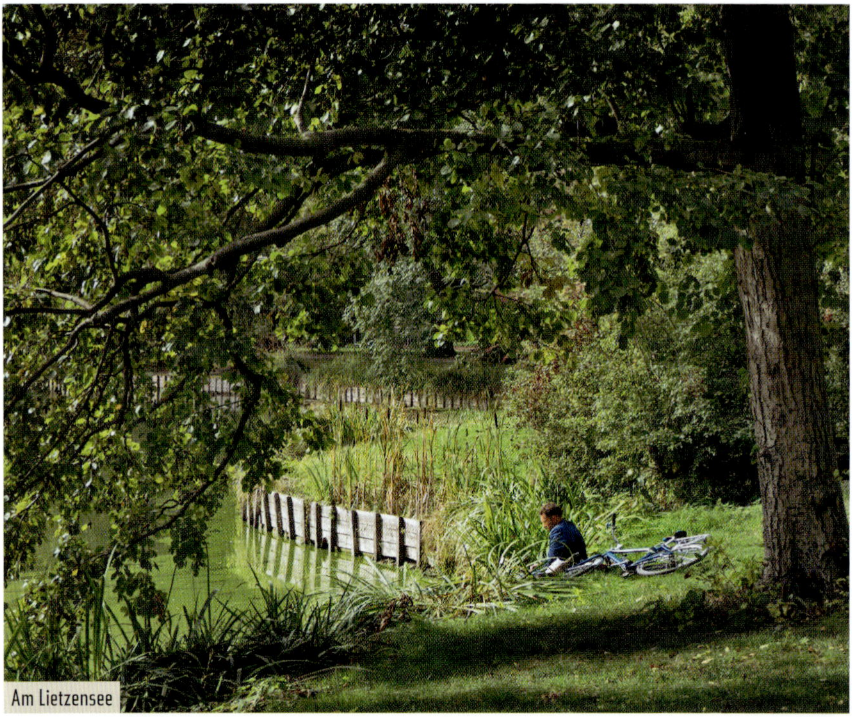

Am Lietzensee

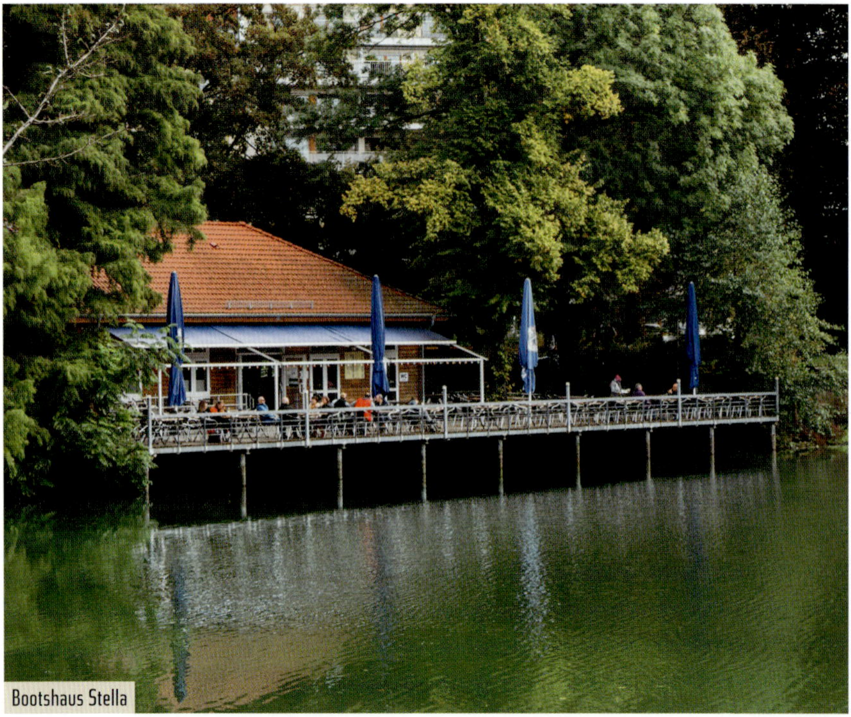

Bootshaus Stella

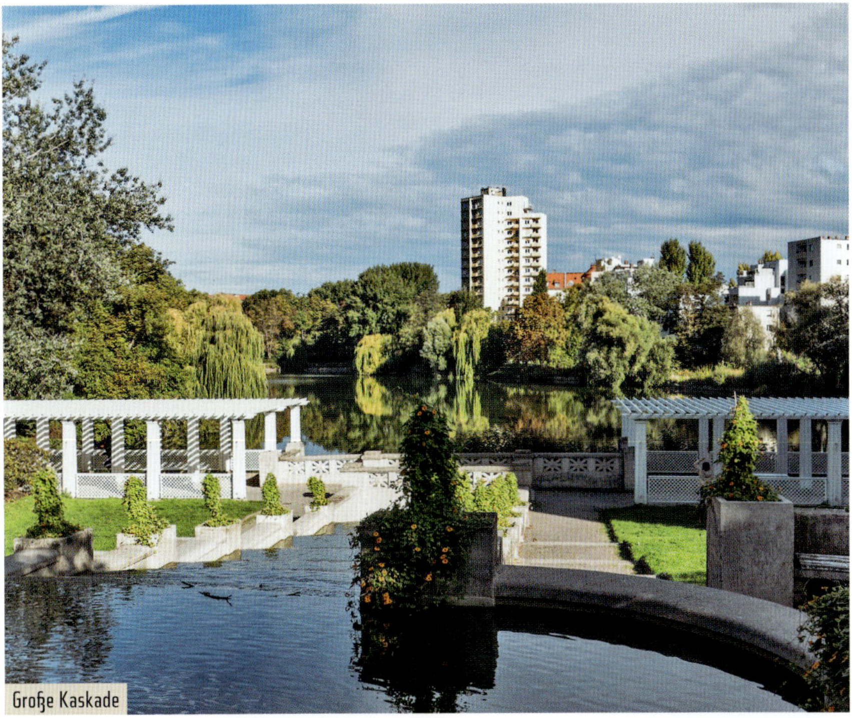

Große Kaskade

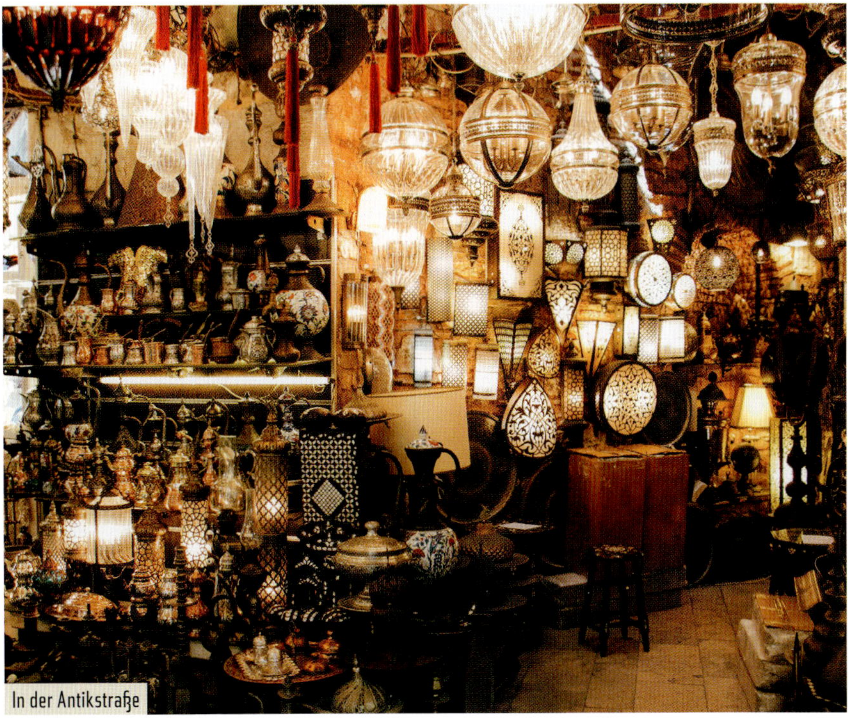

In der Antikstraße

18
EINE TOUR MIT ERHOLUNGSGARANTIE

VON SCHILDHORN ZUM GRUNEWALDTURM

Schon Theodor Fontane schwärmte bei seinen Wanderungen vom gelben Sand und blauen Wasser der Havel. Der kurvenreiche Fluss schlängelt sich mit einer Gesamtlänge von 334 Kilometern durch Deutschland. Knapp 26 Kilometer davon befinden sich auf Berliner Boden. Die Uferbereiche gehören zu den sehenswertesten Orten in der Berliner Natur und eignen sich bei Wind und Wetter für ausgiebige Spazierstunden. Die wahrscheinlich schönste Tour bietet das Ufer am Grunewald mit Beginn auf Schildhorn.

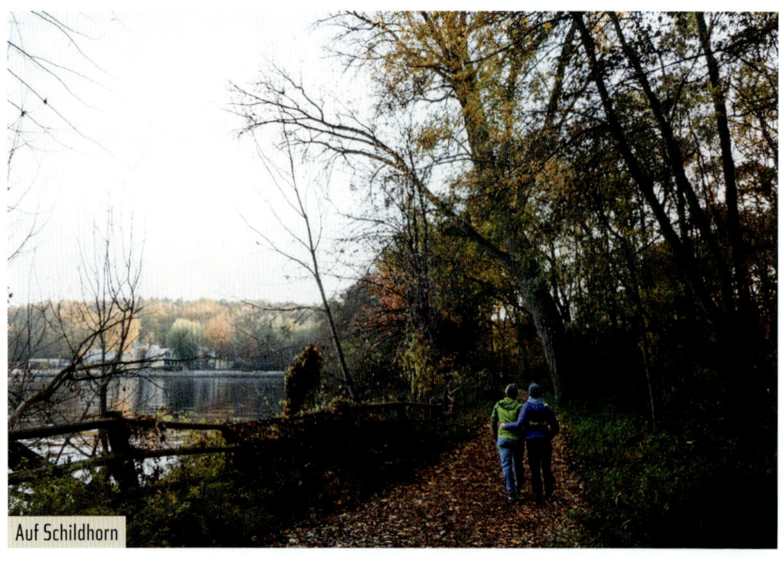
Auf Schildhorn

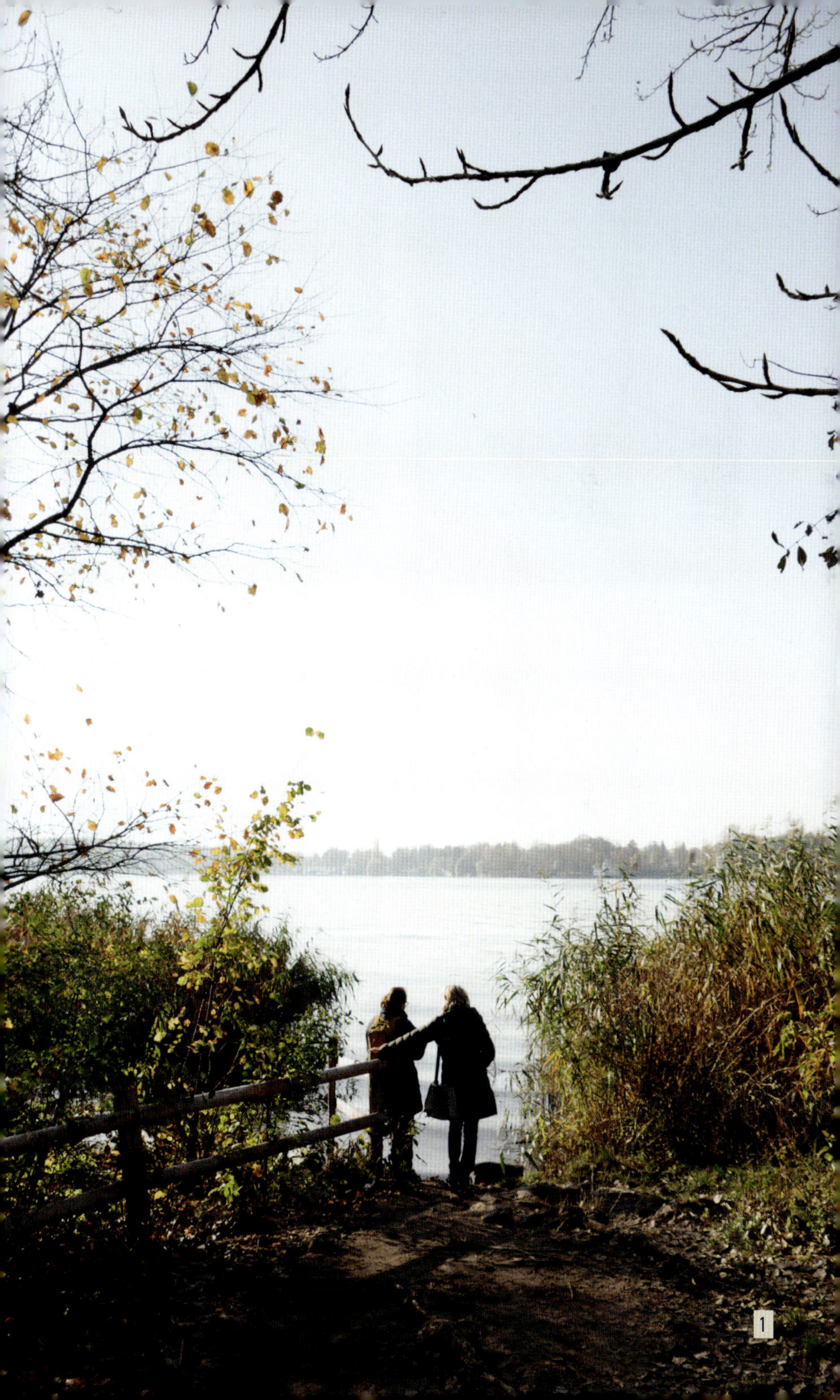
1

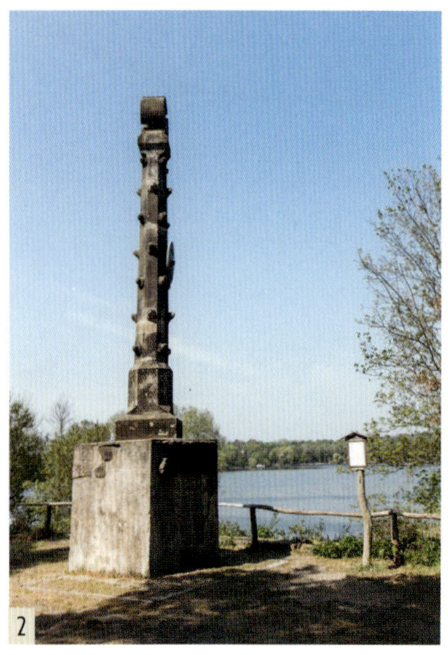

2

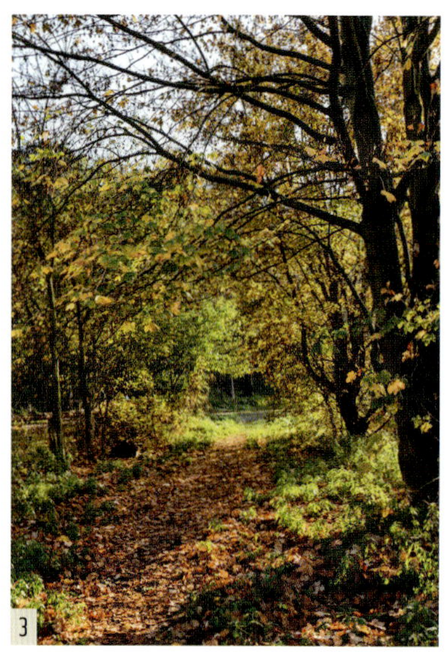

3

Der Wind pfeift und das Wasser zerschlägt an einem Holzsteg. Die Nordspitze auf Schildhorn (1) ist im Sommer eine beliebte Badestelle und zu allen anderen Jahreszeiten ein ruhiger Sehnsuchtsort. Umgeben von hohen Schilfpflanzen, schaut man auf marode Holzflöße, aber auch goldverzierte Segelschiffe der Berliner Schickeria. Menschen, die unterschiedlicher nicht sein könnten. Alle folgen sie dem Ruf des Wassers.
Von dort aus führt ein unscheinbarer Weg hinauf auf einen Hügel. Er ist Standort des Jaczo-Denkmals (2). Seine Geschichte ist auf einer Holztafel neben dem Denkmal nachzulesen. Der Hügel ist stark bewaldet, doch Richtung Spandau bietet sich freie Sicht.

Es geht weiter, hinunter von der Halbinsel und hinein in den Grunewald. Ein Uferweg führt immer am Wasser der Havel entlang. Abgesehen

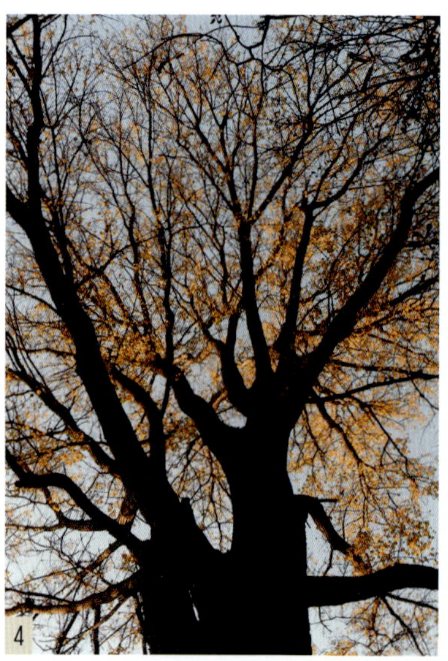

4

von Vogelstimmen ist nur Stille zu hören. Knapp 1,5 Kilometer geht das so. Nichts außer pure Natur (3). Unterwegs kommt man an zwei Badestellen vorbei. Sie sind abseits der Sommersaison nur selten besucht und damit zwei Geheimtipps, wenn man mal alleine sein möchte. Allen voran der lange Steg (52.481933, 13.194302).

Abseits des Havelufers bieten sich immer wieder alternative Wege an, die tiefer in den Wald hineinführen (4). Wer dem betörenden Waldduft nur schwer widersteht, der kann ihnen getrost folgen. Das Ziel dieser Tour ist selbst unter den hohen Bäumen noch deutlich zu erkennen: der backsteinrote Grunewaldturm (5). Er befindet sich auf der Spitze des 79 Meter hohen Karlsbergs, wo er zusätzlich 55 Meter in die Höhe ragt. Bis zur Umbenennung im Jahr 1948 hieß er Kaiser-Wilhelm-Gedächtnis-Turm. Noch immer steht ein riesiges Marmorbild des Monarchen in der Empfangshalle. Der Aufstieg der 204 Stufen wird mit einem fantastischen 360-Grad-Blick über die Grunewalder Baumkronen auf Berlin und Brandenburg belohnt. Der beste Zeitpunkt für diese Aussicht ist ein Sonnenuntergang im Spätherbst, wenn das warme Licht der untergehenden Sonne auf die goldenen Bäume trifft. (6)

Parkplatz am Startpunkt in Schildhorn:
Straße am Schildhorn – 52.493147, 13.198290
Nächstgelegene ÖPNV: ›Schildhorn‹ (Bus 218)

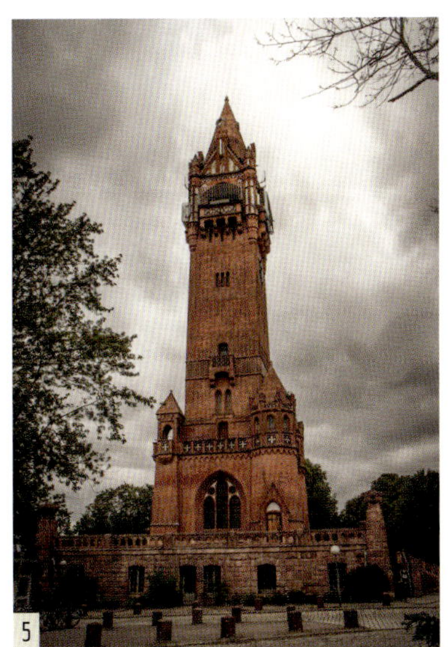
5

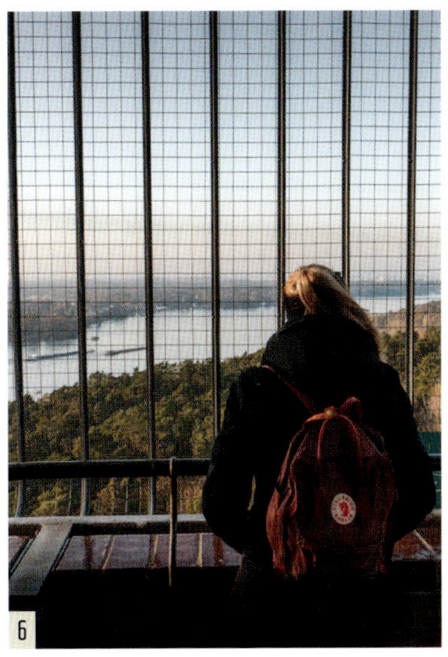
6

19
EINMAL BITTE ALLES

TREPTOWER PARK

Was gibt es im Treptower Park eigentlich nicht? Die abwechslungsreiche Anlage ist ein Ausflugsziel für die ganze Familie und schafft es, Groß und Klein einen ganzen Tag zu beschäftigen. Quer durchs Zentrum des Parks verläuft die Puschkinallee, die ihn in zwei Areale teilt. Der südliche Teil besticht durch einen hohen Baumbestand und große Rasenbereiche. Er ist der ruhige Teil und ideal für ein paar Stunden im Grünen. Das Herzstück ist ein großer Karpfenteich, dessen Ufer Tag und Nacht gut besucht sind. Hier wird gelesen, gefeiert und geträumt. Der Norden ist trotz seiner geringeren Größe weitaus lebendiger. Die Quelle der Lebendigkeit ist die Spree, die sich am nördlichen Parkrand befindet und fast ausnahmslos frei zugänglich ist. An der Uferpromenade kann man über 1,5 Kilometer am Wasser schlendern, Schiffe beobachten und selbst Kapitän eines Tretbootes werden, Räucherfisch essen oder die Insel der Jugend besuchen.

Parkplatz: Puschkinallee – 52.491043, 13.467571
Nächstgelegene ÖPNV: ›Treptower Park‹ (S8, S9 sowie Bus 104 und 194)

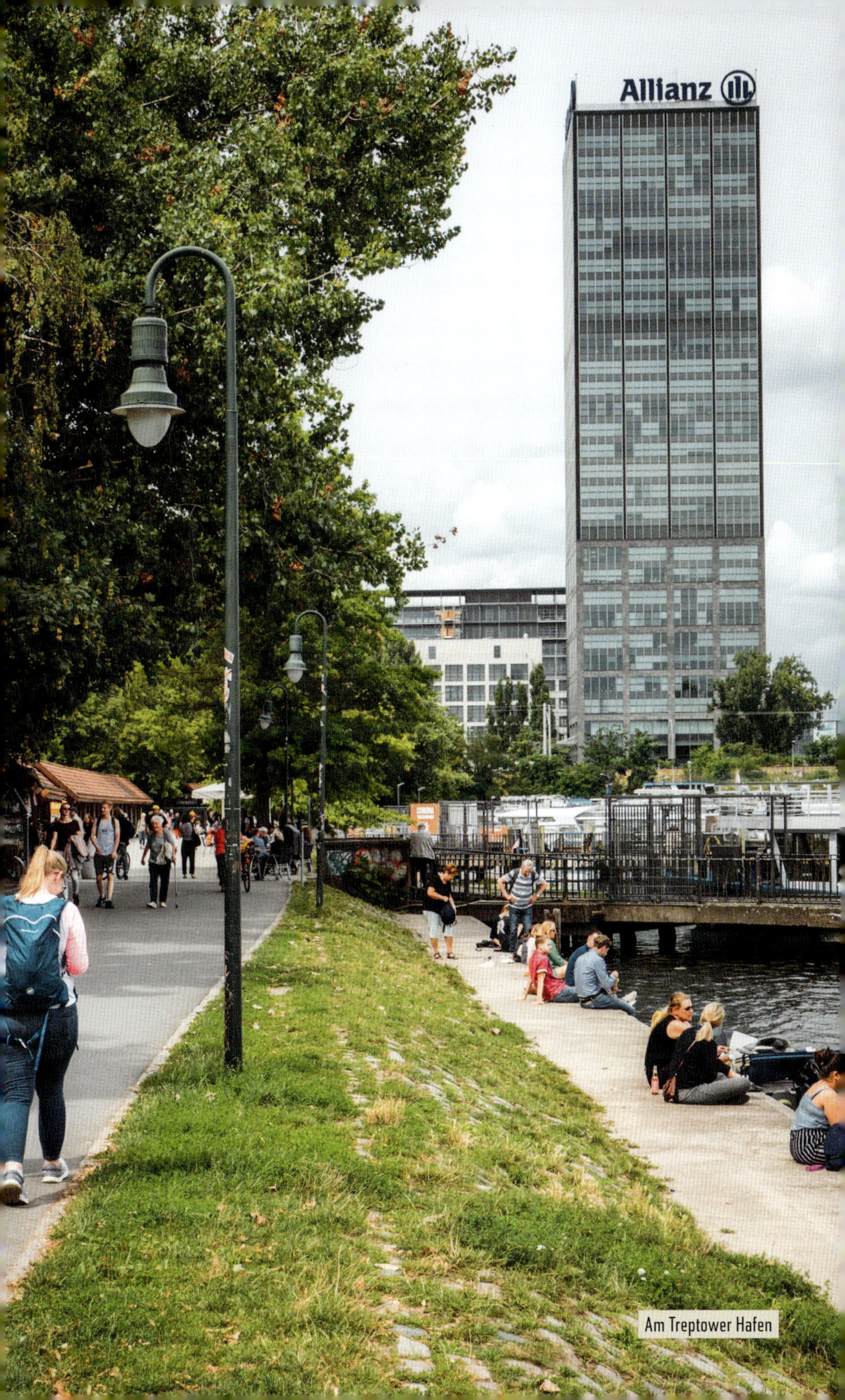

Am Treptower Hafen

WAS GIBT ES IM TREPTOWER PARK ZU ENTDECKEN?

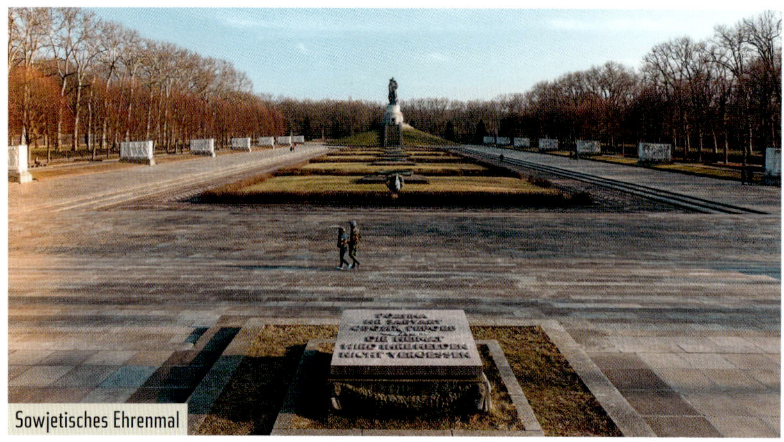
Sowjetisches Ehrenmal

- Sowjetisches Ehrenmal Treptow
- Archenhold-Sternwarte
- Karpfenteich
- Treptower Hafen
- Bootsverleihstationen
- Adidas Calisthenics Gym
- Insel der Jugend
- Figurentheater Grashüpfer
- Rosengarten mit Wasserfontänen

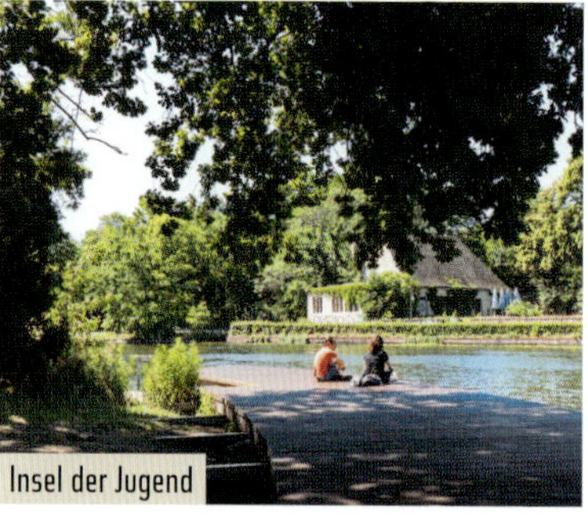
Insel der Jugend

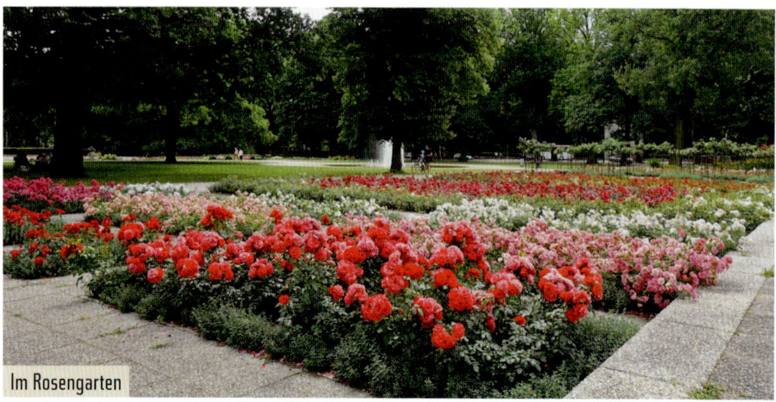
Im Rosengarten

EINKEHRMÖGLICHKEITEN

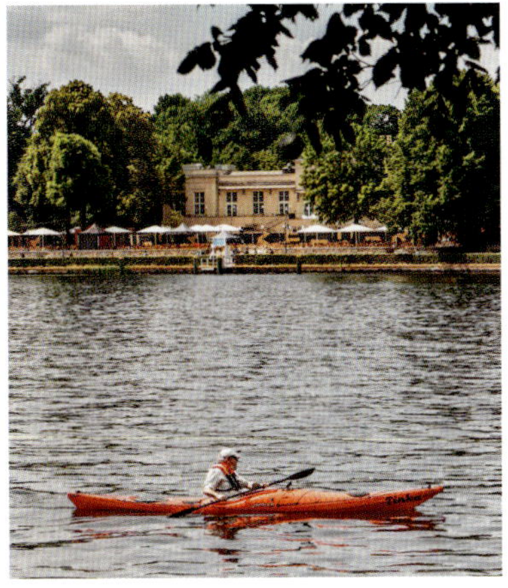

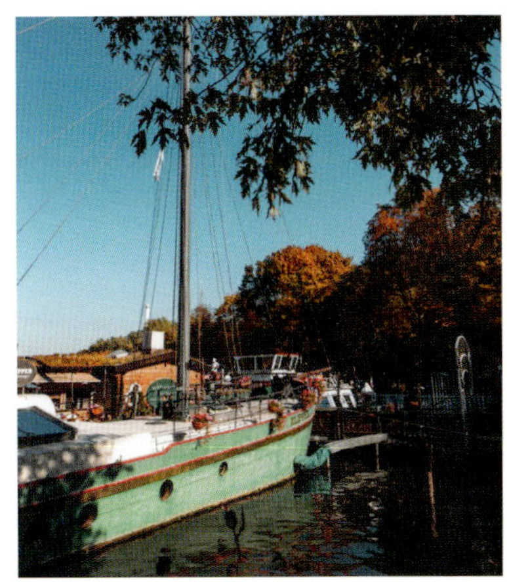

ZENNER

Traditionsreicher Biergarten serviert modern interpretierte, regionale Gerichte und veranstaltet Filmabende im Weingarten

KLIPPER SEGELSCHIFFRESTAURANT

Fisch aus eigener Räucherei und diverse Spezialitäten aus der internationalen Küche, mit Kamin und Spreeblick

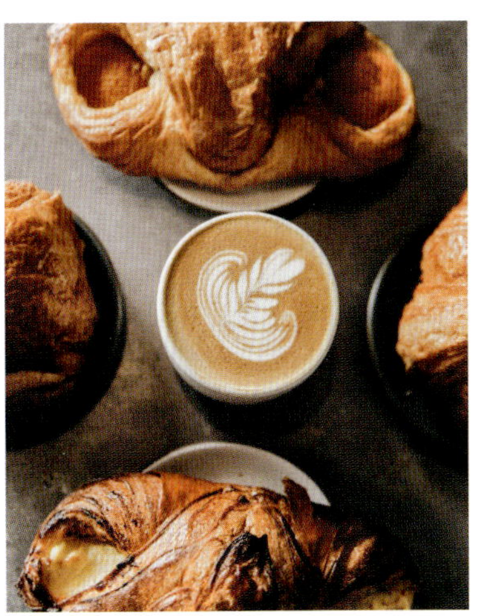

CUTIE AM PIER

Kaffee, hausgemachte Kuchen, Cocktails und Snacks am Hafen, mit Verleih von Decken und Parkspielen

20
EIN SEE – VIER JAHRESZEITEN

365 TAGE AM TEGELER SEE

Der Tegeler See hat alles! Mit einer Größe von 450 Hektar zählt er zum zweitgrößten See Berlins und für viele zum schönsten der Stadt. Sein Freizeitangebot ist riesig und verändert sich zu jeder Jahreszeit. Um ihn zu umrunden, muss man auf Fähren zurückgreifen, denn der südliche Teil hat keine Verbindung zum Festland. In diesem Bereich befinden sich sechs der insgesamt sieben Inseln im Tegeler See. Einige von ihnen sind bewohnt und beheimaten kostspielige Wohnhäuser, andere wiederum sind für Menschen unzugänglich und der Tierwelt überlassen.

Im Osten wird flaniert, lecker Fisch gegessen und anschließend mit einem Eis auf den Hafenterrassen der Sonnenuntergang genossen. Im Winter hingegen wird man hier vom eisigen Wind durchgepustet und bekommt die kalte Brise der See ins Gesicht. Mit zugekniffenen Augen kämpft man sich über die Greenwichpromenade, während die ersten Meter des Uferrands vor Kälte erstarrt sind. Was für den einen eine Qual, ist für viele die schönste Vorstellung eines Wintertages. Danach wird sich windzerzaust mit einem Heißgetränk in den »Tegeler Seeterrassen« aufgewärmt.

Wer es natürlich und abgeschieden mag, der besucht das Westufer. Es ist komplett vom Tegeler Forst umgeben und der ideale Start für einen ausgiebigen Waldspaziergang. An den dortigen Badestränden bietet das Wasser eine klare, bis zu drei Meter tiefe Sicht. Der abgelegenen Lage sei Dank, ist es hier auch am Wochenende nicht überlaufen. Zum Herbst hin sind sie meist sogar menschenleer und ein Ort zum Kraft tanken.

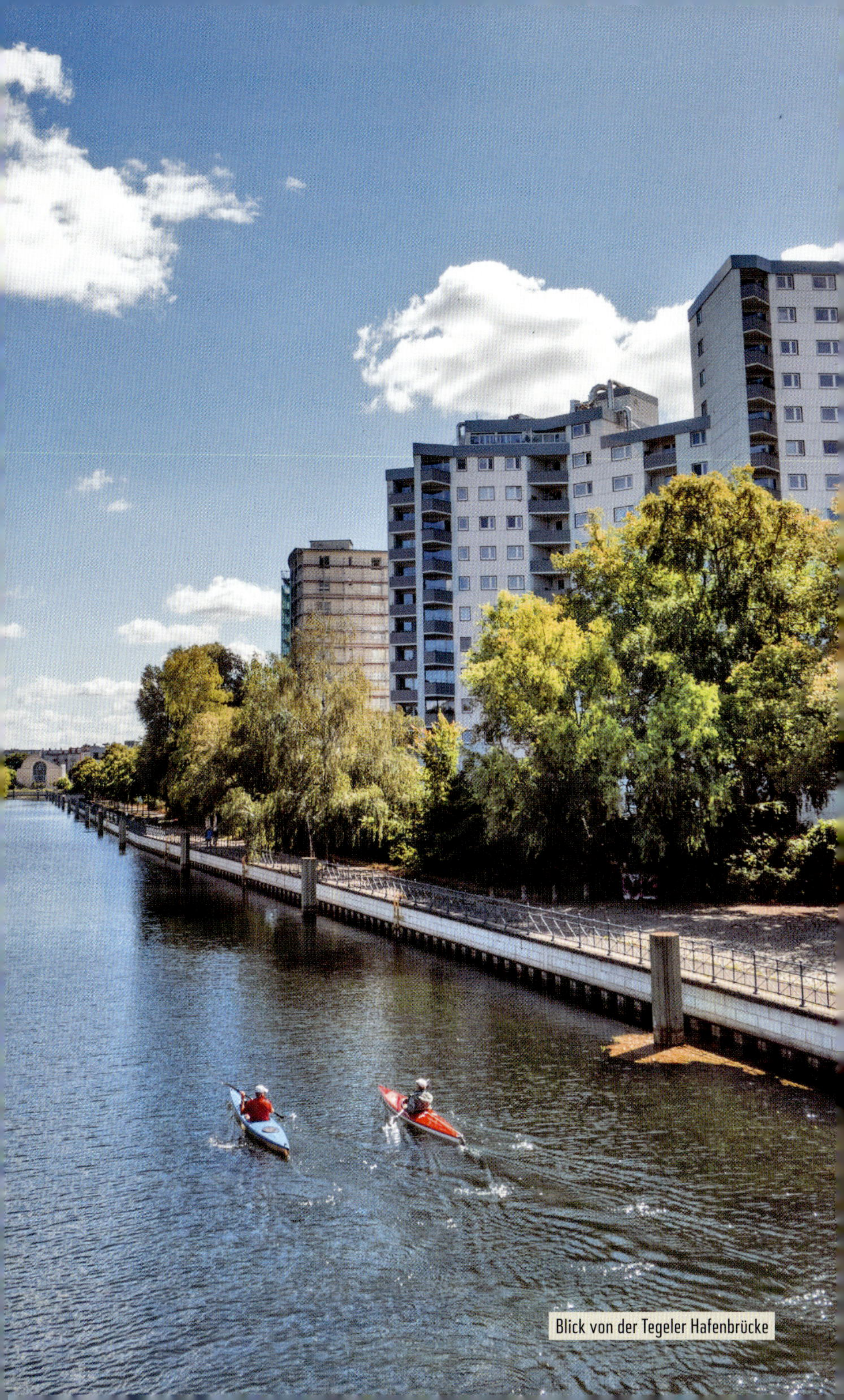

Blick von der Tegeler Hafenbrücke

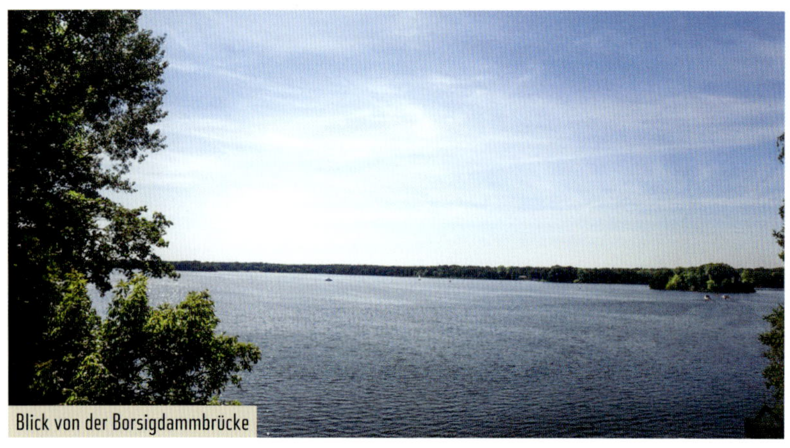
Blick von der Borsigdammbrücke

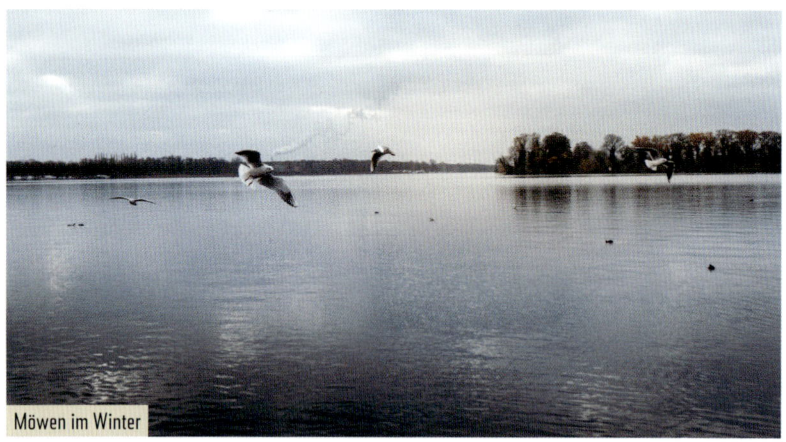
Möwen im Winter

DIE 7 INSELN IM TEGELER SEE

(aufsteigend nach Größe)

- Lindwerder – 9 500 m²
- Hasselwerder – 12 320 m²
- Reiswerder – 35 100 m²
- Baumwerder – 52 360 m²
- Maienwerder – 56 570 m²
- Valentinswerder – 132 000 m²
- Scharfenberg – 200 190 m²

DAS TEGELER HAFENFEST

Beim alljährlichen Hafenfest verwandelt sich die Greenwichpromenade zur Festmeile mit Musik, Kulinarik, Fahrgeschäften und einem großen Programm für Kinder. Zu den Highlights gehört das Höhenfeuerwerk »Tegel in Flammen« am Abend.

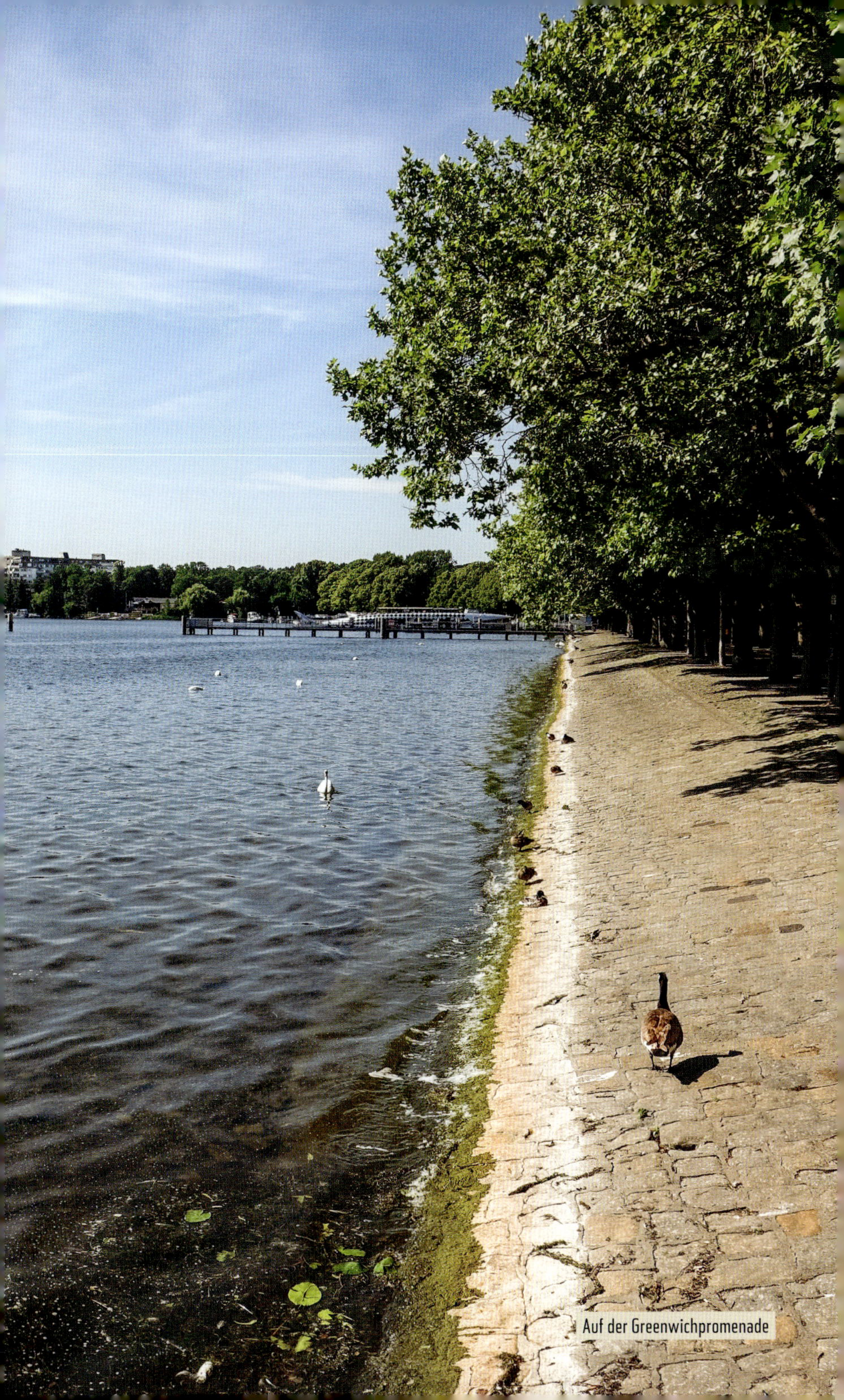
Auf der Greenwichpromenade

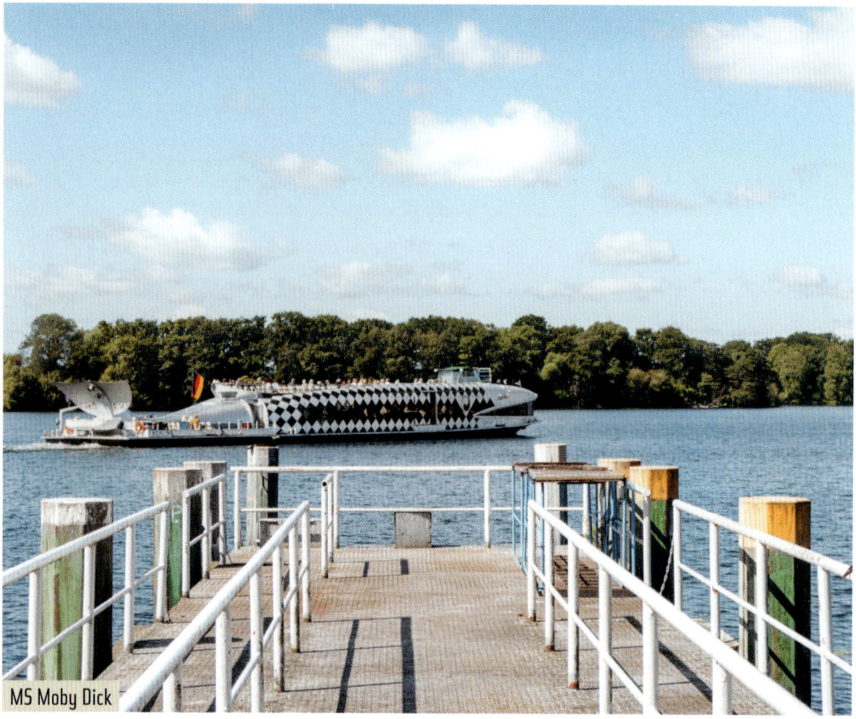

MS Moby Dick

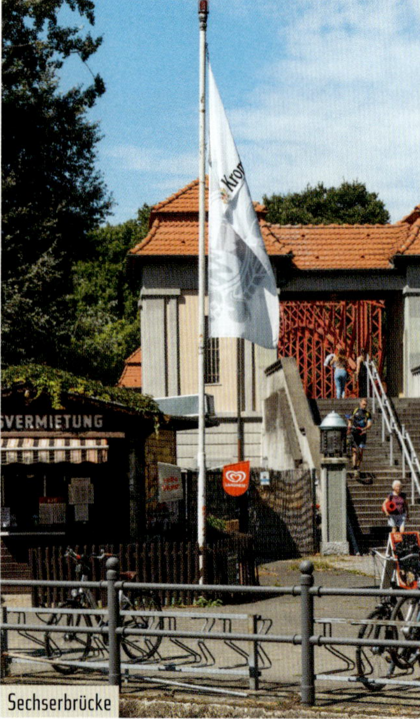

Sechserbrücke

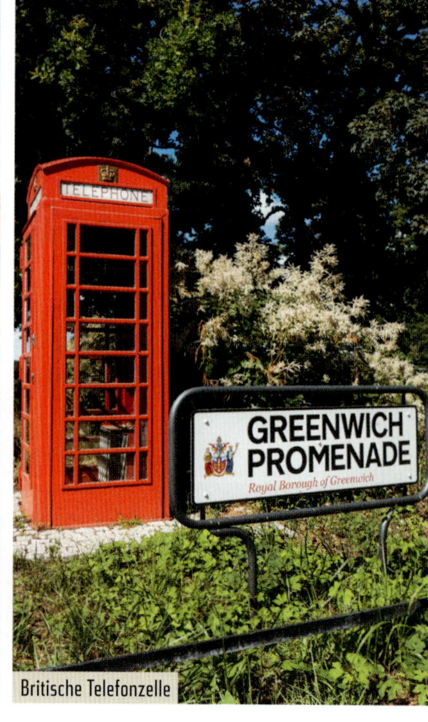

Britische Telefonzelle

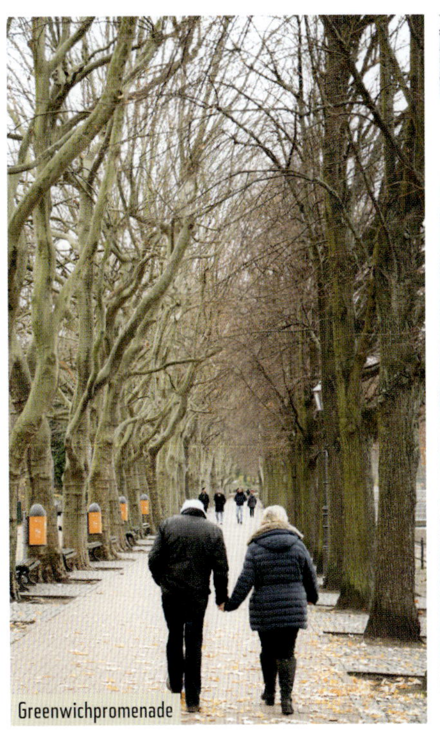
Greenwichpromenade

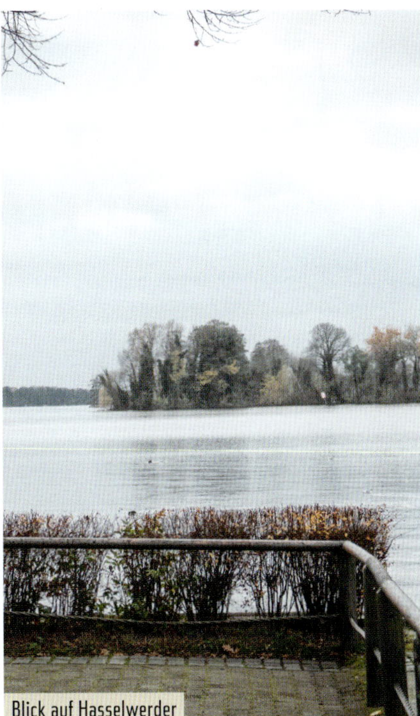
Blick auf Hasselwerder

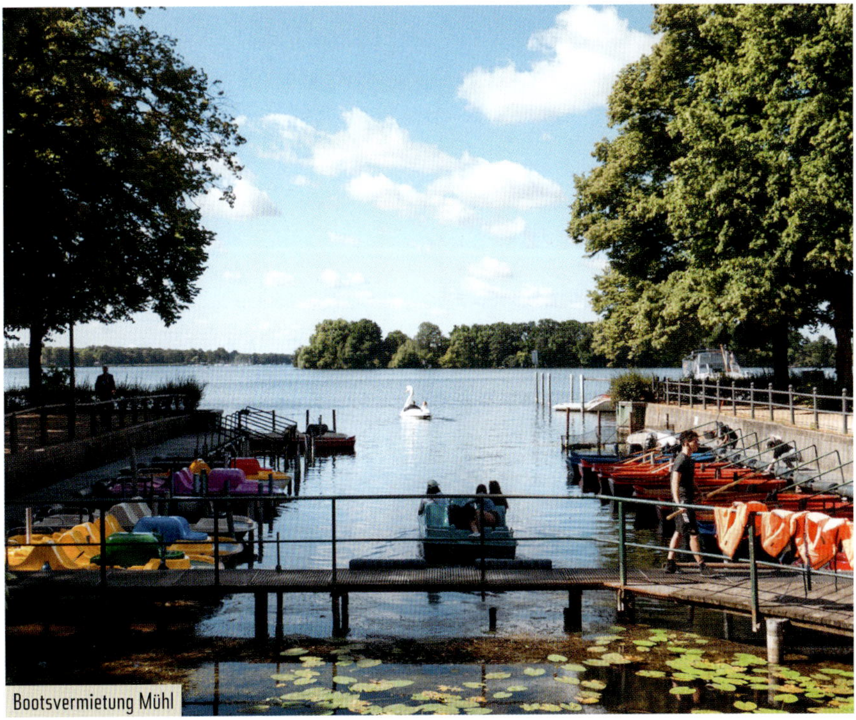

Bootsvermietung Mühl

21
EIN URLAUBSTAG IN DER EIGENEN STADT

MIT DER FÄHRE NACH KLADOW

START: RONNEBYPROMENADE IN WANNSEE

Die Fahrt mit der Fährlinie F10 ist für viele Leute die tägliche Abkürzung auf dem Weg zur Arbeit, und am Wochenende bei Ausflüglern beliebt. Ob an einem eisigen Morgen oder bei Sonnenschein auf der Dachterrasse, die 20-minütige Fahrt ist ein echtes Erlebnis und die kostengünstigste Art, Berlin auf dem Wasser zu erleben. Es reicht ein normales Einzelticket der BVG und schon beginnt der Kurzurlaub.

ZIEL: KLADOWER HAFEN IN SPANDAU

Es fühlt sich an, als wäre man durch eine Zeitschleuse gefahren, denn in Kladow laufen die Uhren etwas langsamer als im Rest der Stadt. Vielleicht liegt es am Alter, denn Spandau ist genau fünf Jahre älter als Berlin und war bis 1920 noch eine eigenständige Stadt. Das Klischee »Spandau ist nicht mehr Berlin« ist Humbug, auch wenn hier in Kladow wirklich nichts mehr an eine Großstadt erinnert.

Parkplatz an der Fähre: Kronprinzessinnenweg – 52.420852, 13.177636
Nächstgelegene ÖPNV: ›Berlin-Wannsee‹ (S1 und S7 sowie Bus 114, 118 und 316)

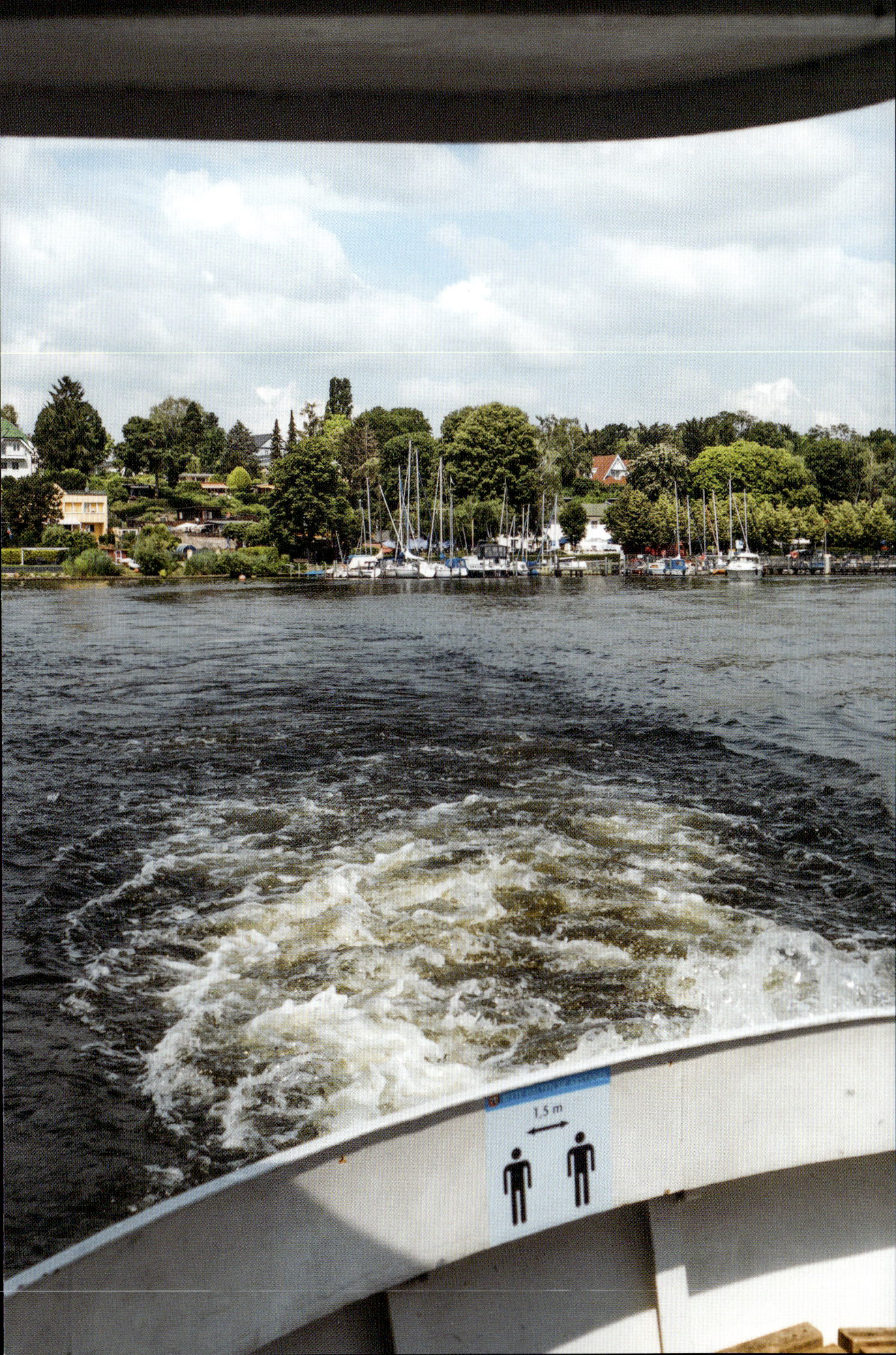
1,5 m

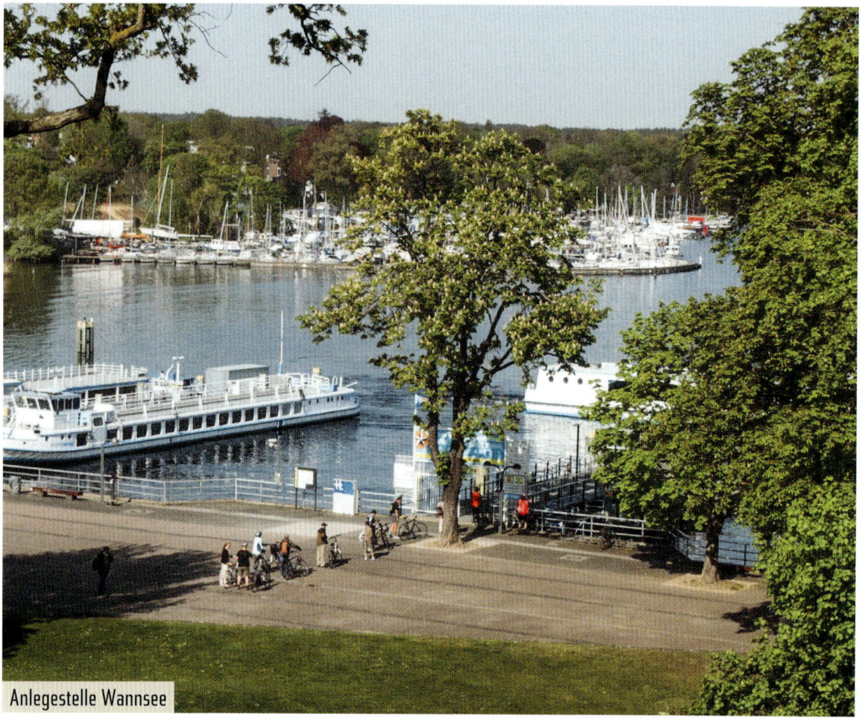

Anlegestelle Wannsee

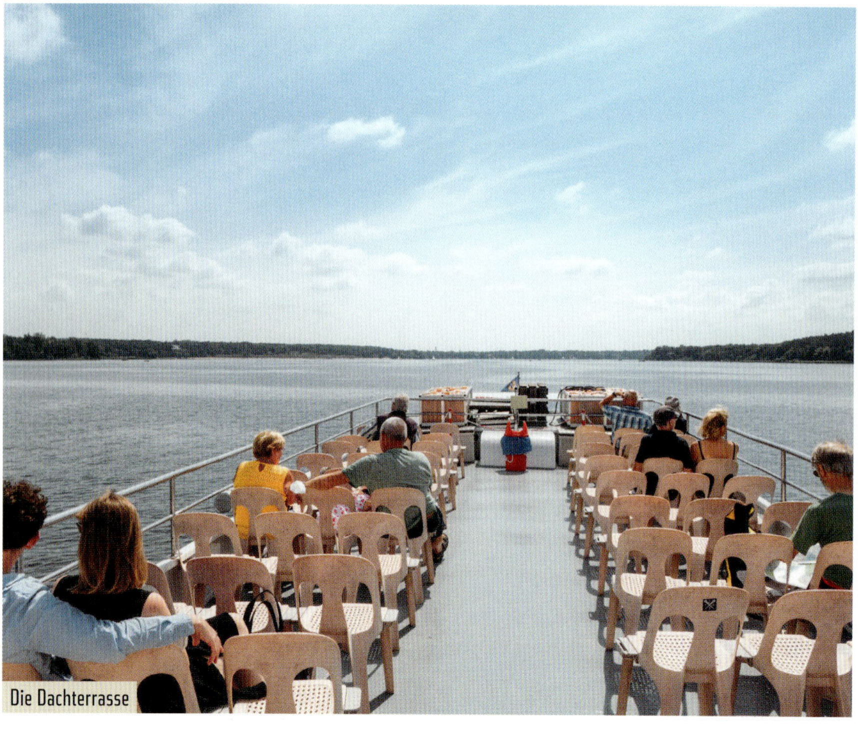

Die Dachterrasse

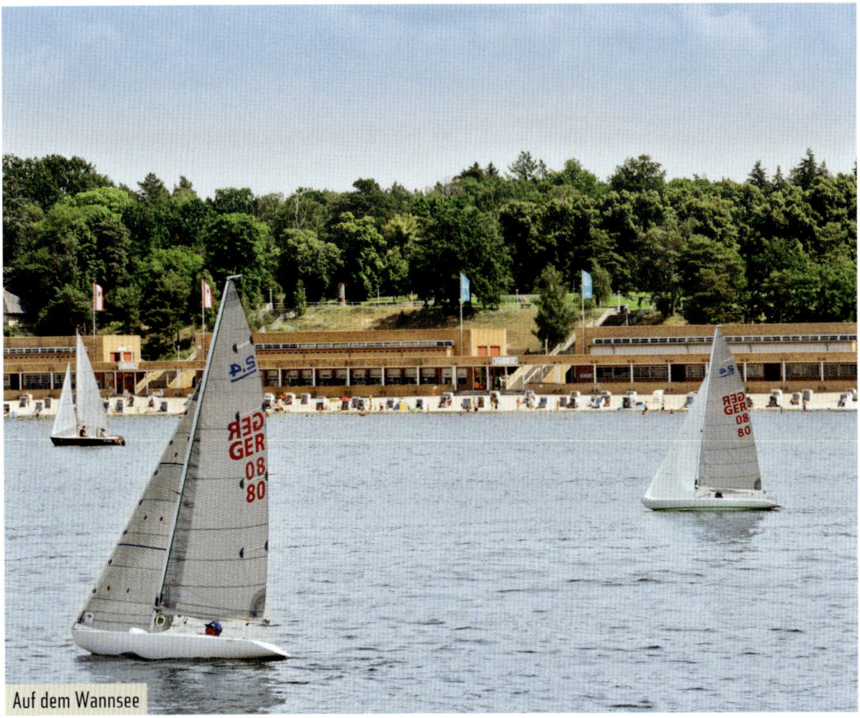

Auf dem Wannsee

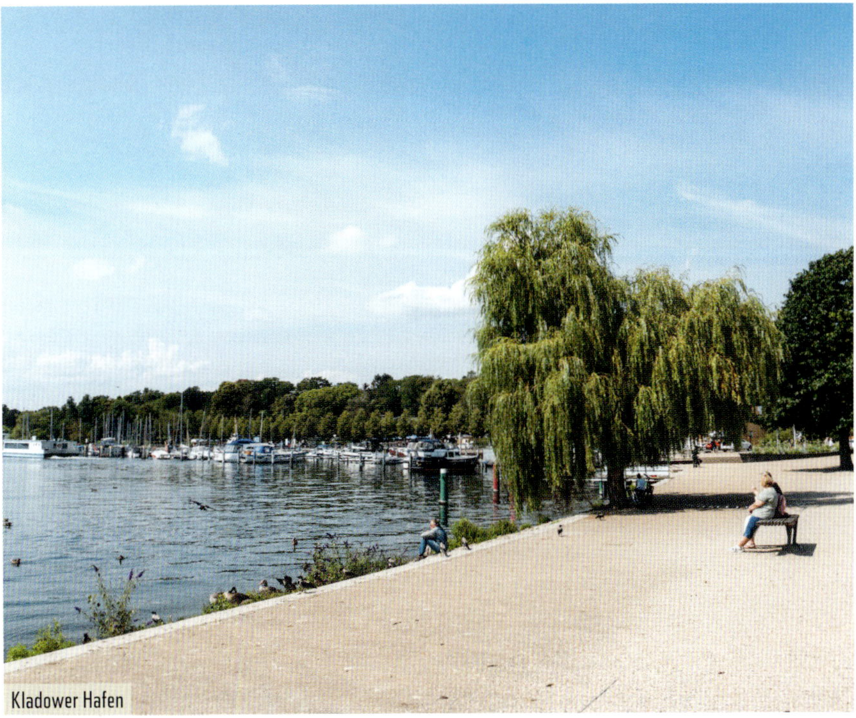

Kladower Hafen

VIER SEHENSWERTE ORTE IN KLADOW, DIE MAN NICHT VERPASSEN SOLLTE

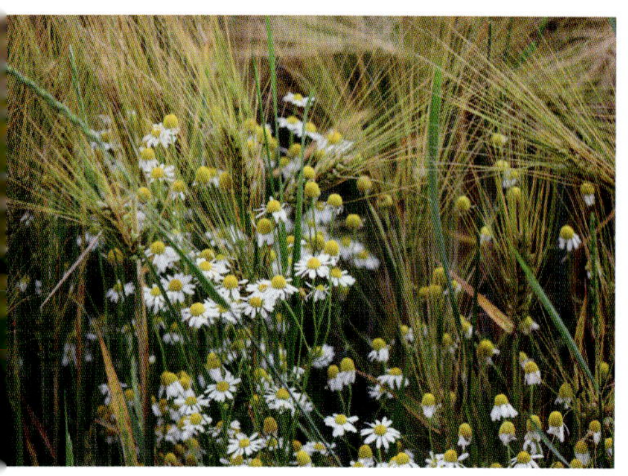

ESSBARER GARTEN KLADOW

Im Essbaren Garten führt eine Gesundheitsexpertin durch ihren zauberhaften Kräutergarten und teilt umfangreiches Wissen über heilende oder schmackhafte Blumen, gibt Kochkurse und veranstaltet interessante Pflanzenworkshops.

Adresse: Imchenallee 66, 14089 Berlin
essbarer-garten-kladow.de

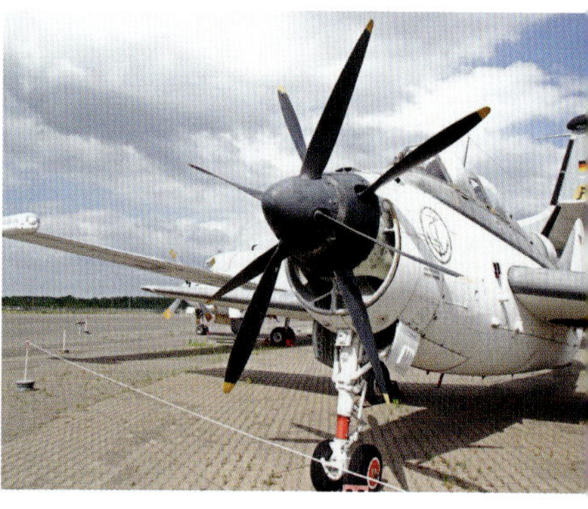

MILITÄRHISTORISCHES MUSEUM DER BUNDESWEHR

Das Militärhistorische Museum der Bundeswehr auf dem Flugplatz Gatow ist das weltweit größte Museum für Militärluftfahrt. Es beherbergt eine bedeutende Sammlung aus der Geschichte der Luftkriegsführung und präsentiert die aktuelle Technologie der deutschen Luftwaffe.

Adresse: Am Flugplatz Gatow 33, 14089 Berlin
mhm-gatow.de

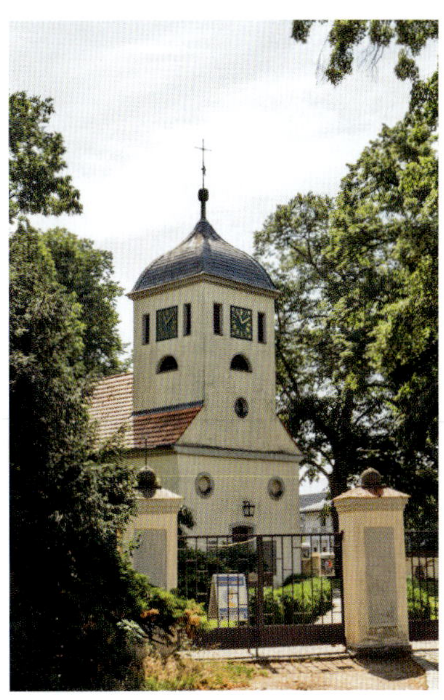

DORFKIRCHE KLADOW

Die Dorfkirche bildet das Zentrum des Dorfkerns Alt-Kladow und ist täglich für einige Stunden öffentlich zugänglich. Sie steht leicht erhöht auf einer eiszeitlichen Düne und ist umgeben von alten Eichen. Auf den Grundmauern einer abgebrannten spätgotischen Kirche im Jahr 1818 erbaut, ist sie seither ein Ort der inneren Einkehr.

Adresse: Kladower Damm 369, 14089 Berlin
ev-dorfkirche-kladow.de

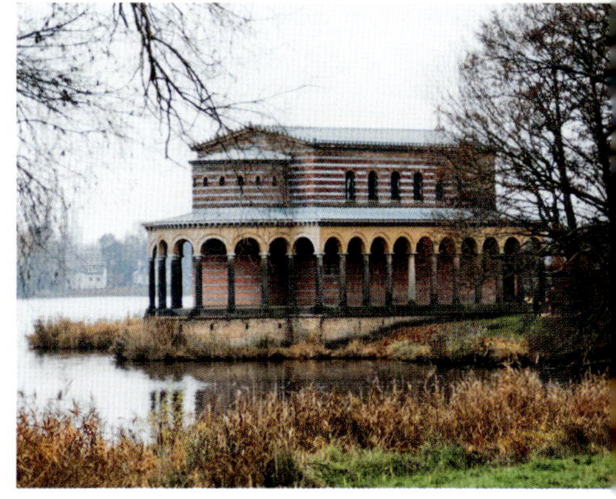

SACROWER SEE UND HEILANDSKIRCHE

Der 36 Meter tiefe Sacrower See ist umgeben vom Forstgebiet Königswald, dessen hügelige Landschaft bis zu 78 Meter in die Höhe ragt. Für viele gehört das Naturschutzgebiet zum schönsten Ort in der Berliner Umgebung. Die dortige Heilandskirche wird regelmäßig als Filmkulisse genutzt. Die bekanntesten Produktionen sind der Kinofilm *Keinohrhasen* und die Serie *Babylon Berlin*.

22

ENTSPANN DICH MAL

LANDHAUSGARTEN DR. MAX FRAENKEL

Das Gartenjuwel entstand in den 1920er Jahren und war damals noch im Privatbesitz des jüdischen Bankdirektors Dr. Max Fraenkel. Der Gartenarchitekt Erwin Barth – Spitzname: *Der Lenné des 20. Jahrhunderts* – gestaltete für ihn ein Paradies aus Obstbäumen, Wäldchen und Duftgarten auf einer Terrassenanlage. Später wurden noch ein Teepavillon und ein Wasserfall hinzugefügt. Ganz wichtig bei der Gestaltung war der freie Blick zur Havel.

Mit der Machtergreifung der Nationalsozialisten im Jahr 1933 flüchtete Dr. Max Fraenkel nach Paris und Erwin Barth wählte den Freitod. Die Gartenentwicklung wurde gestoppt und das grüne Paradies verwilderte nach und nach. Erst im Jahr 2012 sanierte man die 3,5 Hektar große Anlage und machte sie der Öffentlichkeit zugänglich.

Heute ist das abgelegene Idyll ein Geheimtipp und Schauplatz der anspruchsvollen Gartenkunst. Auf der Sonnenterrasse des kleinen Cafés wird hausgemachter Kuchen nach altem Familien-Rezept serviert. Von hier schaut man über die Havel auf die Inseln Kälberwerder und die bekannte Pfaueninsel. Die Aussicht ist großartig und das kostenlose Dessert bei einem Café-Besuch.

Trotz der überschaubaren Größe ist das Gelände äußerst abwechslungsreich und bietet zahlreiche Orte für einsame Stunden. Besonders das von Trauerweiden gesäumte Ufer ist an Schönheit kaum zu überbieten.

Parkplatz: Am Schwemmhorn – 52.444685, 13.130326
Nächstgelegene ÖPNV: ›Hottengrund‹ (Bus 134)

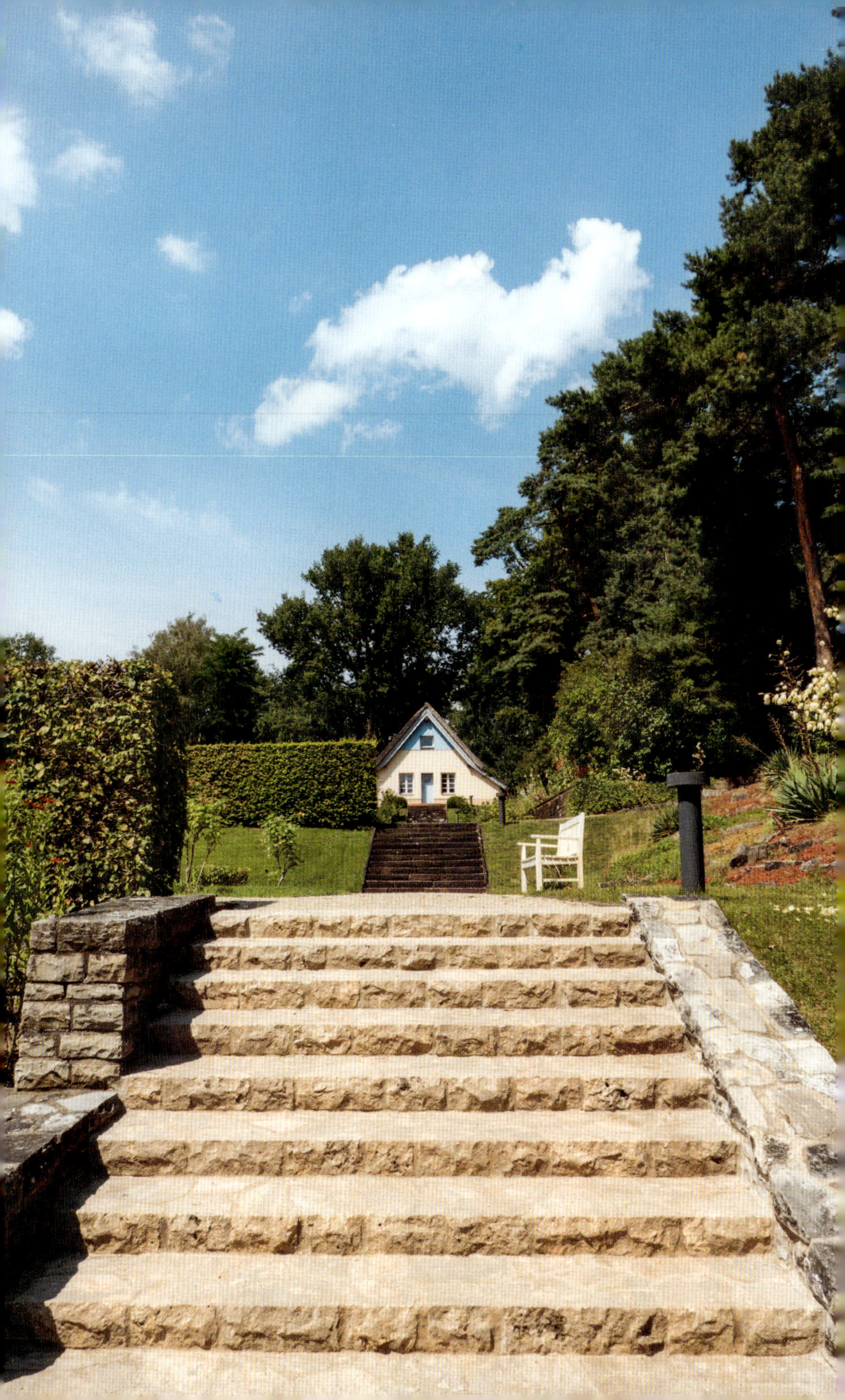

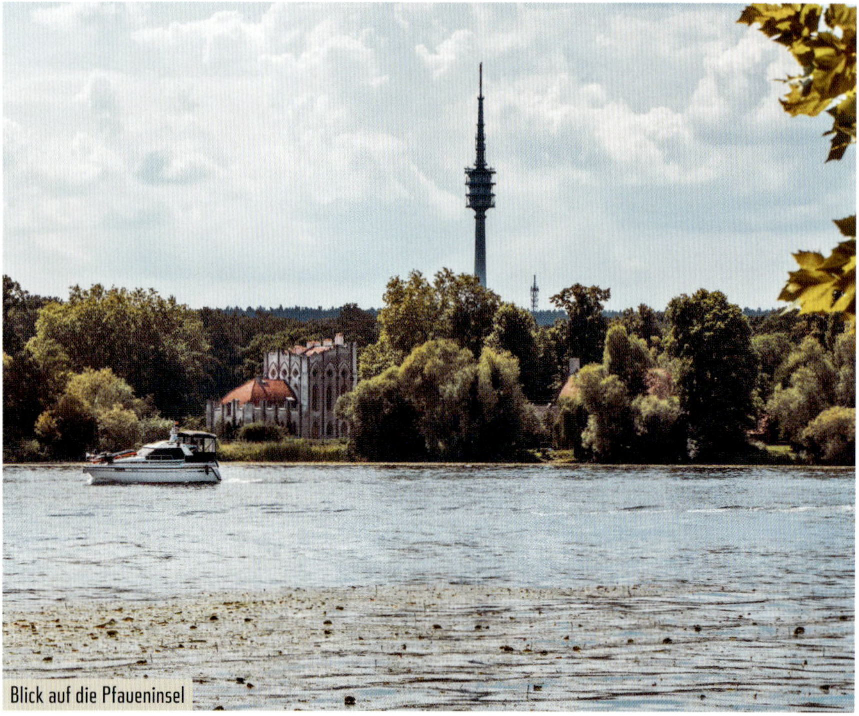

Blick auf die Pfaueninsel

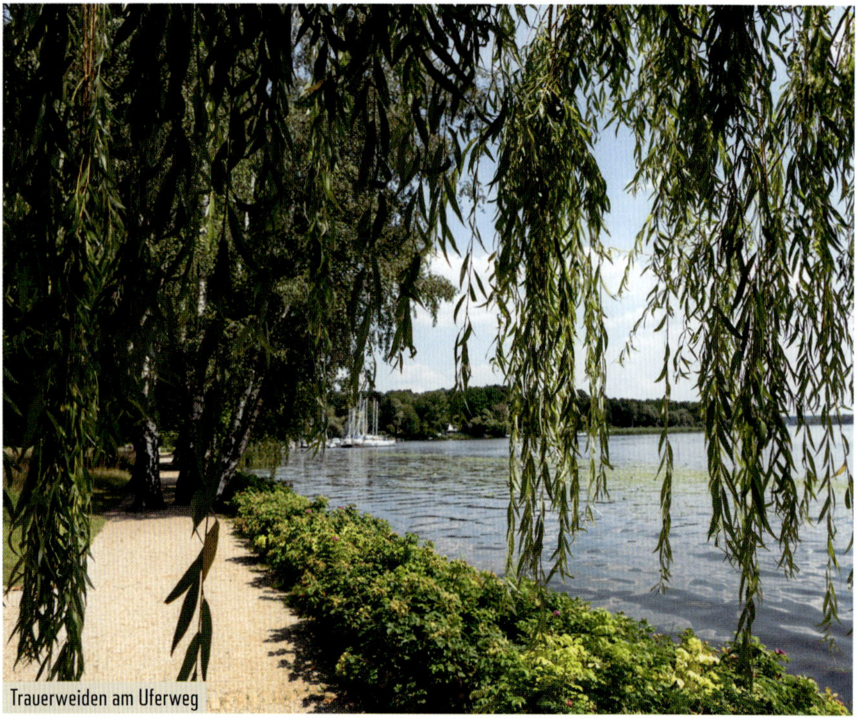

Trauerweiden am Uferweg

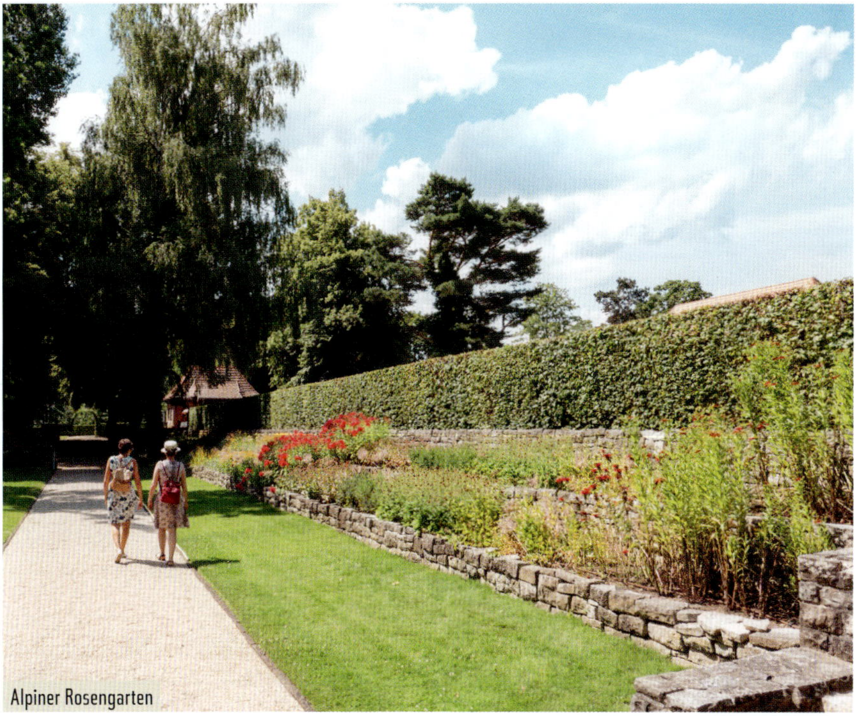

Alpiner Rosengarten

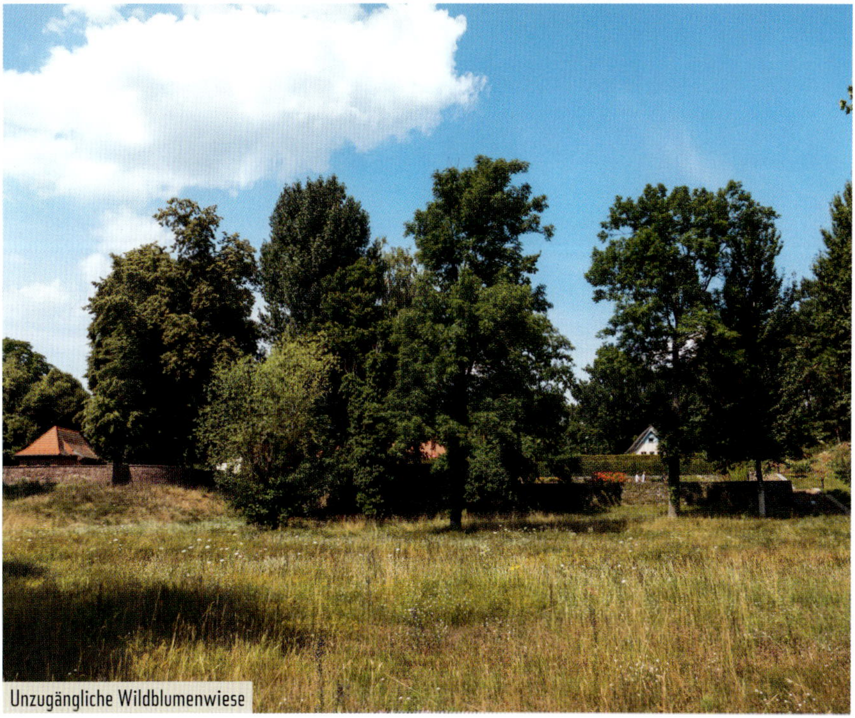

Unzugängliche Wildblumenwiese

23
FRAUCHENS LIEBLING

FLUSSINSEL PICHELSWERDER AM STÖSSENSEE

So ein Hundeleben in der Großstadt kann ganz schön anstrengend sein: Volle Bürgersteige, Leinenzwang selbst in Parkanlagen, »Wir müssen draußen bleiben«-Schilder vor den lecker riechenden Geschäften, und die eingezäunten Hundespielplätze sind viel zu klein. Und nun?
Die Flussinsel Pichelswerder am Stößensee ist Berlins schönstes Hundeauslaufgebiet und ein Gewinn für alle Beteiligten. Auf fast 30 Hektar Fläche gibt es alles, was Vierbeiner glücklich macht – und Hundebesitzer ebenso!
Über einen Rundweg gelangt man um die gesamte Halbinsel, die viele Abenteuer und ruhige Rückzugsorte am Wasser bereithält. Am Ostufer darf gebadet und von Steganlagen gesprungen werden. Der Stößensee hat einen flachen Einstieg ins Wasser und verfügt über einen Badestrand. Während sich Frauchen sonnt, buddeln die Hunde große Löcher in den Sand und verstecken ihre Stöcker darin.
Die Insel besticht durch einen üppigen Baumbestand und erinnert vielerorts an ein kleines Waldgebiet. Das Gelände ist abseits des Rundweges äußerst hügelig und so steil, dass man es nur über die alten Steintreppen nach oben schafft. Belohnt wird dies mit einem wunderschönen Blick auf die Havel bis nach Gatow.
Der abschließende Besuch in der beliebten Imbissbude am großen Parkplatz ist ein Muss! Wo gibt es sonst noch frisch gezapfte Fassbrause aus dem Hahn?

Parkplätze: Siemenswerderweg – 52.509952, 13.208231
Nächstgelegene ÖPNV: ›Pichelswerder‹ (Bus M49)

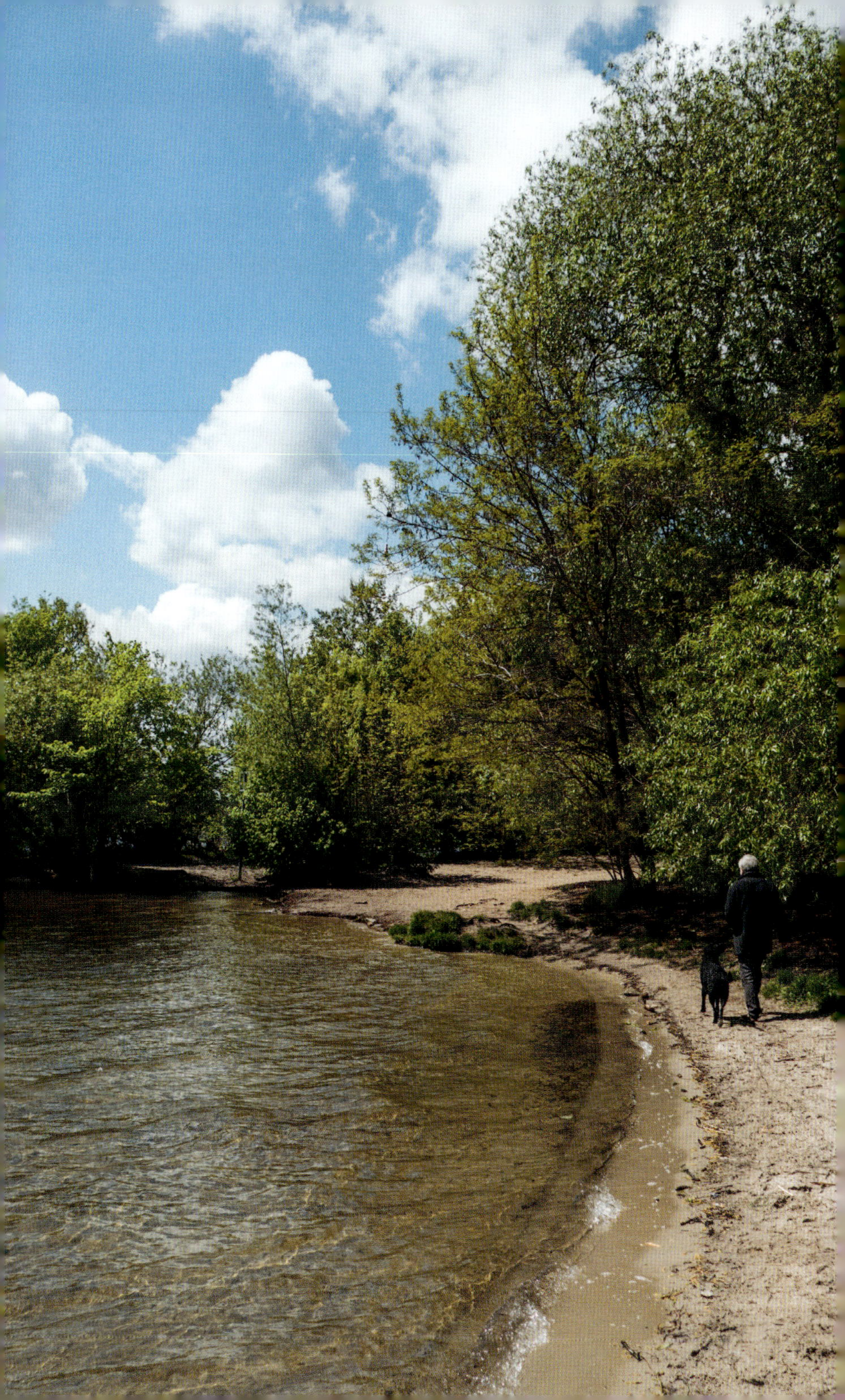

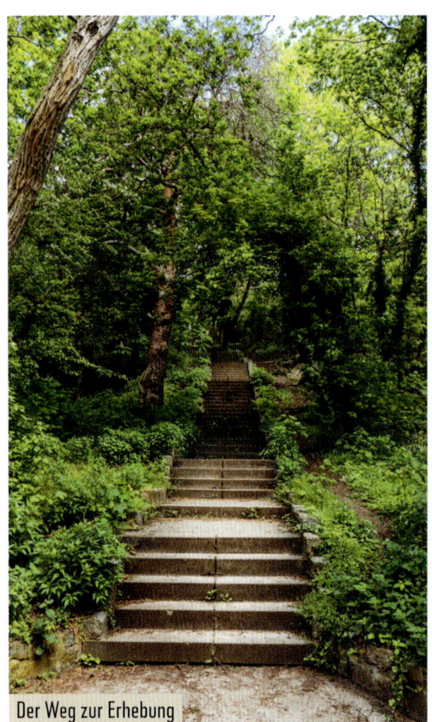
Der Weg zur Erhebung

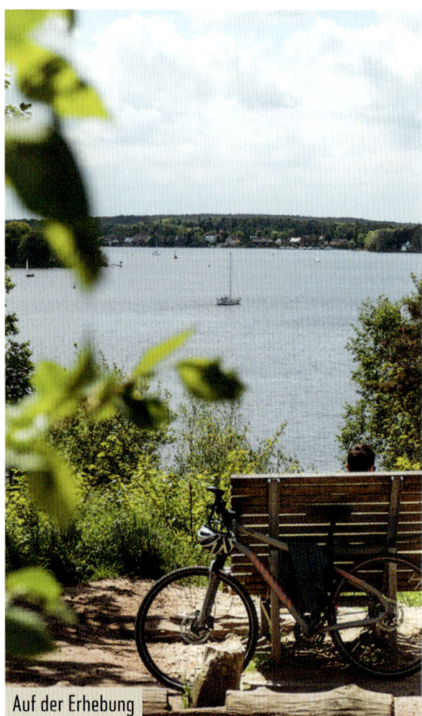
Auf der Erhebung

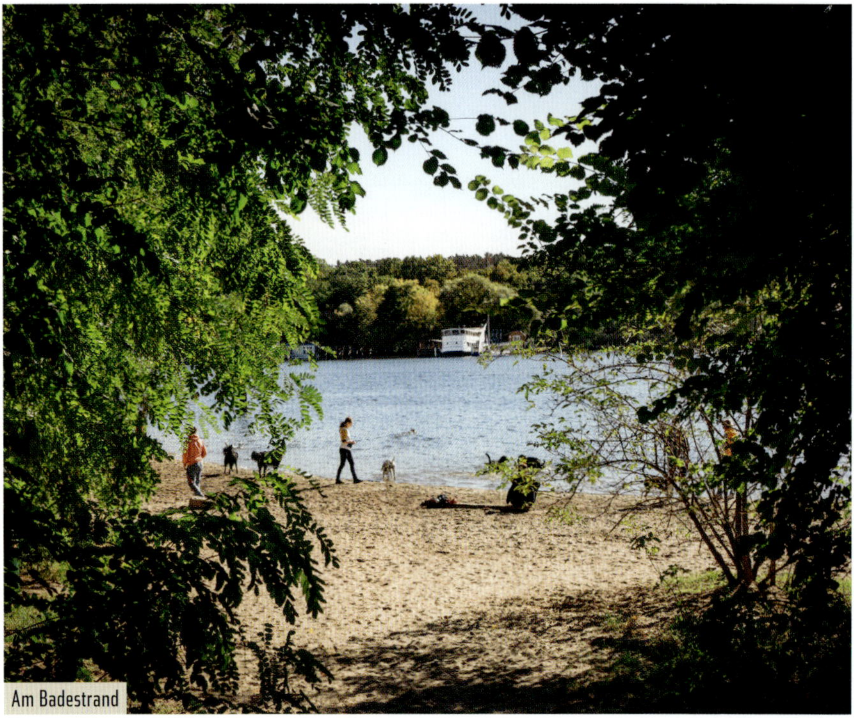

Am Badestrand

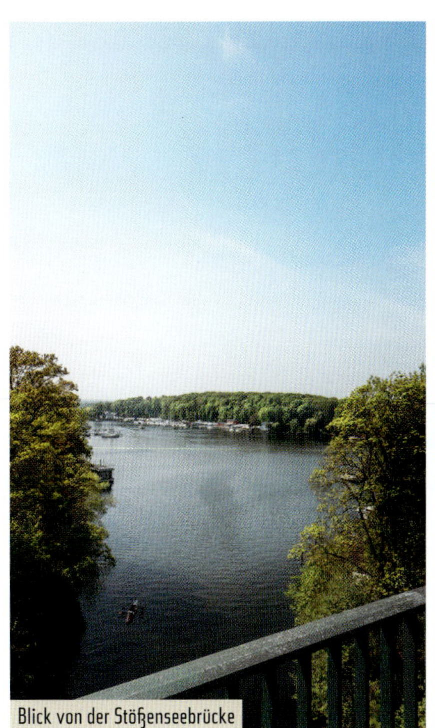

Blick von der Stößenseebrücke

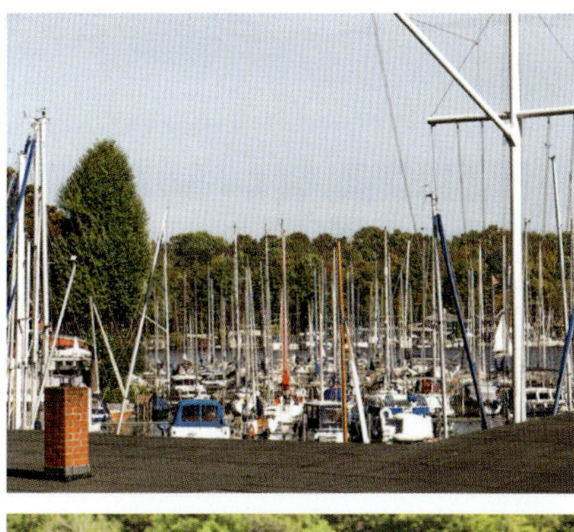

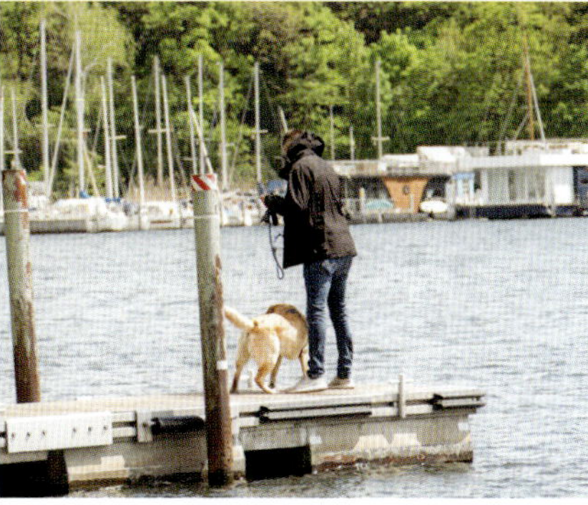

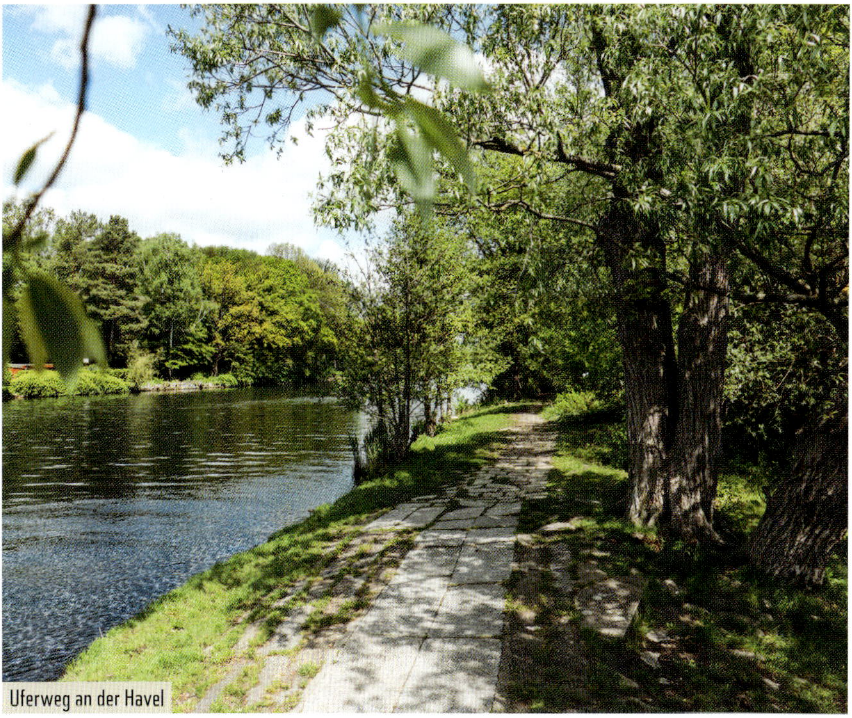

Uferweg an der Havel

24
GIFTGRÜNE SCHÖNHEIT

KINDELFLIESS

Das Kindelfließ ist ein sieben Kilometer langer Nebenfluss des Tegeler Fließes, das seine Bahnen durch den Berliner Norden und Brandenburg zieht. Der schönste Ort für einen ausgiebigen Spaziergang entlang des Gewässers ist ein ruhiges Waldstück in Schönfließ, kurz hinter der Landesgrenze. Das dortige Naturschutzgebiet trägt den Namen »Kindelsee-Springluch« und ist ein 69 Hektar großer grüner Fleck auf der Landkarte. Der dauerhaft nasse Boden des Waldes sorgt für eine Biotopvielfalt, die beste Bedingungen für viele Pflanzen- und Tierarten bietet. Allen voran der versteckte Kindelsee, der von einem 30 Meter breiten Röhrichtgürtel umgeben ist und Fischottern, Brutvögeln und Amphibien als geschützter Lebensraum dient. Der einzige Zugang zum See erfolgt über eine marode Brücke. Zum Wohle der Tiere und zum Schutz vor nassen Füßen sollte man sich diesen Gang besser sparen. Bei einem Spaziergang am Fließ schaut man auf giftgrüne Wasserpflanzen, auf denen Moorfrösche nach Insekten Ausschau halten. Überall riecht es nach Moor und Wald und abgesehen von Vogellauten ist nur Stille zu hören. Dass man hier auf Ross und Reiter trifft, gehört zu einem Ausflug dazu. Ein angrenzender Reiterhof nutzt das abgelegene Gebiet zum Ausritt und sorgt vor allem bei Kindern für große Augen.

Parkplätze: Maxim-Gorki-Straße – 52.635479, 13.335430
Nächstgelegene ÖPNV: ›Kindelwaldpromenade‹ (Bus 806 und 810)

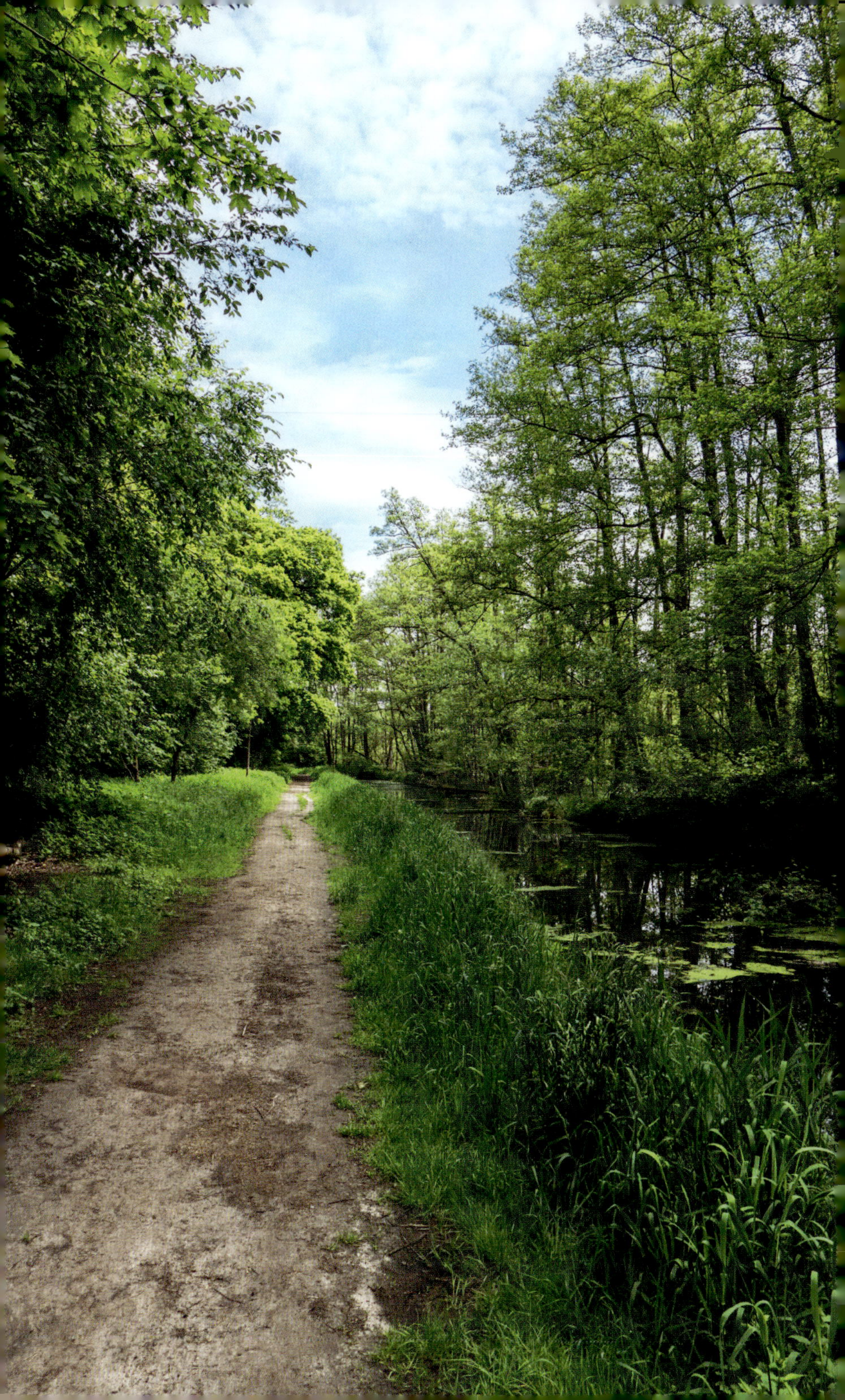

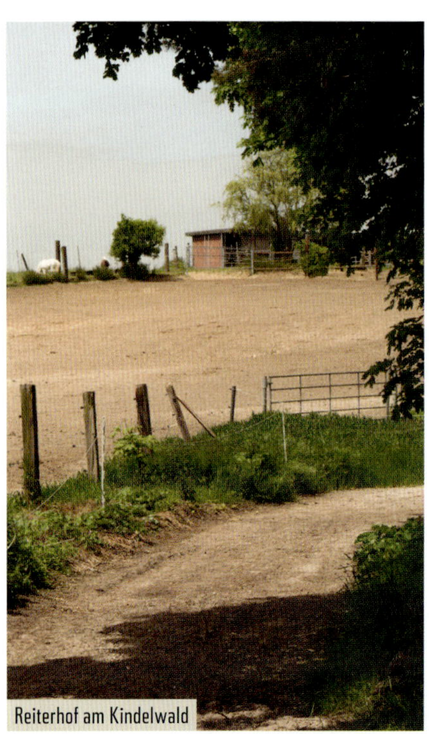
Reiterhof am Kindelwald

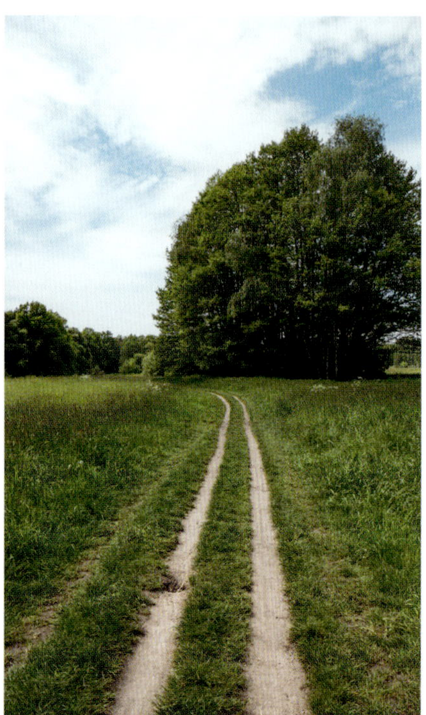

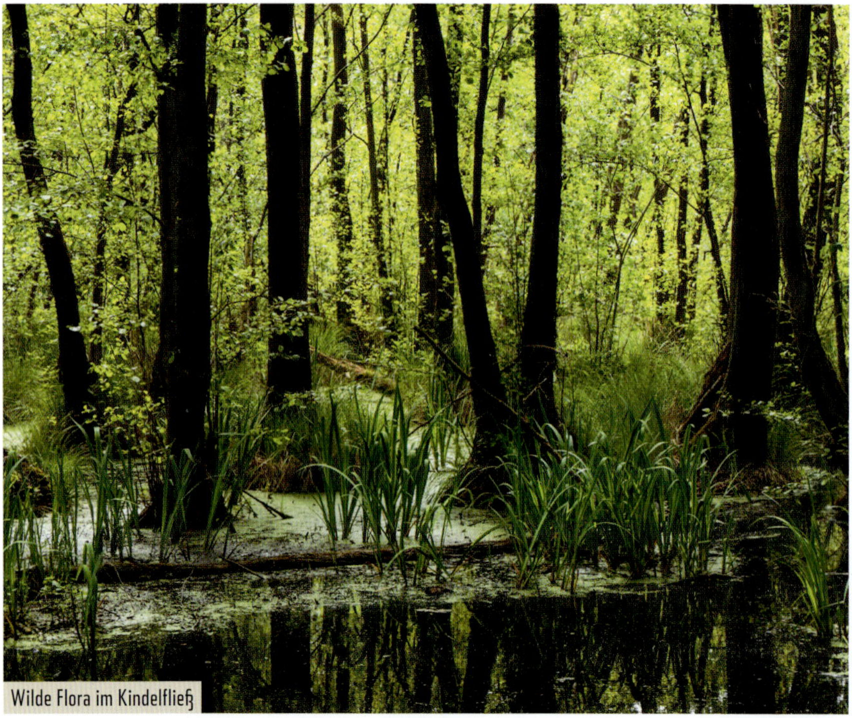

Wilde Flora im Kindelfließ

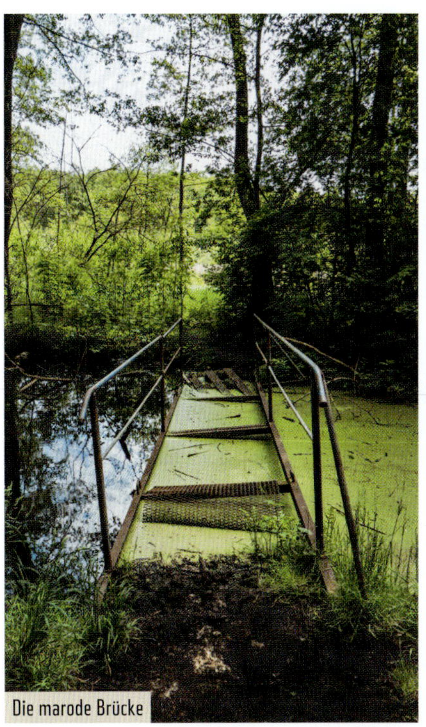

Die marode Brücke

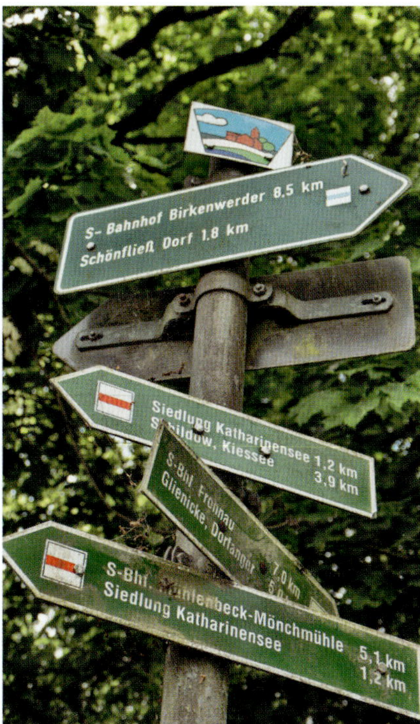

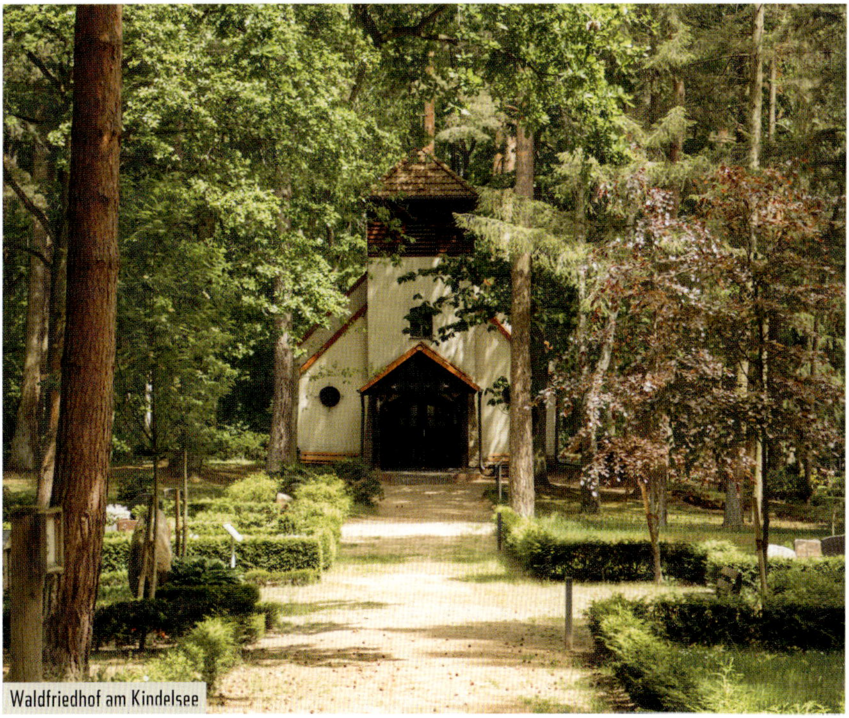

Waldfriedhof am Kindelsee

25
HERBSTZEITBLÄTTER

EINE TOUR AM HAVELUFER IM DÜPPELER FORST

Start: Wirtshaus Moorlake
Ziel: Flensburger Löwe in Heckeshorn
Länge 6 km

Ein warmer Tag im Spätherbst. Der Himmel ist blau, die Blätter an den Bäumen strahlen in kräftigen Rot- und Goldtönen. Den *Indischen Sommer,* so nennt man die kurze Periode zwischen September und Oktober, erlebt man in Berlin am besten im Düppeler Forst. Das im Norden liegende Havelufer ist zu jeder Jahreszeit ein herrliches Ausflugsziel, doch nie ist es schöner als zu dieser Zeit.

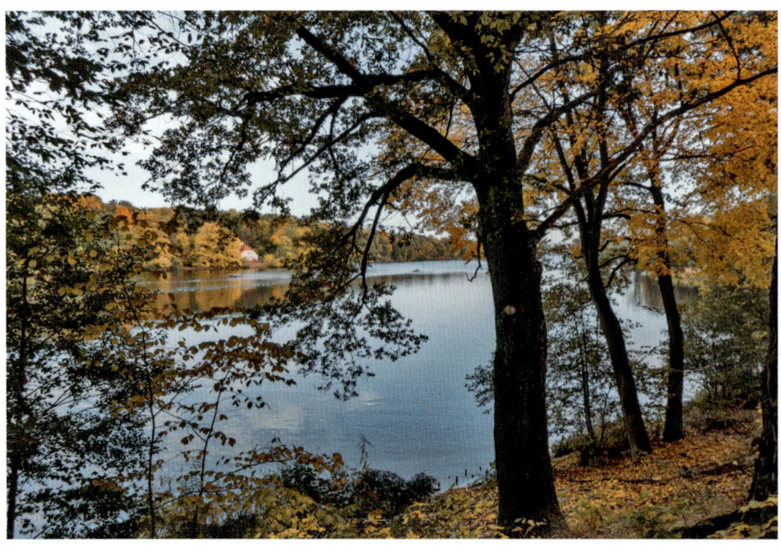

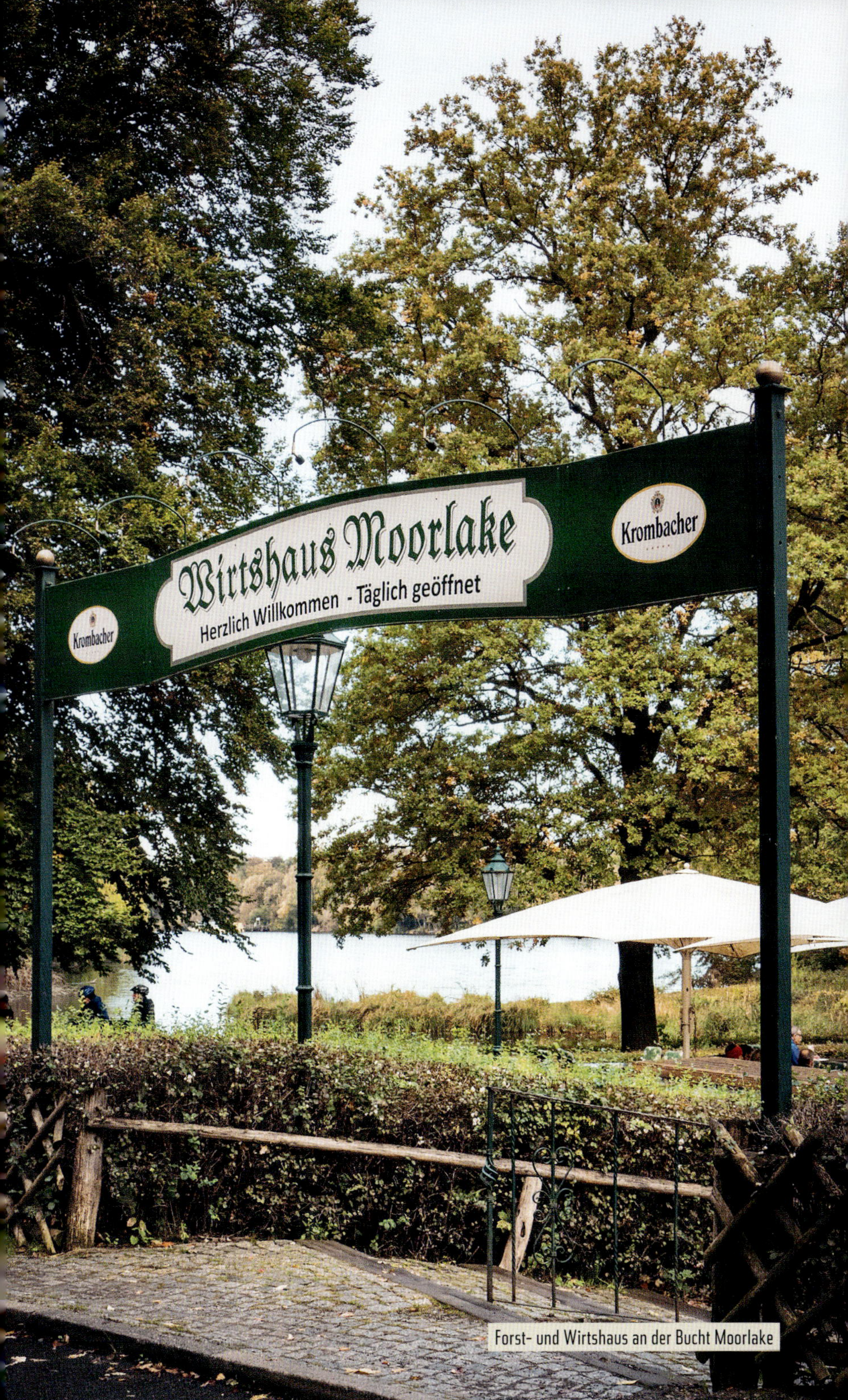

Forst- und Wirtshaus an der Bucht Moorlake

Als Startpunkt eignet sich das Wirtshaus »Moorlake«. Es befindet sich an einer Bucht, von der eine Uferpromenade Richtung Osten führt. Der alte Baumbestand, unter dem man spaziert, schafft es, jedes Geräusch aus der Umgebung von einem fernzuhalten. Nichts außer die Klänge der Natur sind nun noch zu hören – und das Läuten einer Kirche.
Die Waldkirche St. Peter und Paul ist ein imposantes Bauwerk, dessen Kirchenglocken weit durch den Wald schallen. Auf der Website *kirche-nikolskoe.de* gibt es Informationen zum Gottesdienst und den allgemeinen Öffnungszeiten. Das Verlassen der Kirche über die Hauptpforte führt auf eine Terrasse, die einen umwerfenden Blick auf die Havel und das gegenüberliegende Potsdam bietet. Auch das Schloss auf der Pfaueninsel ist gut zu erkennen. Die einzige Fährstation zur Pfaueninsel liegt auf dem Weg zum nächsten Highlight dieser Tour: Die im Sommer beliebte Badestelle »Im Jagen 97« ist zu dieser Jahreszeit kaum noch besucht. Dort gibt es etwas abseits einen 15 Meter langen Steg mit freier Sicht bis zum elf Kilometer entfernten Teufelsberg. Zum Sonnenuntergang bekommt man hier ein echtes Postkartenmotiv geboten. Wie viele Heiratsanträge dieser Holzsteg wohl schon erlebt hat?
Die Promenade führt nun noch weitere drei Kilometer am Wasser entlang, bis sie in Heckeshorn an der historischen Sehenswürdigkeit »Flensburger Löwe« am Großen Wannsee endet. Hier warten zahlreiche Sehenswürdigkeiten wie das Haus der Wannsee-Konferenz oder die Liebermann-Villa darauf, entdeckt zu werden.

Parkplatz am Startpunkt: Moorlakeweg – 52.421326, 13.107803
Nächstgelegene ÖPNV: ›Nikolskoer Weg‹ (Bus 316)

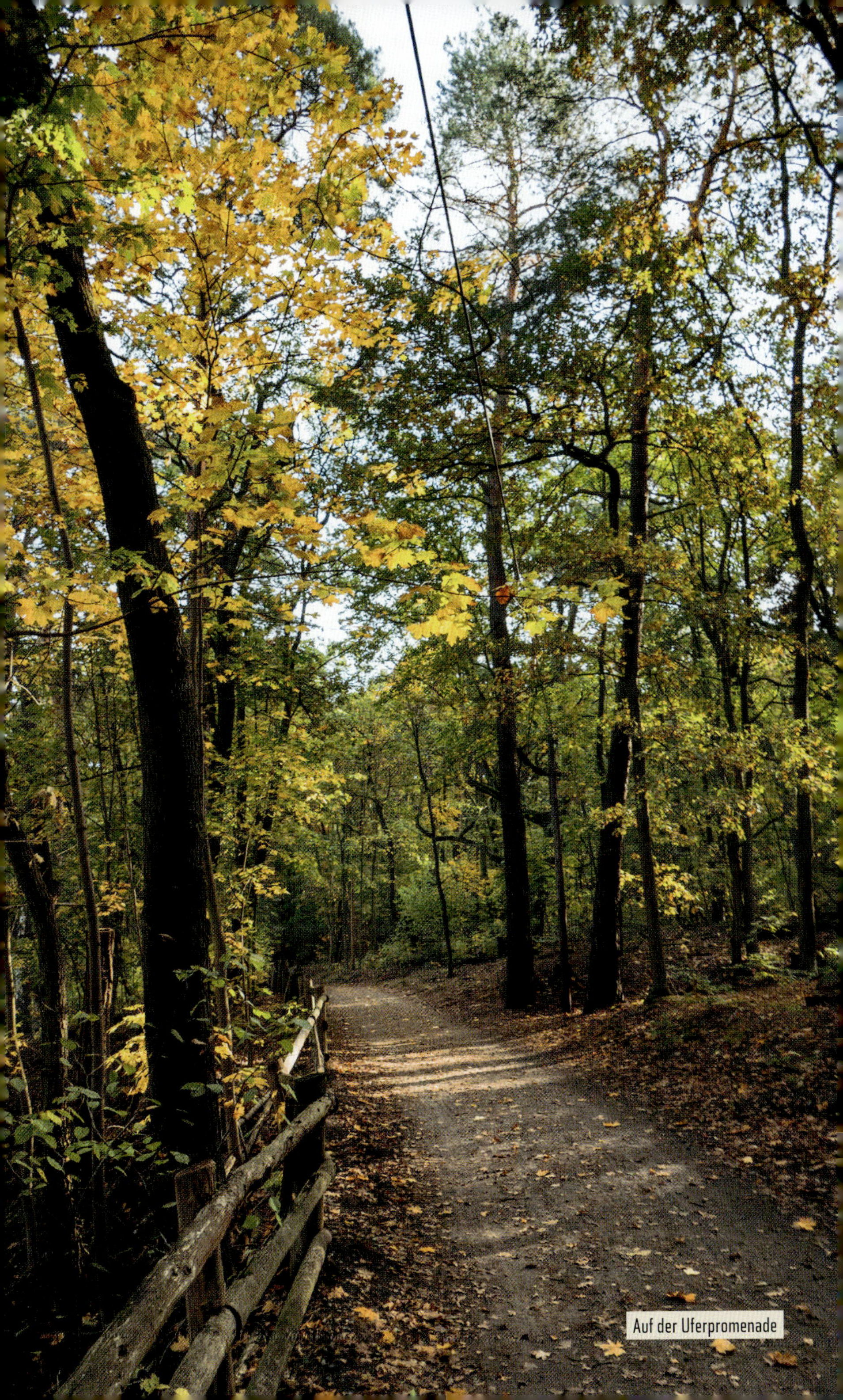
Auf der Uferpromenade

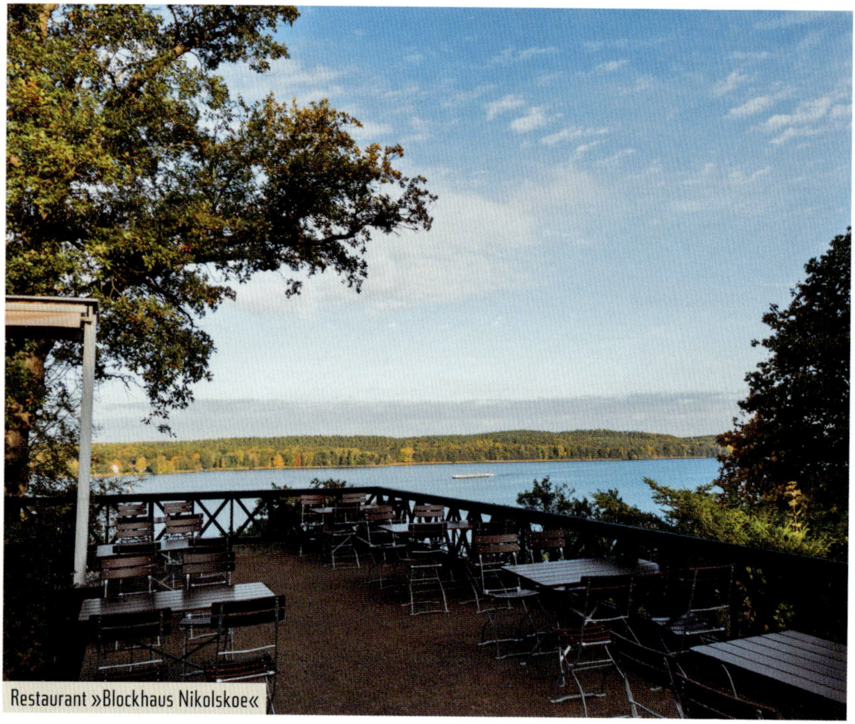

Restaurant »Blockhaus Nikolskoe«

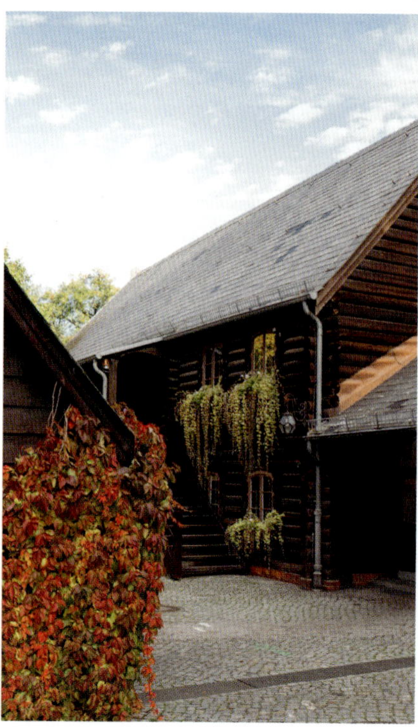

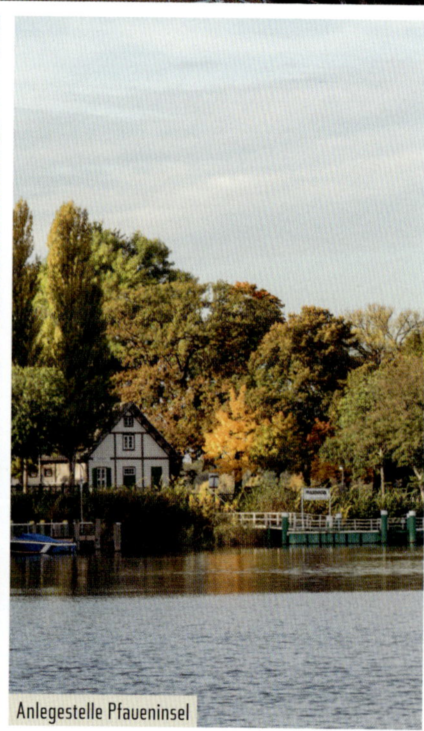

Anlegestelle Pfaueninsel

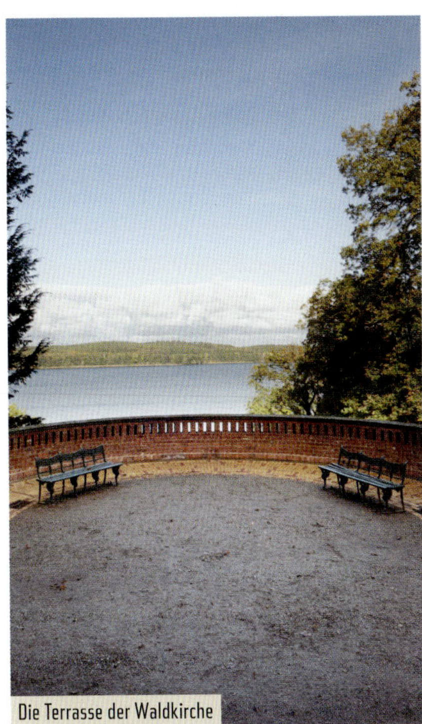

Die Terrasse der Waldkirche

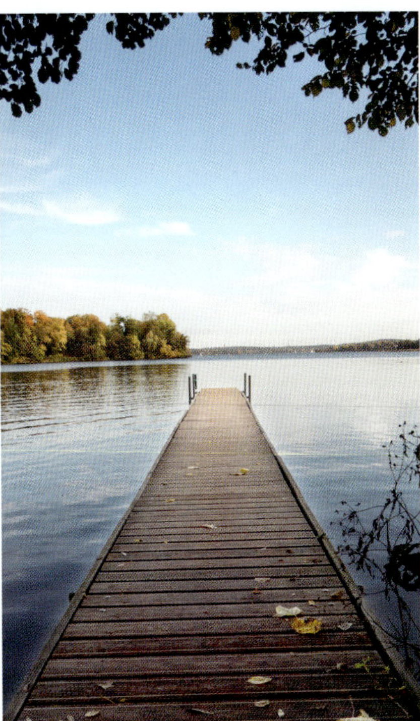

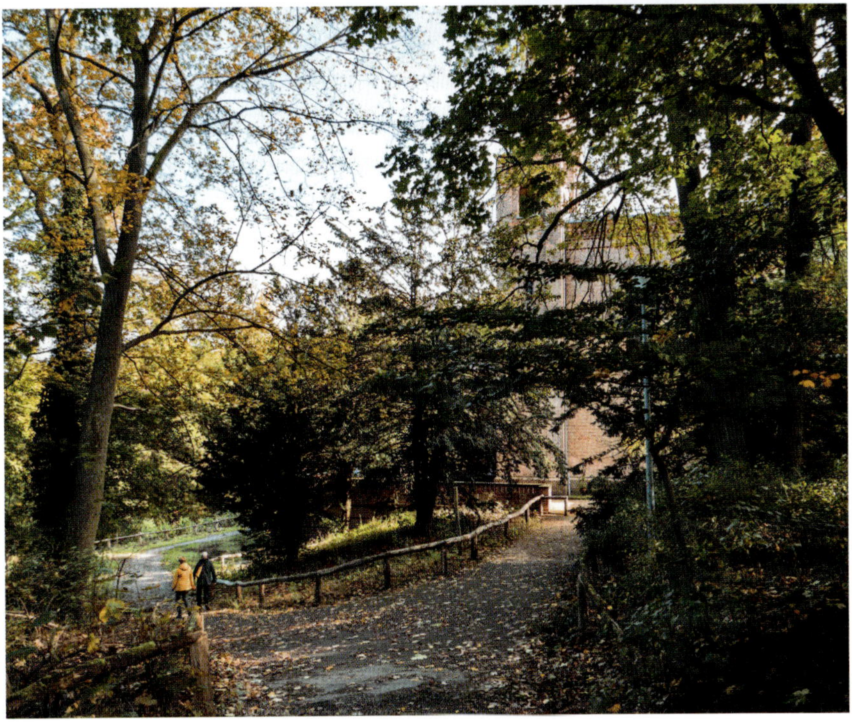

26

JIU QU, SHIBA WAN

CHINESISCHER GARTEN ZEUTHEN

Benannt nach der alten Redewendung »Neun Kurven und achtzehn Ecken«, fristet der Chinesische Garten in Zeuthen ein relativ unbekanntes Dasein. Er befindet sich kaum wahrnehmbar an der kopfsteingepflasterten Seestraße, gegenüber einem chinesischen Restaurant, und lässt von außen noch nicht erkennen, wie schön er im Inneren ist. Er ist ein Paradebeispiel für Gartenkunst und Symbolik, die man nur mit wachem Auge erkennt. Man sieht nie das Ganze auf einmal – so lautet die Philosophie. Ziel der Gestaltung war es, die sieben Elemente harmonisch zu vereinen: Erde, Himmel, Steine, Wasser, Gebäude, Wege und Pflanzen. Der Mensch als achtes Element vollendet die Harmonie. Ein Rundweg führt die Besucher zu einem Koiteich, unter bewachsenen Pergolen entlang, zu Blumenbeeten und traditionellen Skulpturen und endet am Ufer der Dahme. Dort bieten Sitzbänke die Möglichkeit auf absolute Ruhe.

Parkplatz: Seestraße – 52.356774, 13.631651
Nächstgelegene ÖPNV: ›Zeuthen, Heinrich-Heine-Str.‹ (Bus 731 und 733)

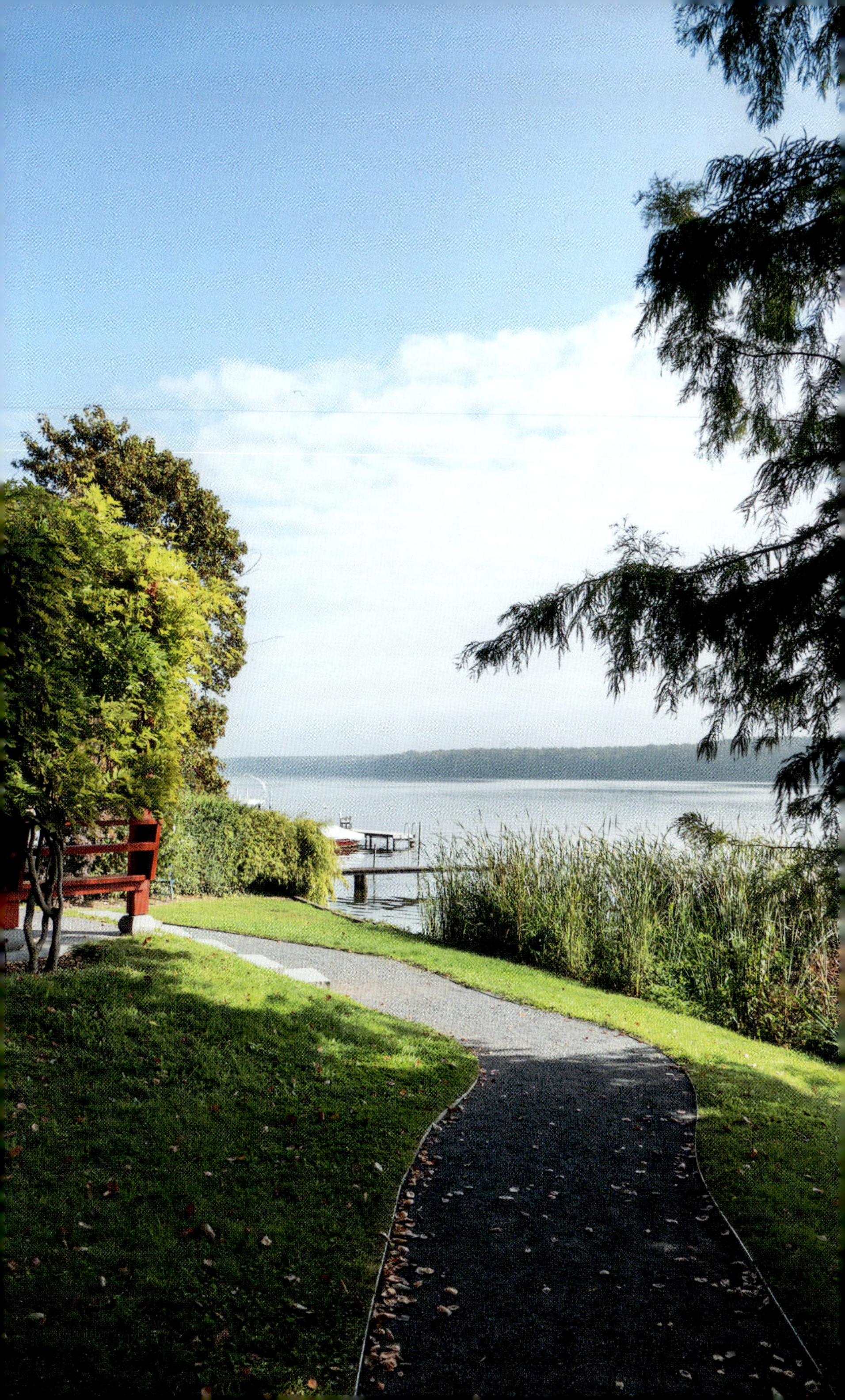

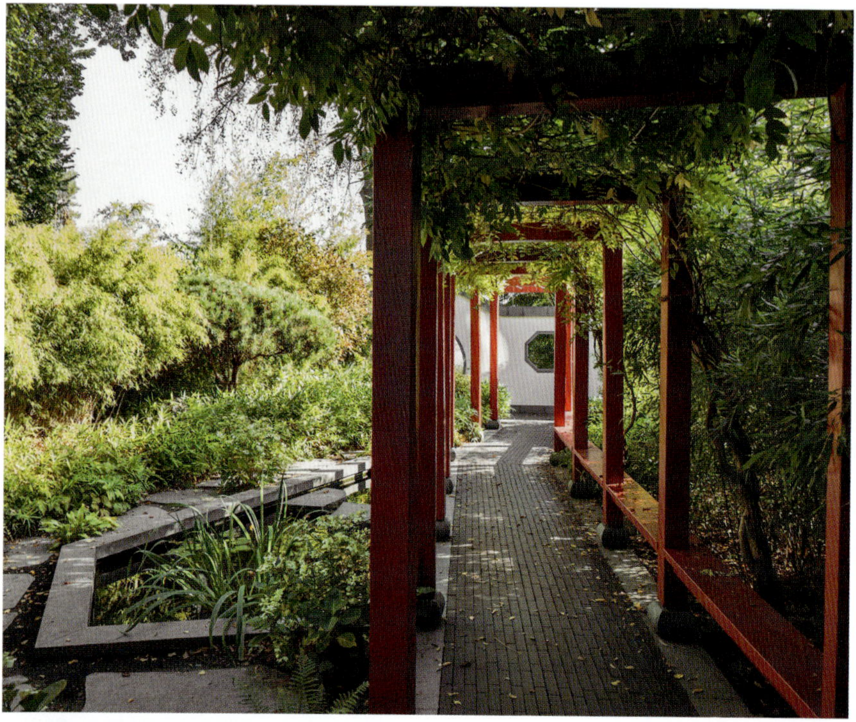

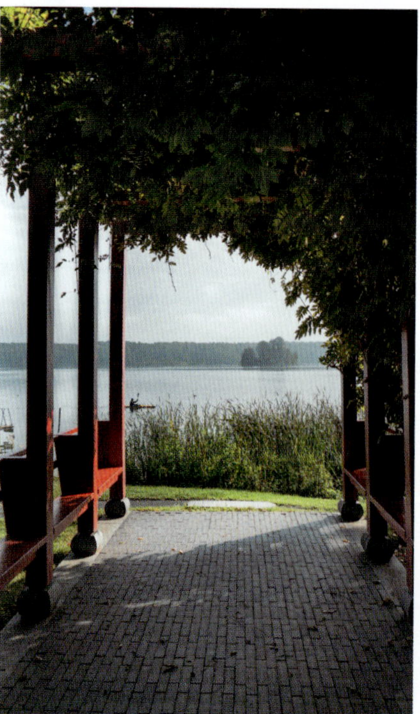

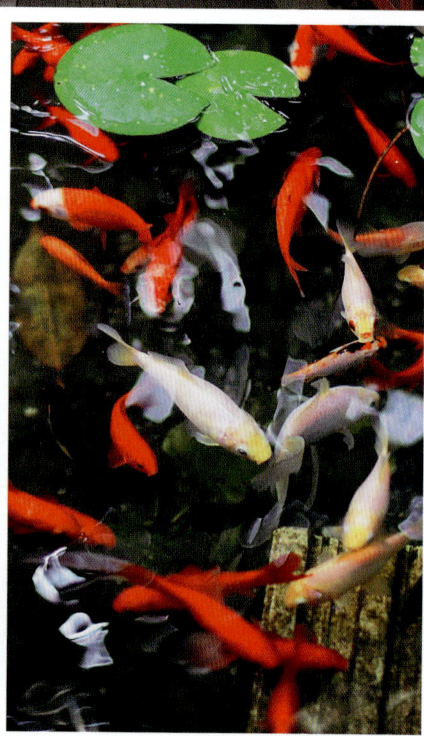

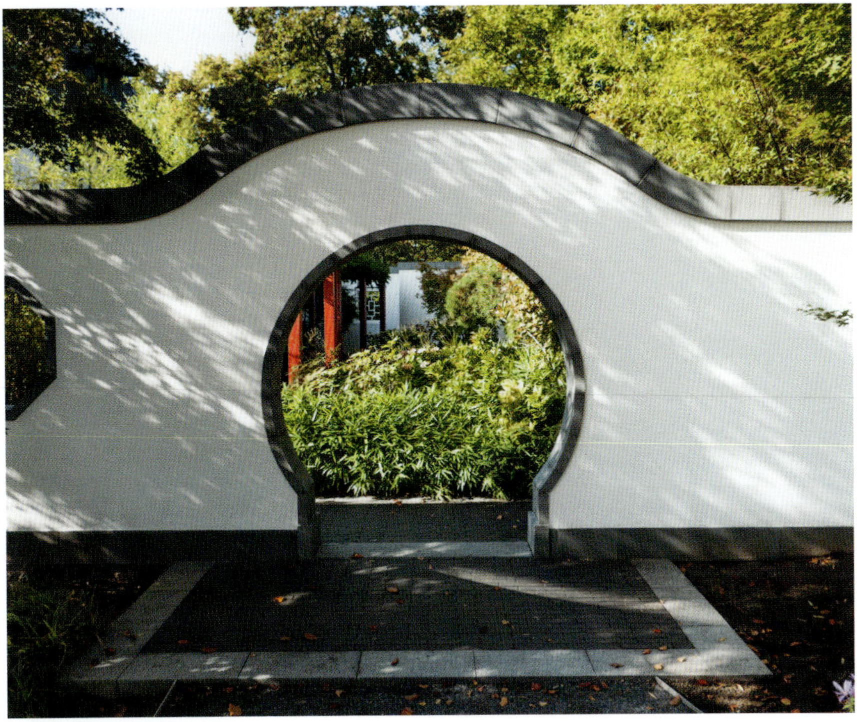

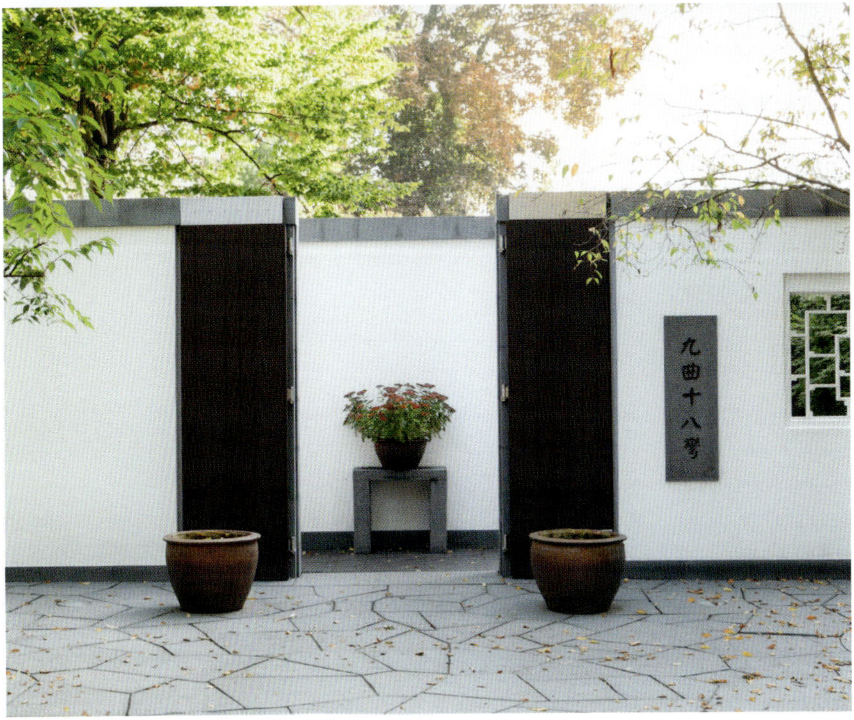

27

KAMPF DER GIGANTEN

WANNSEE ODER MÜGGELSEE?

GRÖSSE

Wannsee: 273 Hektar
Müggelsee: 740 Hektar

MAXIMALE TIEFE

Wannsee: 9,8 Meter
Müggelsee: 7,7 Meter

INSELN

Wannsee: Schwanenwerder
Müggelsee: Müggelwerder, Kelchs Ecke, Entenwall

BADESTELLEN

WANNSEE:

Strandbad Wannsee – 52.438594, 13.178726
Im Wald bei Heckeshorn – 52.435263, 13.165393

MÜGGELSEE:

Strandbad Müggelsee – 52.445000, 13.675680
Strandbad Friedrichshagen – 52.445864, 13.630685

BOOTSVERLEIH

WANNSEE:

Bootshaus Waller
www.bootshaus-waller.de

MÜGGELSEE:

Spreepoint am Rübezahl
www.spreepoint.de

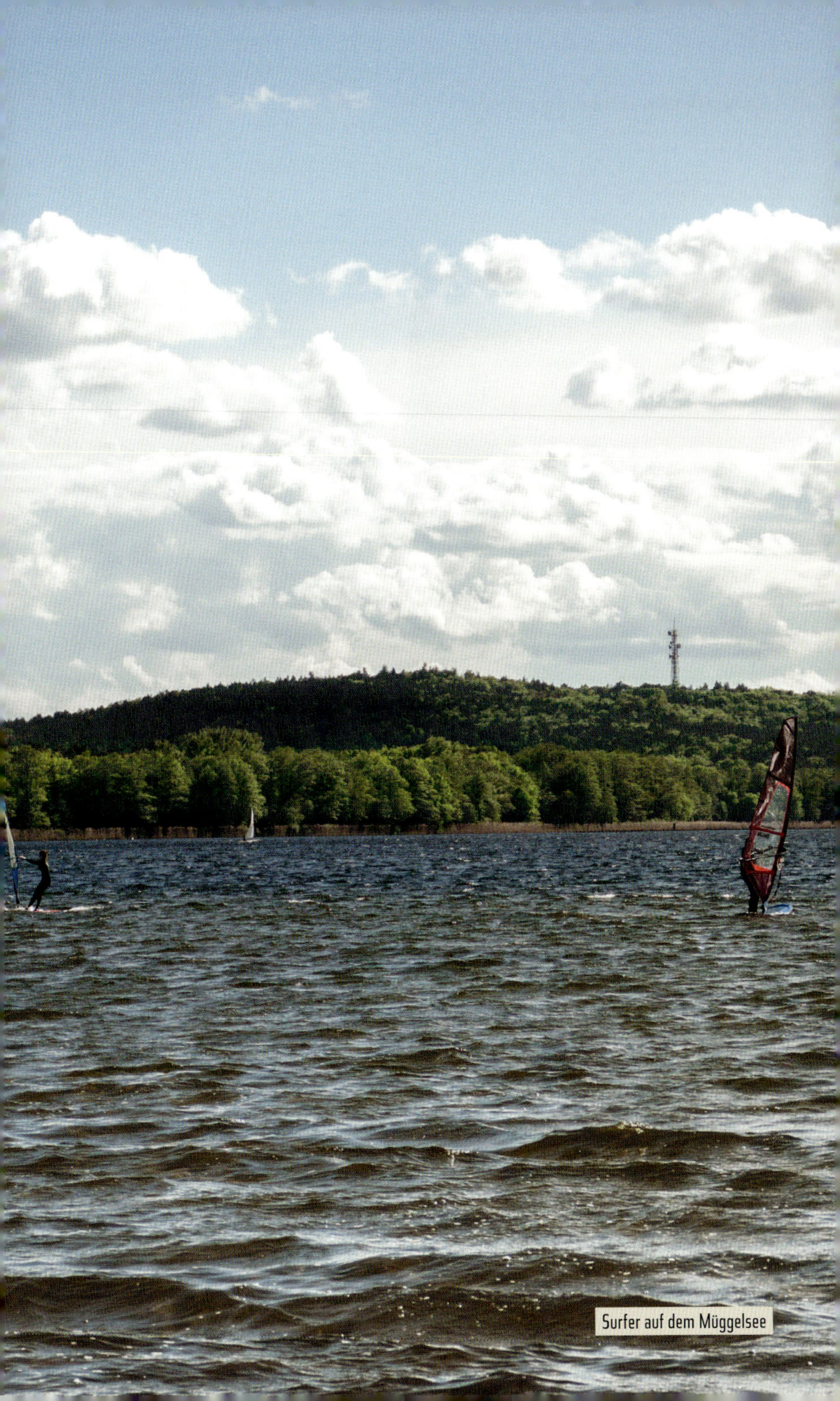

Surfer auf dem Müggelsee

EINKEHRMÖGLICHKEITEN

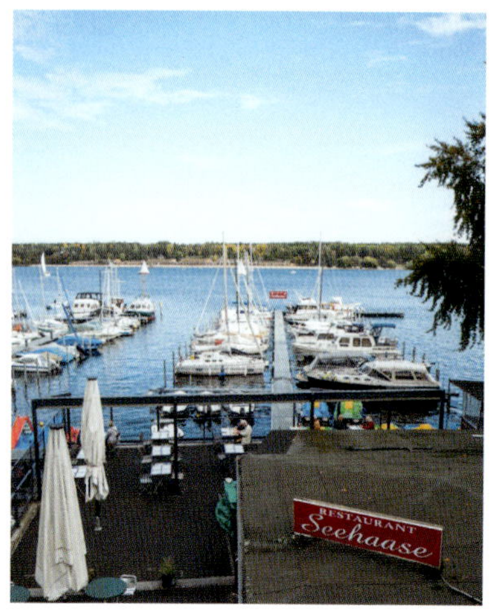

WANNSEE:

- Gehobene á la carte Speisen in »Ottos Seerestaurant« im Haus Sanssouci
- Bayerische und internationale Gerichte im Biergarten »Loretta am Wannsee«
- Hofcafé und Feinkostladen in künstlerischem Ambiente im »Mutter Fourage«

MÜGGELSEE:

- Ausflugslokal, Biergarten, Ferienpark und eine Eislaufbahn bietet das »Rübezahl«
- Französische Küche im stilvollen Lokal mit See-Lounge im »Domaines«
- Torten, Eisbecher und deftiges Frühstück im »Café Gerch«

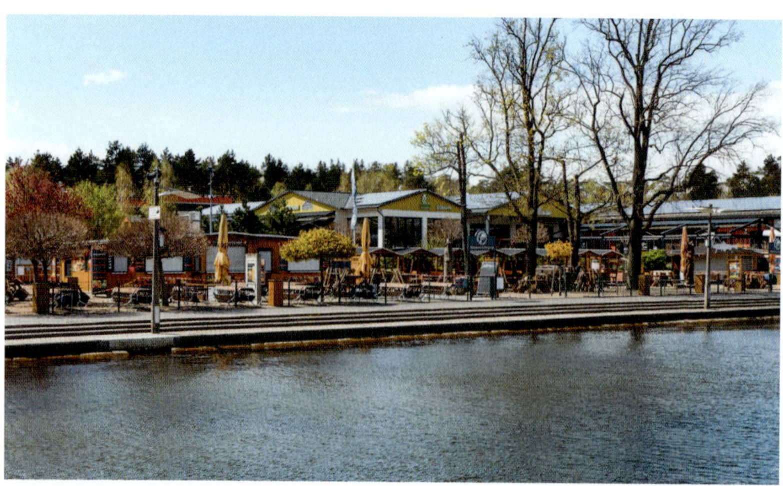

WARUM DER MÜGGELSEE BERLINS SCHÖNSTER SEE IST

Willkommen am größten See Berlins! Er ist Zufluchtsort für Ruhesuchende, ein Erlebnis für Wassersportler, Liebling der Wanderer und ein echtes Naturparadies. Mit einer Größe von 740 Hektar ist er sogar knapp viermal so groß wie der Tiergarten. Theodor Fontane beschrieb das Gewässer im Jahr 1862 noch als »Märchenland« und wunderte sich angesichts der Schönheit über die Abgeschiedenheit. Mittlerweile ist er ein beliebter Urlaubsort für Besucher aus aller Welt – seine Schönheit ist unverändert. Die Ortsteile Friedrichshagen und Rahnsdorf am Nordufer zählen zu den begehrtesten Wohngegenden der Stadt. Dabei bildet die Flaniermeile »Bölschestraße« das lebendige Zentrum und trägt den Beinamen »Ku'Damm des Ostens«. Ganz anders ist es auf der gegenüberliegenden Seite. Das Südufer ist von der reichhaltigen Natur des Köpenicker Forsts umgeben und Lebensraum für Eisvögel, Kanadagänse und Otter. Die natürliche Promenade ist der ideale Ort für aktive Erholung unter hohen Kiefern mit einem ständigen Blick aufs Wasser.

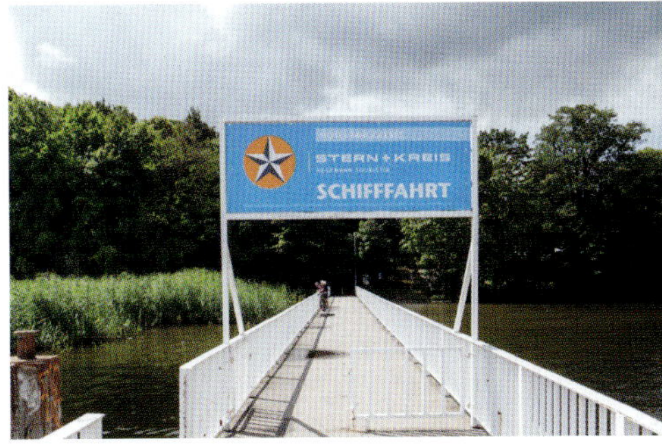

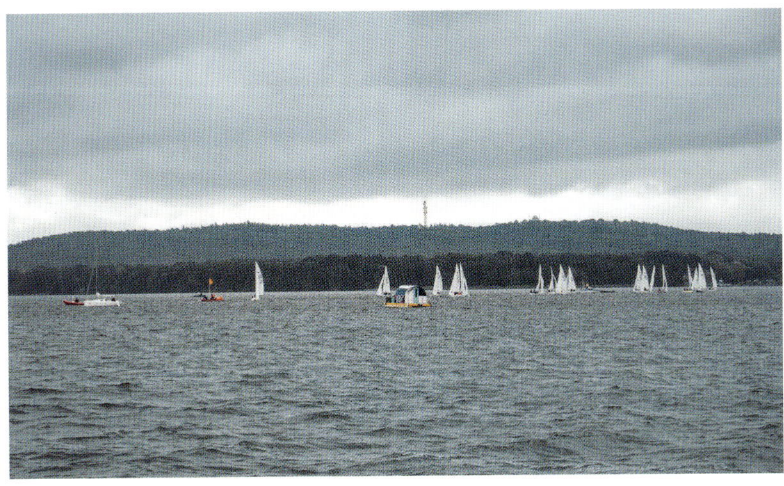

WARUM DER WANNSEE BERLINS SCHÖNSTER SEE IST ... UND WARUM ER EIGENTLICH GAR KEIN SEE IST

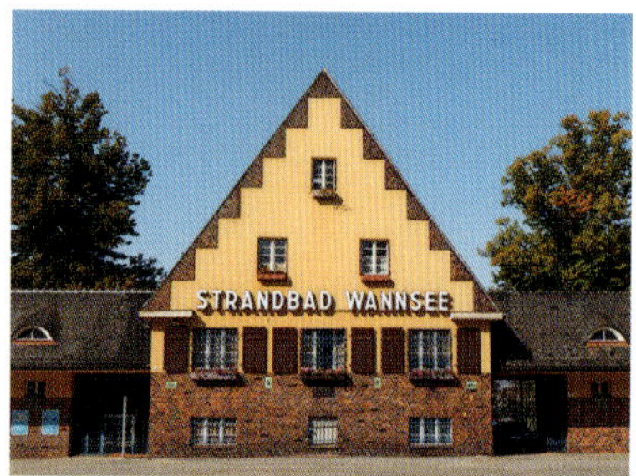

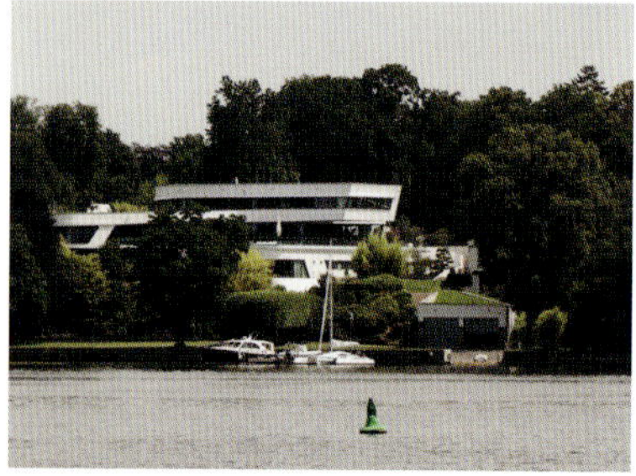

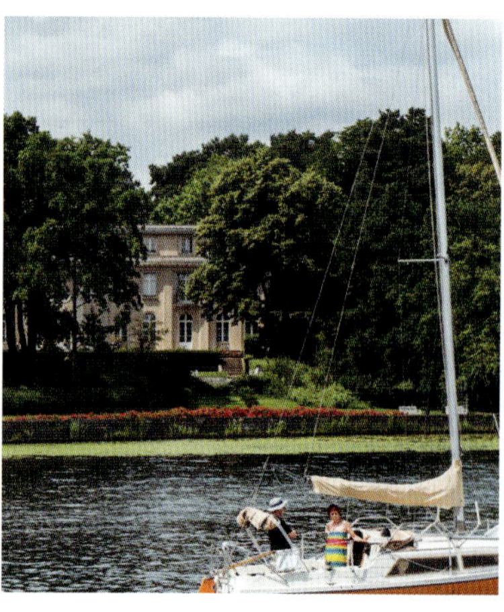

Jeder kennt ihn, alle waren schon mal da und sein Strandbad ist eines der größten Freibäder in Europa: der Wannsee im beschaulichen Berliner Südwesten. Im Jahr 1951 verpasste Conny Froboess mit ihrem Schlager »Pack die Badehose ein« dem See eine echte Hymne. Auch in aktuellen Songs bekannter Bands wie *Die Ärzte* (»Westerland«) oder *Die Toten Hosen* (»Wannsee«) taucht der See immer wieder als Sehnsuchtsort auf. Doch was die wenigsten wissen, ist, dass der Wannsee in Wahrheit gar kein richtiger See ist. Aus der Luft betrachtet, erkennt man schnell, dass es sich lediglich um eine ausgedehnte Bucht der Havel handelt.

Den Wannseeaten ist das schnuppe! Umringt von Schlössern, Villensiedlungen und Yachtclubs, zählen die wassernahen Wohngebiete zu den teuersten der ganzen Stadt. Auch die Hollywood-Stars Brad Pitt und Angelina Jolie sollen sich schon mal auf der exklusiven Millionärs-Insel Schwanenwerder am Wannsee nach einem Anwesen umgesehen haben.

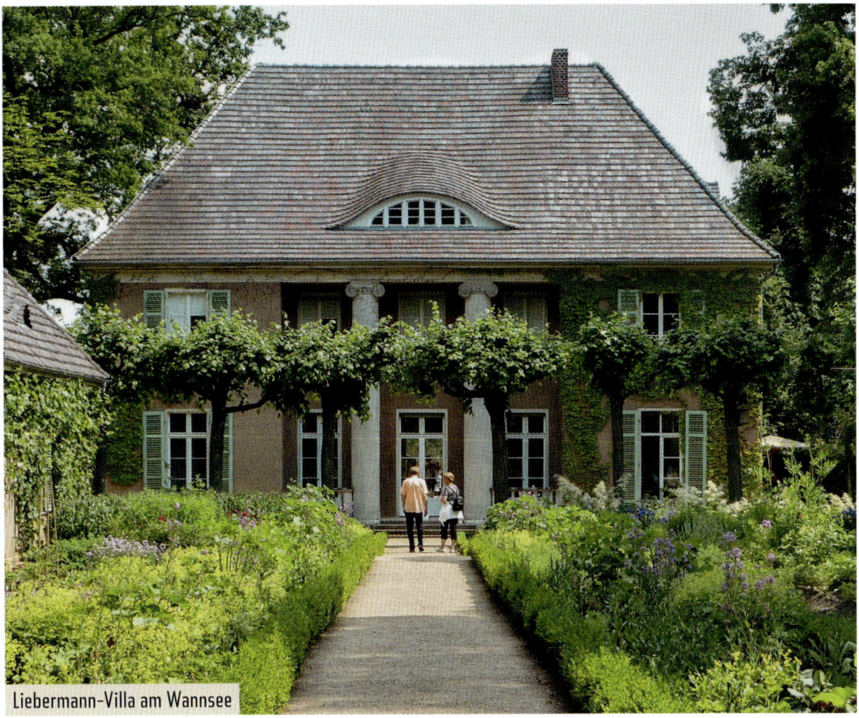

Liebermann-Villa am Wannsee

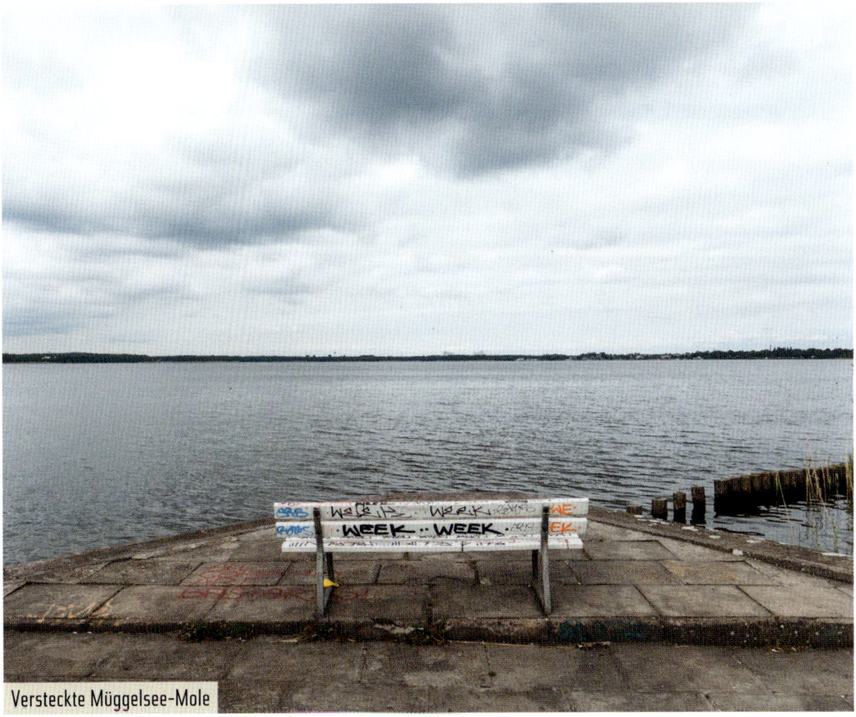

Versteckte Müggelsee-Mole

28
KEIN STROM, KEIN WASSER UND NUR EINE TOILETTE

INSEL REISWERDER

Angefangen hat alles im Jahr 1914. Auf der benachbarten Insel Baumwerder siedelten sich Familien aus dem Berliner Norden an und errichteten sich einen Zufluchtsort für das wohlverdiente Wochenende. Doch nur 30 Jahre später schien das schon ein schnelles Ende gefunden zu haben. Baumwerder sollte zur Trinkwassergewinnung genutzt werden und dafür waren die liebevoll gezimmerten Holzhäuser im Weg. Kurzerhand siedelte man auf die etwas kleinere Insel Reiswerder um. Heute, über 100 Jahre später, befindet sich hier das schrägste und gleichzeitig abgelegenste Refugium Berlins!
In 123 Lauben leben die Bewohner freiwillig ohne Strom und fließendes Wasser. Außerdem nutzen sie allesamt eine Gemeinschaftstoilette. An einem Vereinsgebäude steht in großen Lettern das Wort »Rathaus« und den Vorstand nennen alle nur Bürgermeister. Offenes Feuer, Gemüsebeete, Haustiere: Alles tabu. Auf Reiswerder hält man nichts von Schnickschnack und Verzichtbarem. Dafür setzt man alles auf das Wohl der Natur und lässt sie vielerorts so wachsen, wie sie es für richtig hält. Das schätzen vor allem die Tiere. Waschbären, Biber und Füchse auf der Terrasse sind keine Seltenheit. Wenn der Tegeler See zugefroren ist, kommen sogar Wildschweine aus dem gegenüberliegenden Wald herüber spaziert.

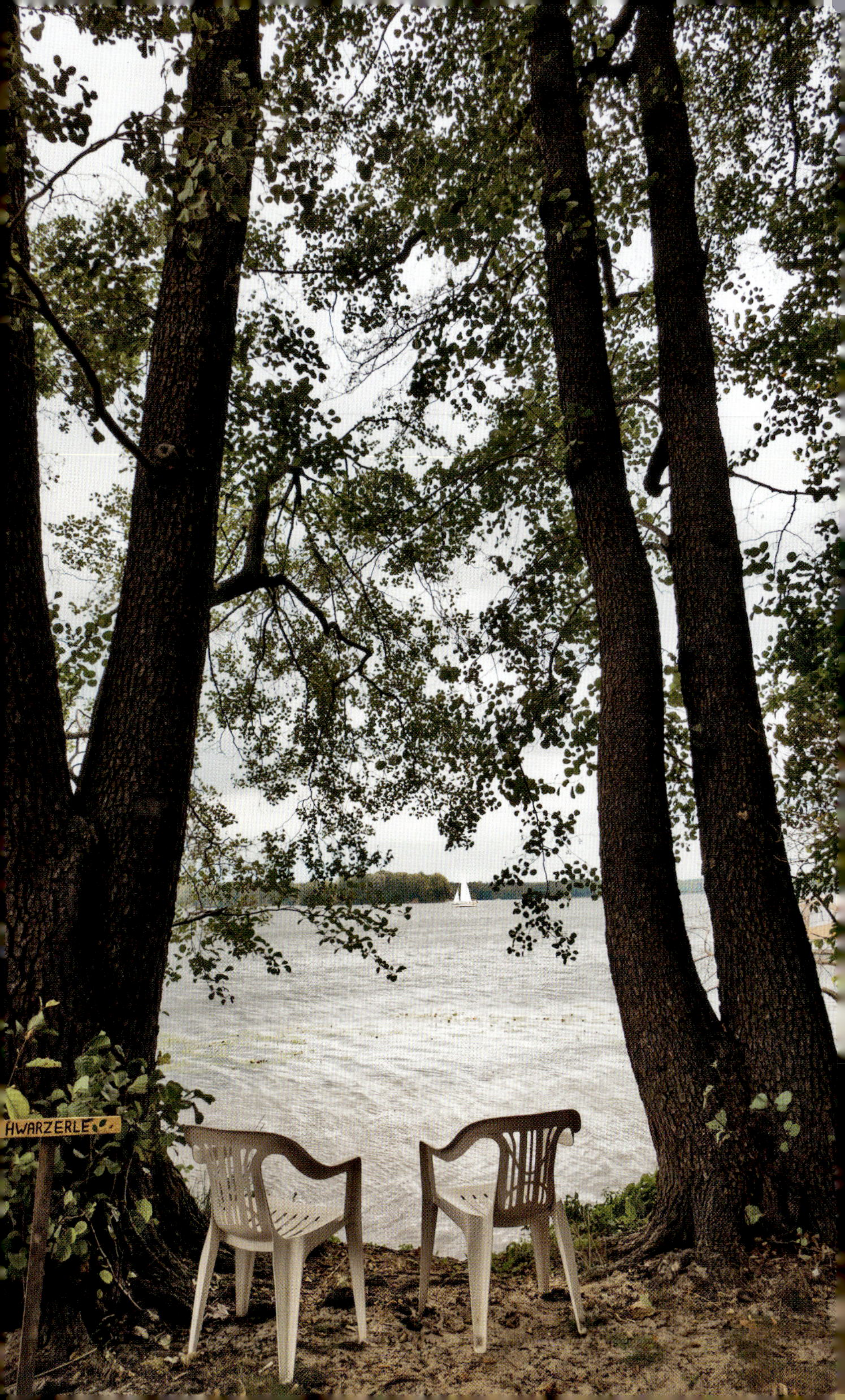
HWARZERLE

Auch für Nicht-Insulaner besteht die Möglichkeit, Reiswerder zu besuchen. Eine Fähre, die lange Zeit nur Bewohner und Gäste mitnahm, bringt Neugierige zwischen April und Oktober in zwei Minuten aufs Eiland. An der von Seerosen gesäumten Anlegestelle führt ein schmaler Trampelpfad um die Insel und gewährt Einblick in die kleinen Holzlauben. Viele von ihnen sind schlicht und karg gehalten, andere wiederum mit Solaranlagen und hochwertiger Einrichtung ausgestattet. Denn neben alteingesessenen Insulanern, die mit der Plastiktüte anreisen, wohnen hier mittlerweile auch erfolgreiche Künstler.

Die aktuellen Fährzeiten findet man auf www.reiswerder.de
Parkplatz: Bernauer Straße – 52.567439, 13.257694
Nächstgelegene ÖPNV: ›Weg nach Reiswerder‹ (Bus 133)

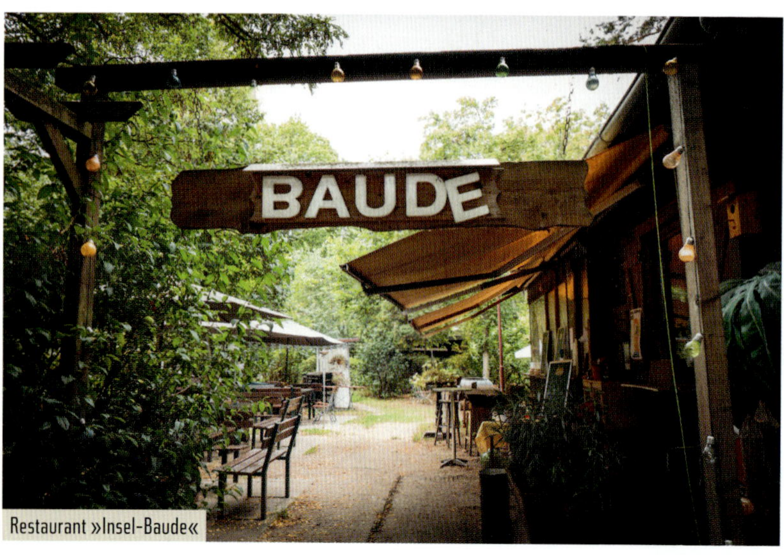

Restaurant »Insel-Baude«

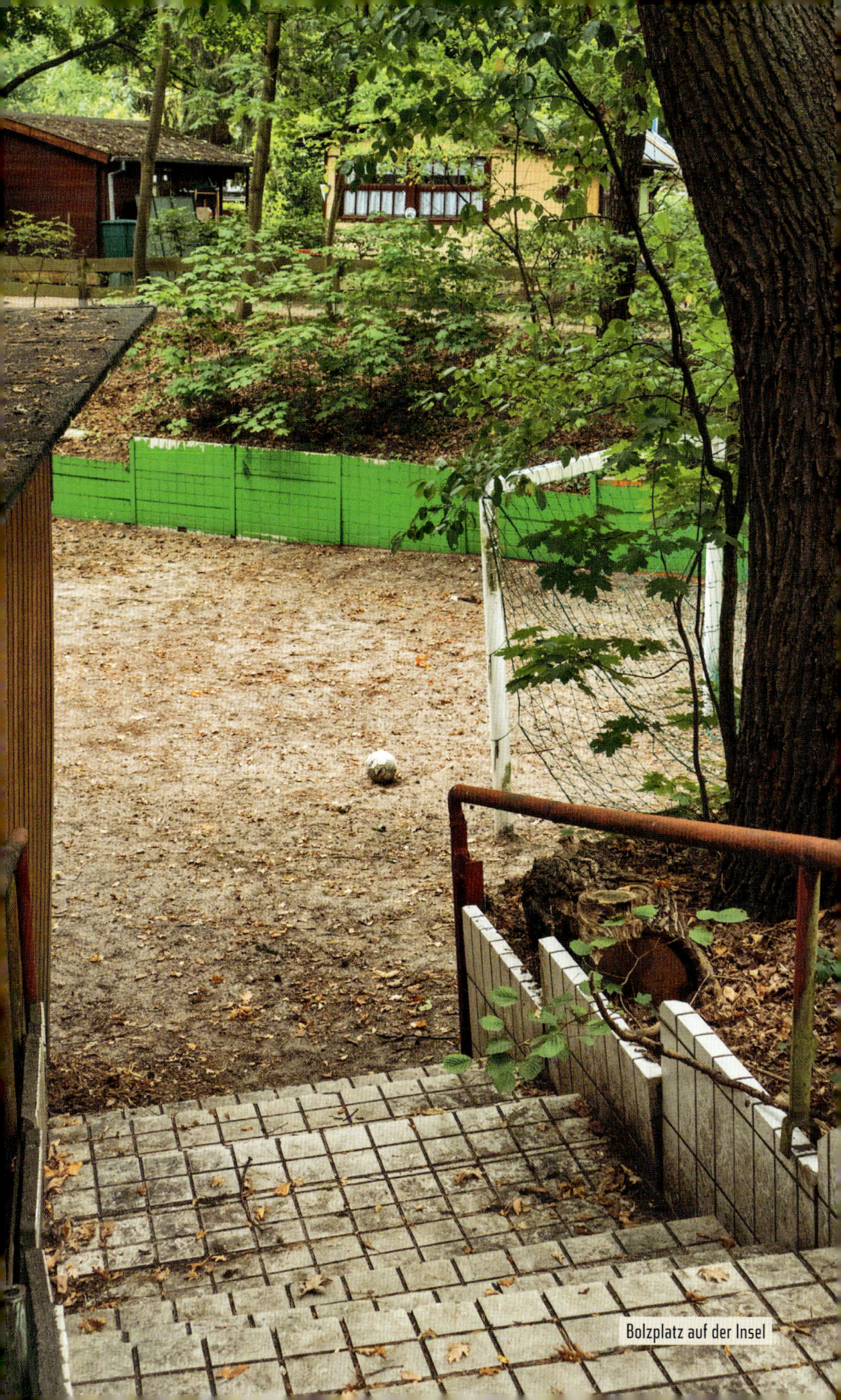

Bolzplatz auf der Insel

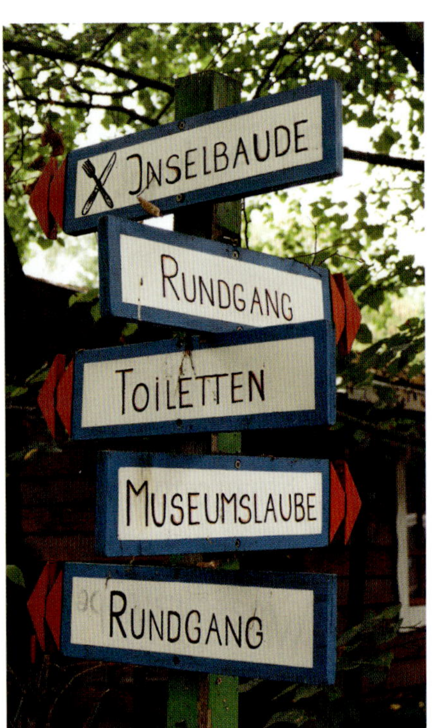

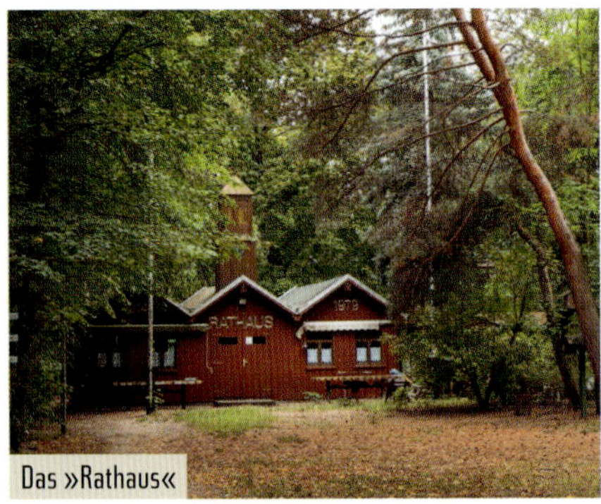
Das »Rathaus«

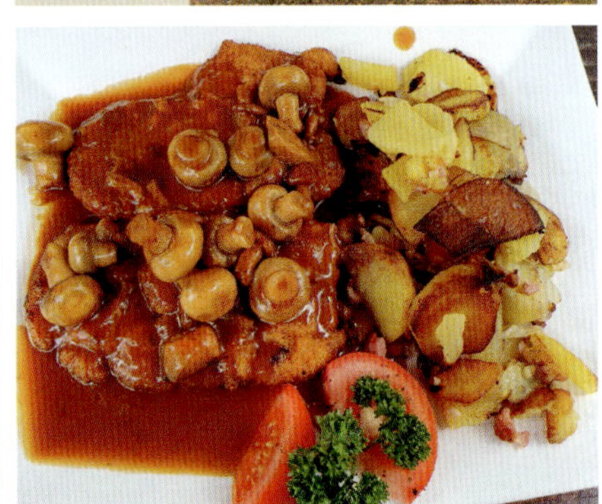

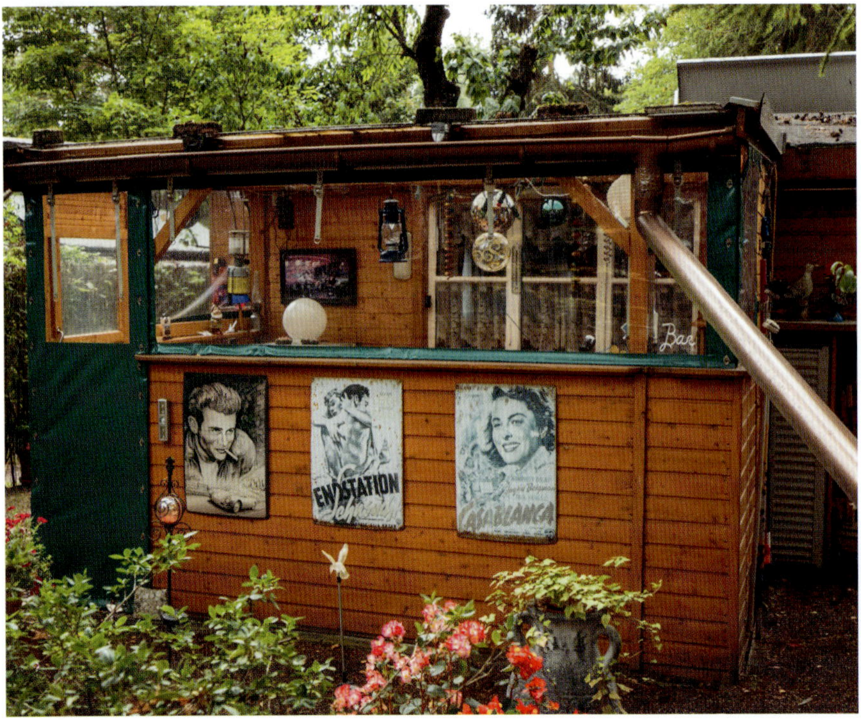

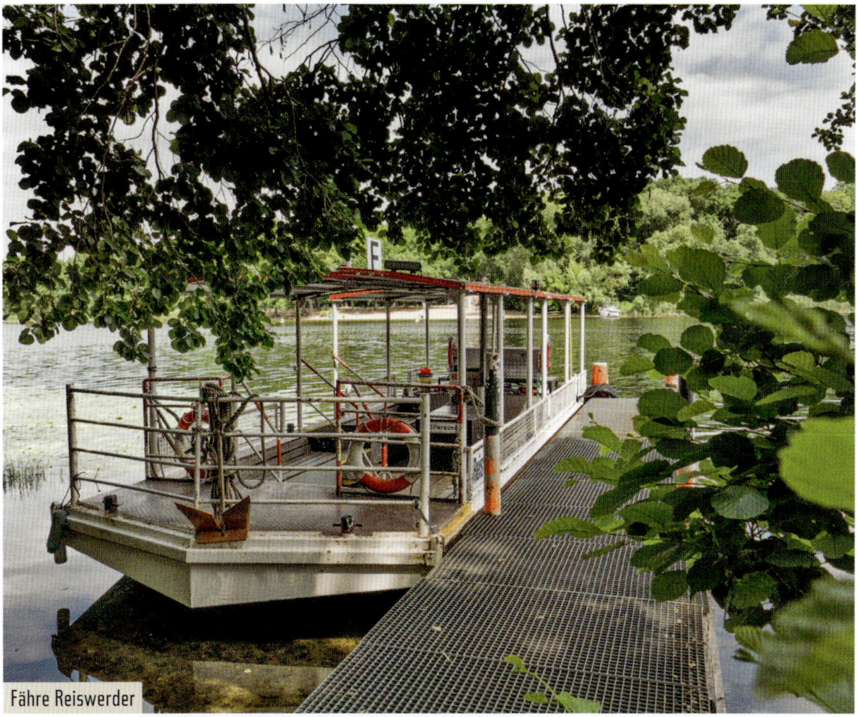

Fähre Reiswerder

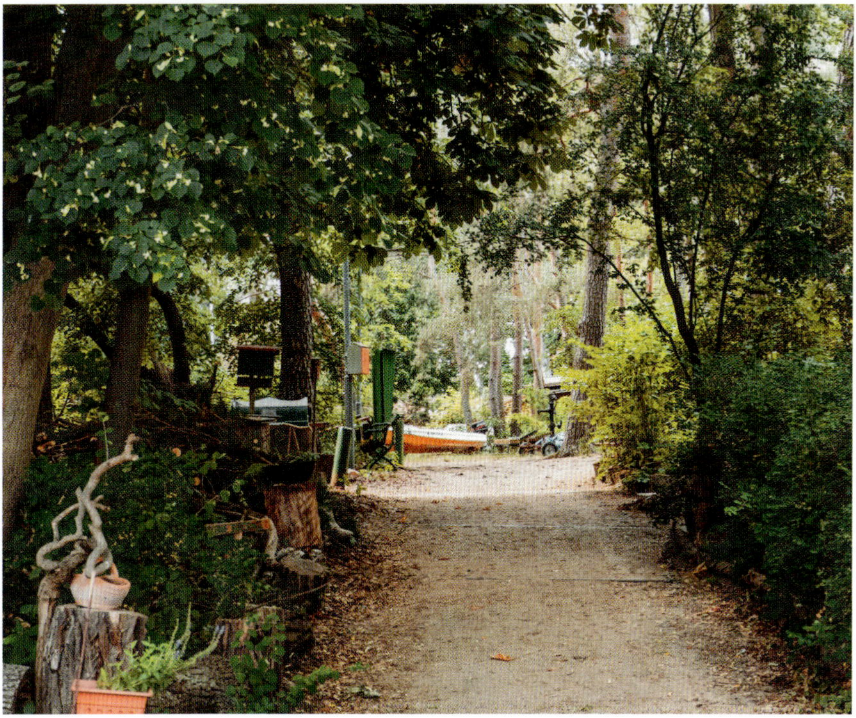

29

KÖNIGLICHES FLANIEREN

HEILIGER SEE IN POTSDAM

Ein großer Vorteil, in Berlin zu leben? Man braucht nicht lange nach Potsdam! Die Stadt der Schlösser und Gärten lockt mit einer Vielzahl historischer Sehenswürdigkeiten nicht nur die Berliner an. Längst zählt die Brandenburger Landeshauptstadt zu einem international begehrten Reiseziel. Wasserfreunde kommen in Potsdam gleich doppelt auf ihre Kosten. Rund elf Prozent des Stadtgebietes bestehen aus Wasserflächen. Eines der schönsten Gewässer ist der Heilige See im Neuen Garten. Der 13 Meter tiefe See befindet sich in einer märchenhaften Kulisse und ist umgeben von imposanten Bauwerken wie dem Marmorpalais, der Eiskeller-Pyramide und dem Schloss Cecilienhof. Ein zwei Kilometer langer Uferweg, beginnend an der Schwanenbrücke im Norden und endend an der Gotischen Bibliothek im Süden, bietet königliches Flanieren am Wasser in einer der ansehnlichsten Kulturlandschaften Europas.

Parkplatz: Am Neuen Garten – 52.420752, 13.068752
Nächstgelegene ÖPNV: ›Potsdam, Schloss Cecilienhof‹ (Bus 603)

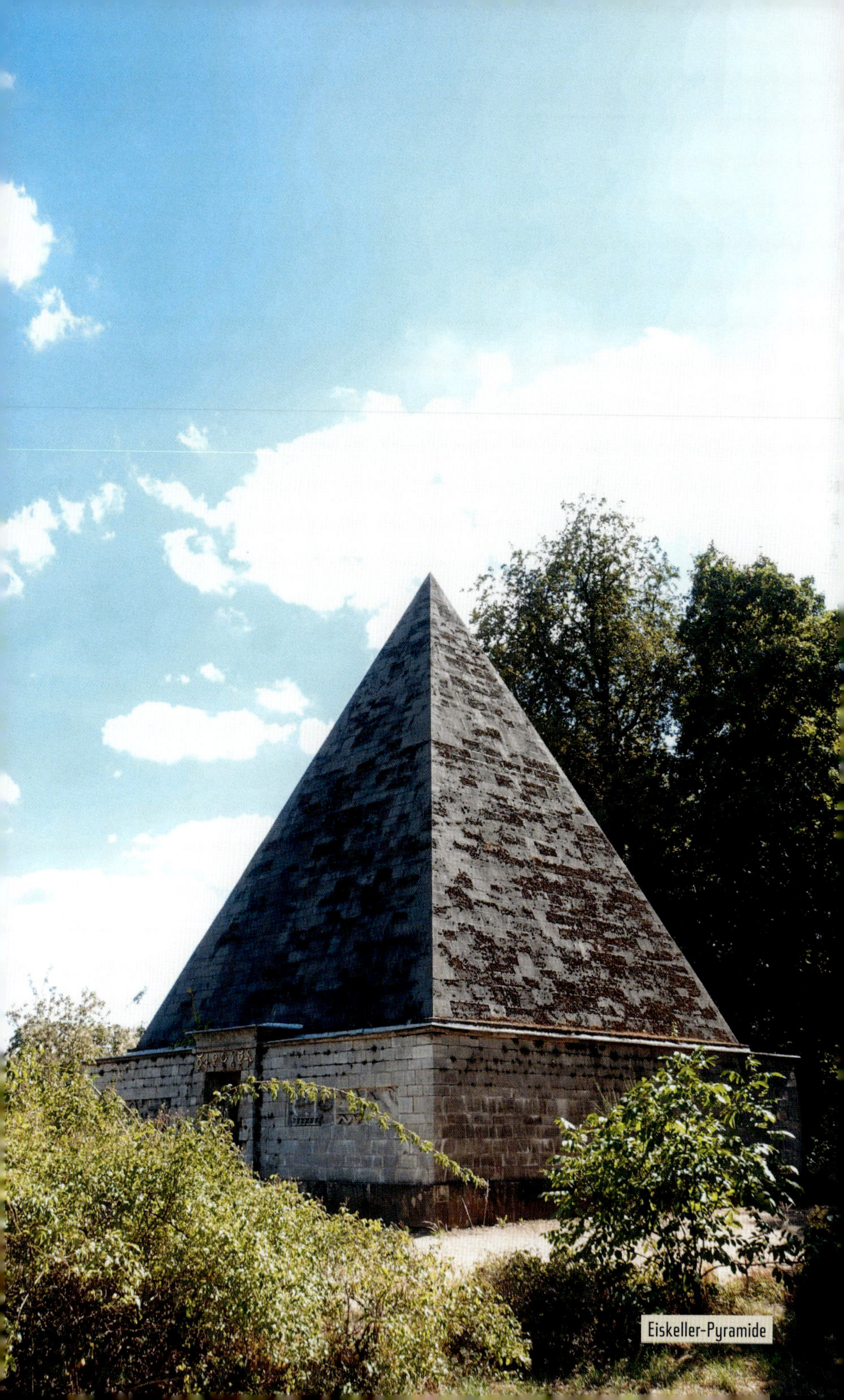

Eiskeller-Pyramide

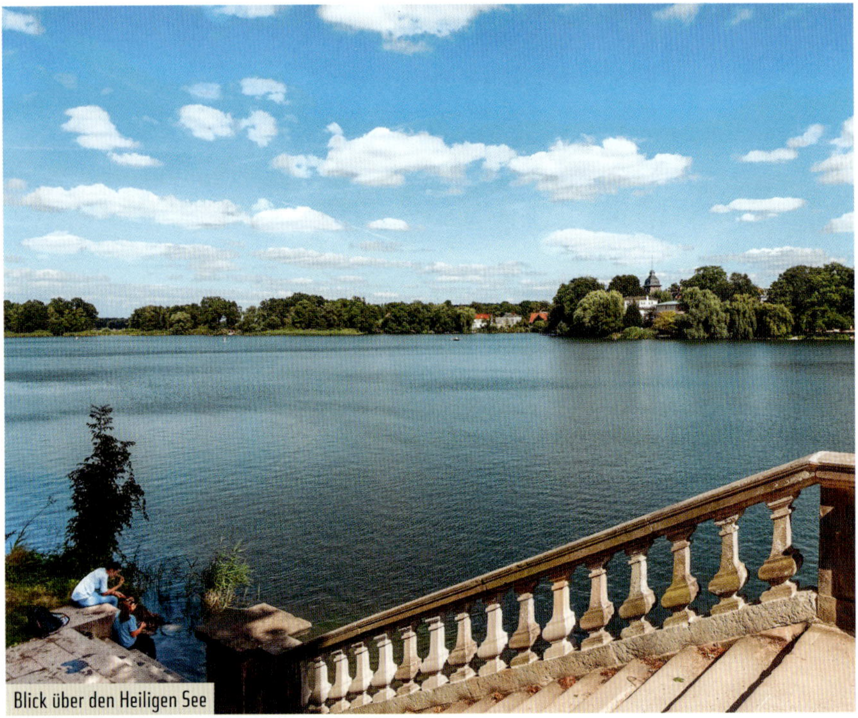

Blick über den Heiligen See

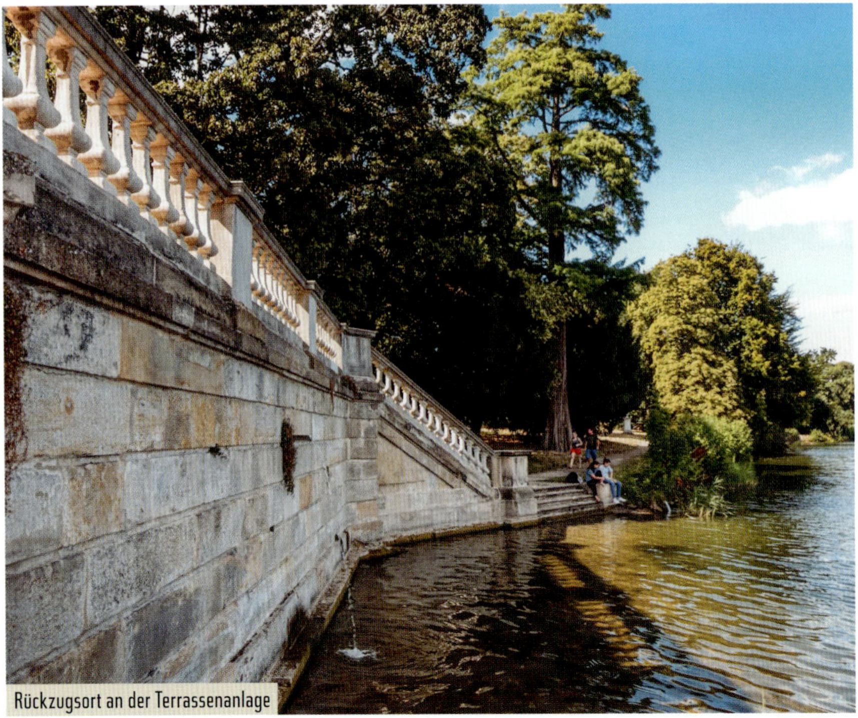

Rückzugsort an der Terrassenanlage

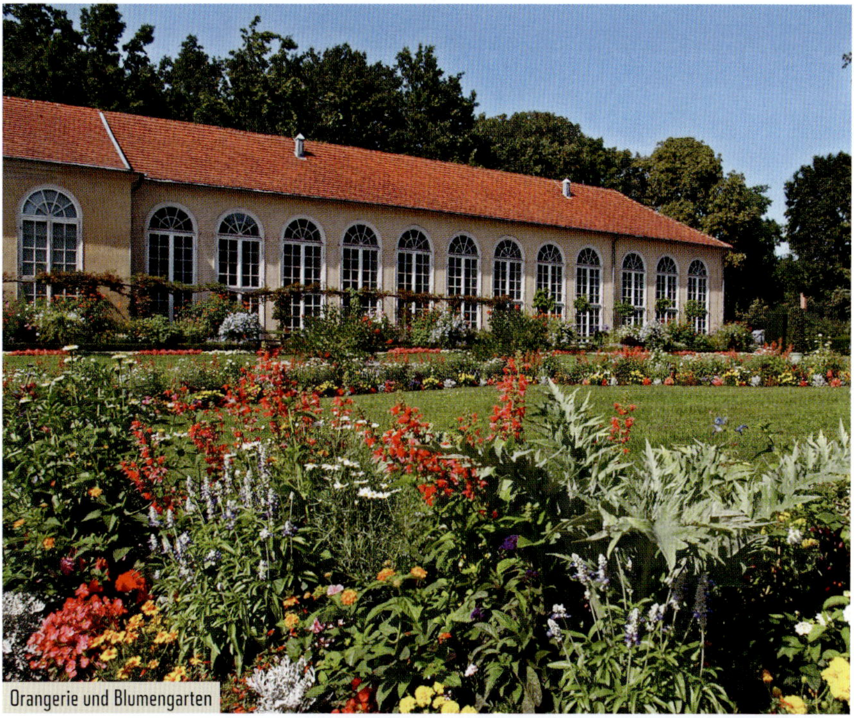

Orangerie und Blumengarten

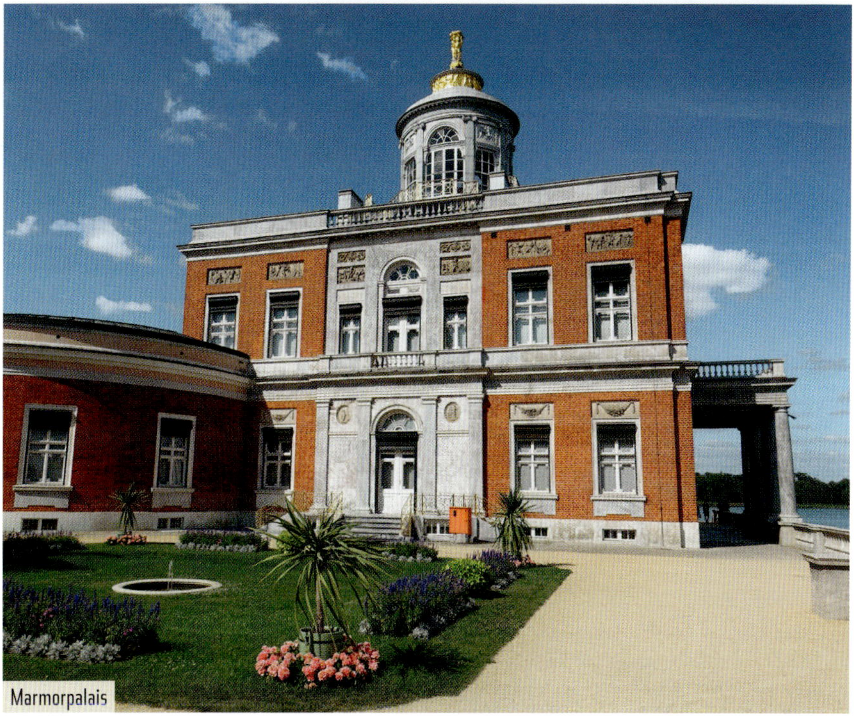

Marmorpalais

30

KORSIKA IN BERLIN

INSEL VALENTINSWERDER

Kein Autoverkehr. Keine öffentlichen Verkehrsmittel. Keine Shopping-Möglichkeiten. Trotzdem ist die Warteliste für neue Bewohner auf Valentinswerder riesig. Sie ist die zweitgrößte Insel im Tegeler See; knapp 800 Meter lang, 370 Meter breit und von etwa 30 Personen bewohnt. Man erreicht sie ausschließlich über den Wasserweg. Die Insulaner kommen mit dem eigenen Boot, für Besucher steht eine Fähre bereit. Sobald man den Fuß auf die Anlegestelle setzt, ist jeder Gedanke daran vergessen, dass man sich eigentlich in einer Großstadt befindet.

Man erforscht das idyllische Eiland am besten ohne einen Plan und lässt sich orientierungslos über die sandigen Pfade treiben. Von einem zentral gelegenen Rondell gehen vier Alleen ab. Jeder der baumbestandenen Wege führt zu entlegenen Erholungsorten und eindrucksvollen Villen. Einige von ihnen zählen zu Tegels Kulturdenkmälern, bei anderen wurden der künstlerischen Kreativität keine Grenzen gesetzt. Gewinner in dieser Kategorie ist das Haus mit der verspiegelten Außenfassade.

Im Ostteil begegnet man prächtigen Obstbäumen und erhält freien Zugang zum Wasser. Hier planscht im Sommer der Insel-Nachwuchs und schippert mit Paddelbooten zu den benachbarten Inseln. Etwas weiter abseits findet man den Bibersumpf. Warum man sich für diesen Namen entschieden hat, erkennt man schnell. Nach der Wende soll sich hier sogar der erste Biber Berlins angesiedelt haben. Auch Wildschweine sind sehr interessiert an Valentinswerder. Im Winter kommen sie mit der ganzen Rotte über den zugefrorenen See und im Sommer beweisen sie sich als hervorragende Schwimmer. Wer kann es ihnen verdenken?

Die aktuellen Fährzeiten findet man auf »faehre-teglersee.de«.
Parkplatz an der Anlegestelle: Im Saatwinkel – 52.560809, 13.242258
Nächstgelegene ÖPNV: ›Tegeler Brücke‹ (Bus 133)

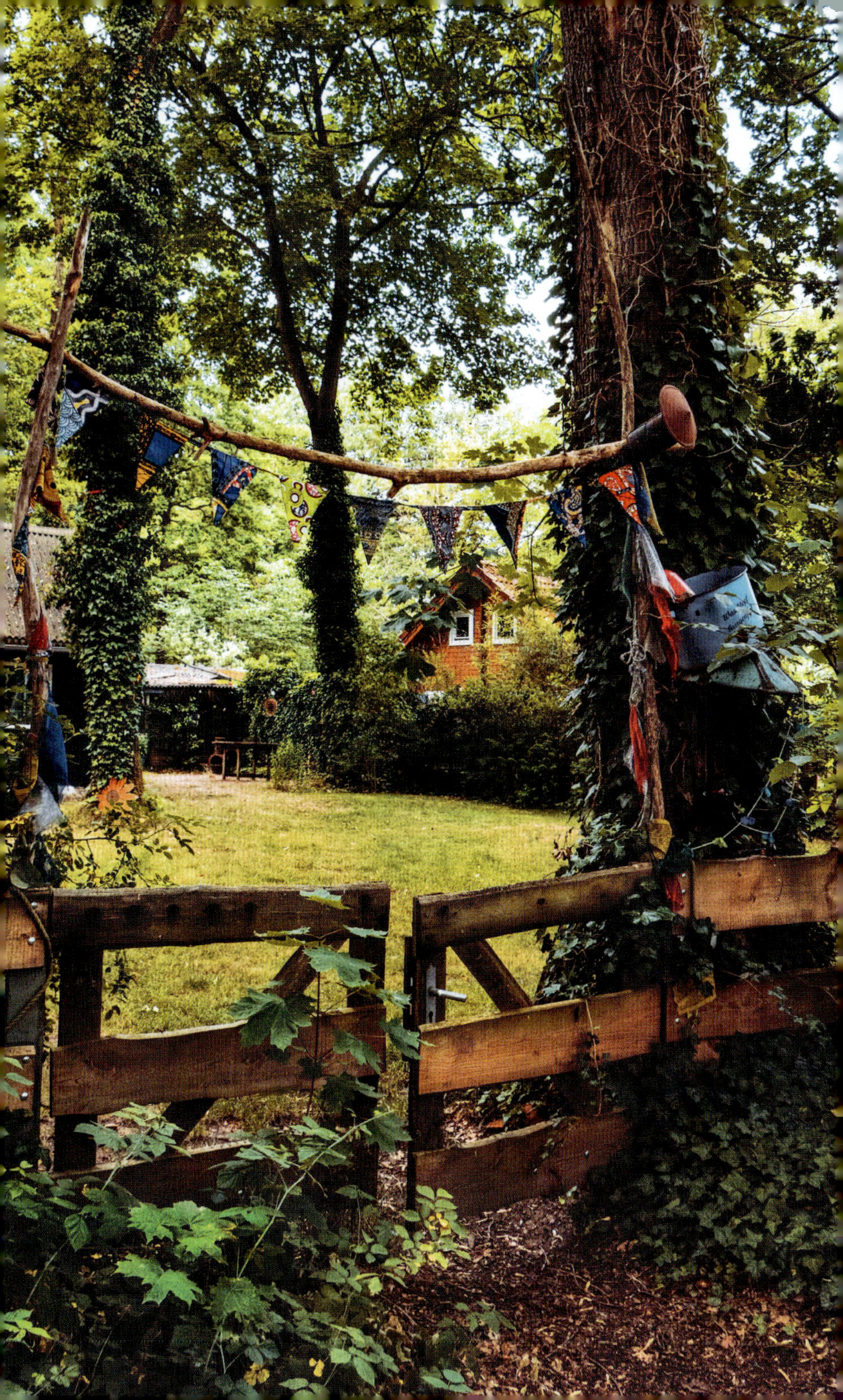

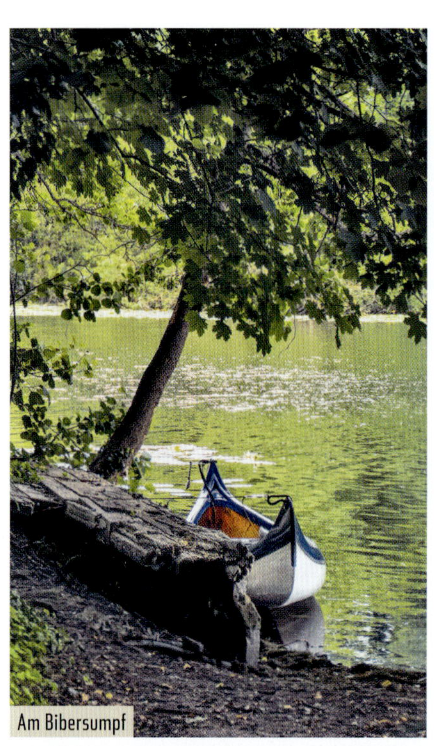

Am Bibersumpf

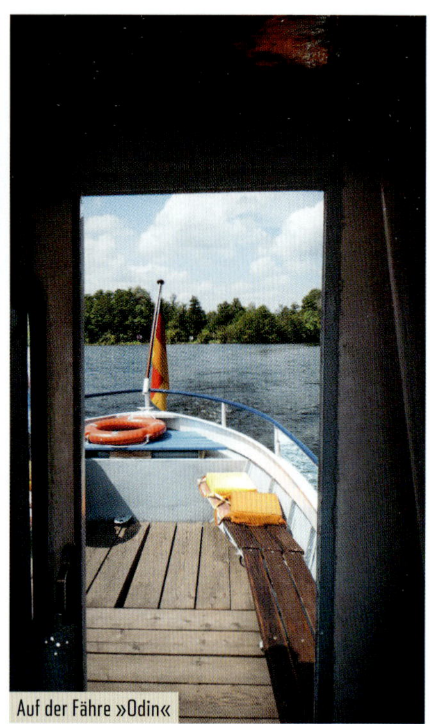

Auf der Fähre »Odin«

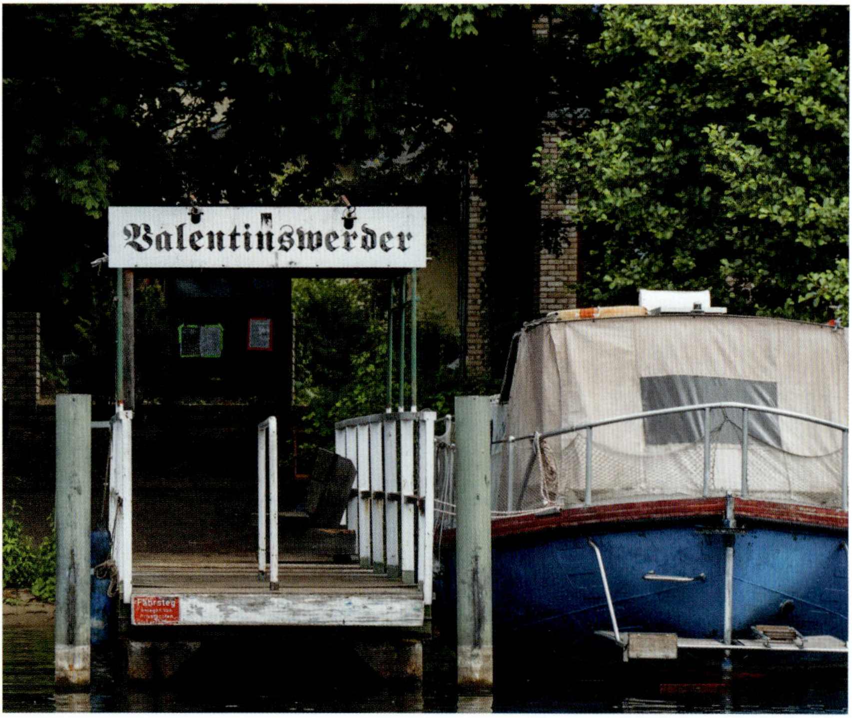

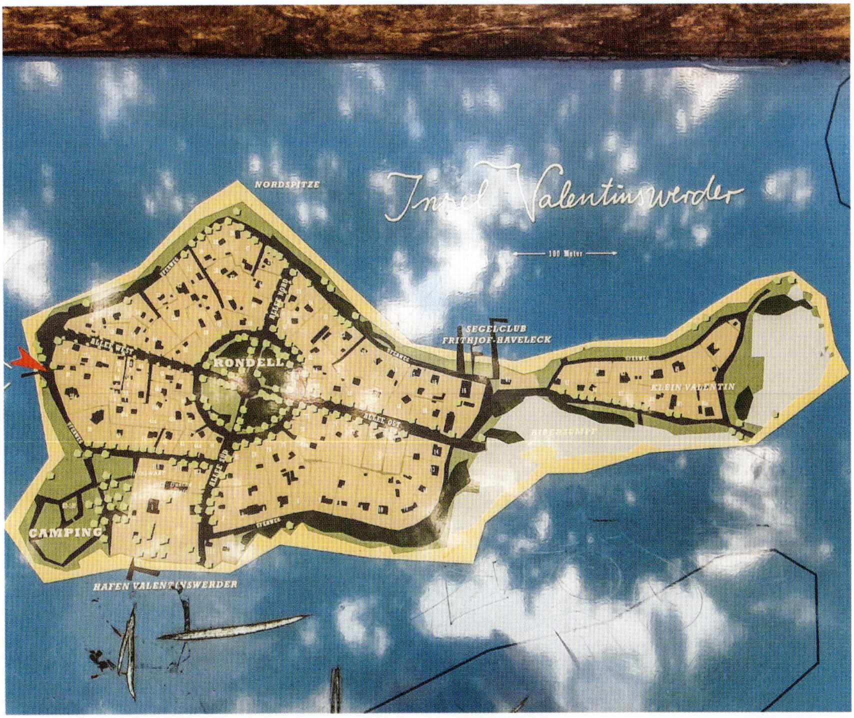

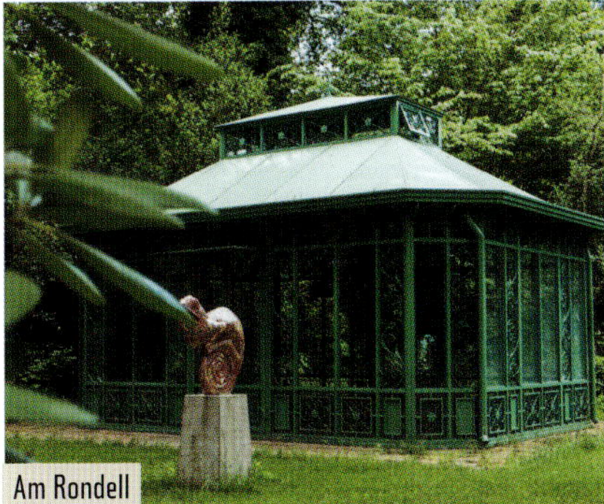

Am Rondell

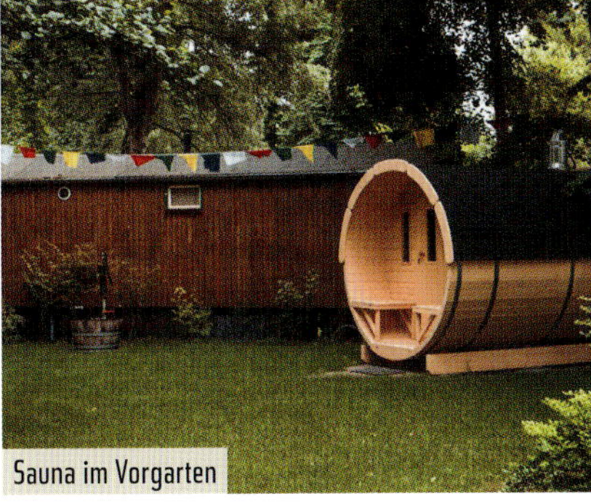

Sauna im Vorgarten

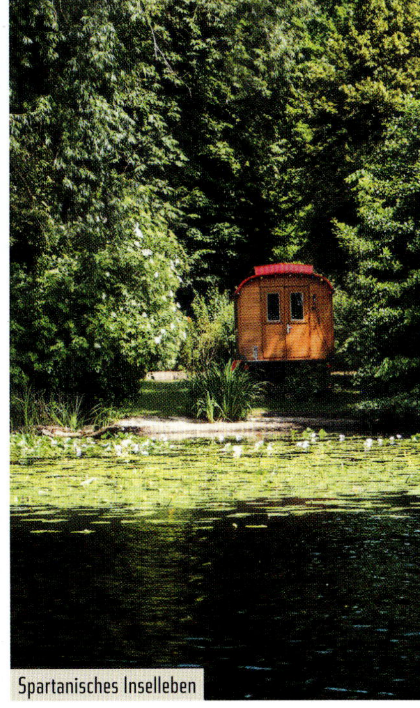

Spartanisches Inselleben

31 KOSTENLOSE FÜHRUNG IM ALTEN WASSERWERK

WASSERWERK FRIEDRICHSHAGEN

Mit dem Beginn der Industrialisierung im 19. Jahrhundert erlebte Berlin einen unerwarteten Anstieg der Bevölkerungszahl. Waren es im Jahr 1850 noch knapp 400 000 Einwohner, stieg die Zahl nur fünfzig Jahre später auf 1,8 Millionen an. Die Wirtschaft boomt – Fabriken entstehen. Zuwanderer aus den ländlichen Provinzen ziehen in Massen in die Hauptstadt und die verbesserten Lebensverhältnisse bringen einen erheblichen Geburtenüberschuss mit sich. Doch der Aufschwung führt zu einem Problem: Das Wasser wird knapp. Die Spree wird stark verunreinigt und kann nicht länger als Trinkwasserquelle genutzt werden. Als Folge dessen entsteht unter anderem ein Wasserwerk in Friedrichshagen. Es galt seinerzeit als größtes und modernstes Wasserwerk Europas. Seit 1987 befindet sich in einem Teil des Werks ein Museum, das die Geschichte der einstigen Wasserversorgung und der Stadtentwässerung präsentiert. Die Berliner Wasserbetriebe führen mehrmals die Woche kostenlos durch das historische Werk und berichten von einer Zeit, die man sich heute kaum noch vorstellen kann.

Informationen zu den aktuellen Führungszeiten gibt es auf: bwb.de/de/fuehrungen
Adresse: Fürstenwalder Damm 602, 12587 Berlin
Nächstgelegene ÖPNV: ›Wasserwerk Friedrichshagen‹ (Tram 61)

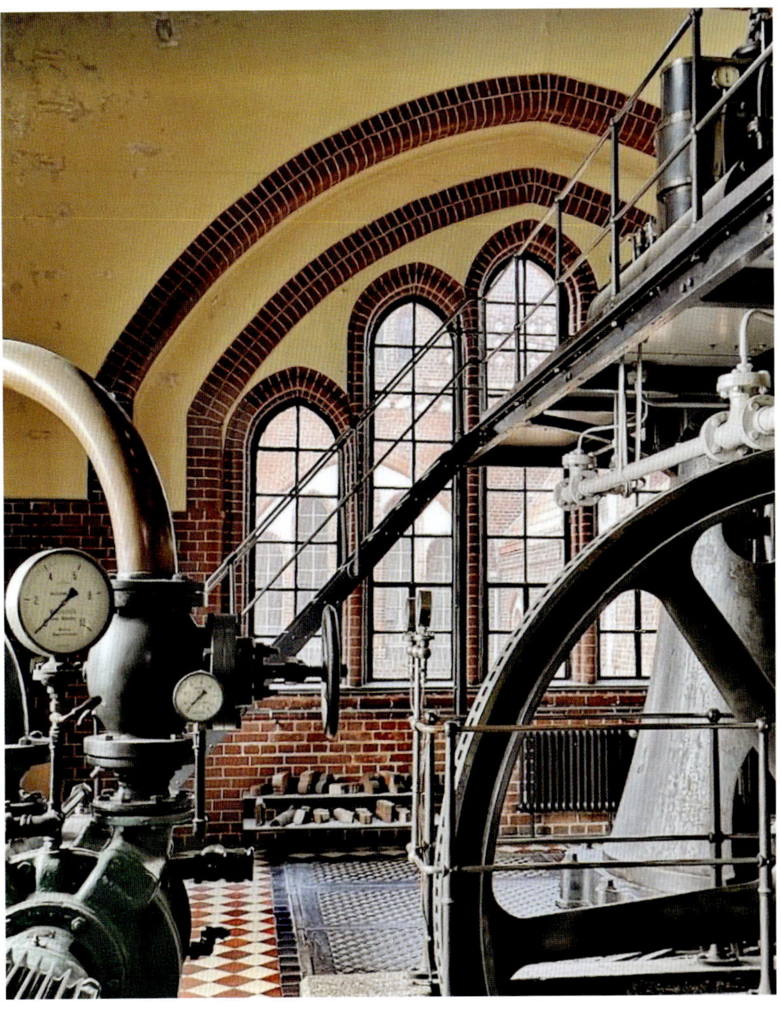

32
LEINEN LOS TROTZ SCHIETWETTER

MIT DEM MOTORBOOT DURCH DEN BERLINER SÜDOSTEN

Wenn der Wetterbericht Regen verspricht, heißt das noch lange nicht, dass der Ausflug ins Wasser fällt. Ganz im Gegenteil: Dann geht es halt einfach AUF das Wasser!
An der südöstlichen Stadtgrenze befindet sich der Crossinsee, ein 163 Hektar großes Gewässer, umgeben von Wäldern und entlegenen Gemeinden mit Namen wie Ziegenhals oder Rauchfangswerder. Etwas belebter ist es am Nordufer. Hinter einem großen Campingplatz und einem Restaurant mit Seeterrasse, findet man einen Bootsverleih. Neben Tretbooten, Kajaks und Partybooten mit Grill an Bord, gibt es auch führerscheinfreie Motorboote im Angebot. Dank eines Verdecks sind sogar Touren bei Starkregen möglich. Ein Vorteil vom vermeintlichen Schmuddelwetter: Die Gewässer sind leer und gehören euch meist ganz allein.

Parkplatz am Startpunkt: Schmöckwitzwerder – 52.368894, 13.690049
Nächstgelegene ÖPNV: ›Schmöckwitzwerder‹ (Bus 733)

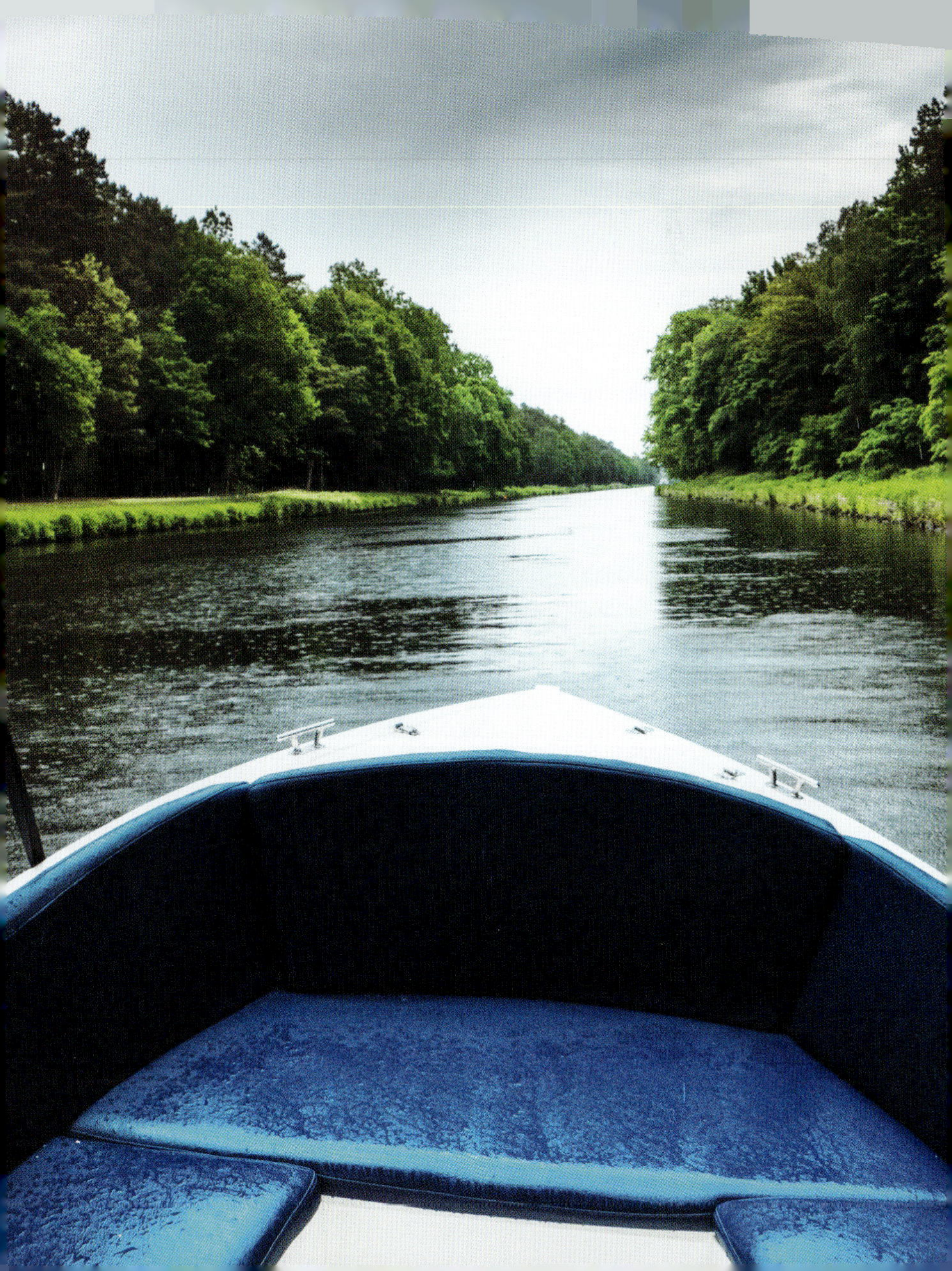

LEINEN LOS, KAPITÄN!

Von hier aus startet man eine 15 Kilometer lange Fahrt und überquert sechs Gewässer: Crossinsee, Großer Zug, Zeuthener See, Dahme, Seddinsee und den Oder-Spree-Kanal. Die Tour hat eine reine Fahrzeit von knapp 1,5 Stunden, doch da es unterwegs einiges zu sehen gibt, sollte man sich definitiv mehr Zeit nehmen. Sehenswert sind vor allem die vielen Buchten, die man sonst nur zu Fuß mit einem mehrstündigen Waldmarsch erreicht. Besonders die *Kleine Krampe* im Norden des Seddinsees sollte man besuchen. Auch der Blick auf die Inseln Zeuthener Wall, Seddinwall oder Schmöckwitzer Bruch lohnen sich. Die Inseln sind für den Menschen unzugänglich und der Tierwelt überlassen. Mit etwas Abstand lassen sich jedoch häufig Biber und Fischreiher beobachten, die von ihrer Beutetour zurückkehren. Auf der Dahme ist es nicht ganz so natürlich, dafür schaut man hier auf die wassernahen Villen mit eigener Steganlage und sieht den einen oder anderen goldverzierten Katamaran. Für eine Pause setzt man einfach an einer ruhigen Stelle abseits des Schiffsverkehrs den Anker und picknickt unter dem Verdeck zum Klang des prasselnden Regens.

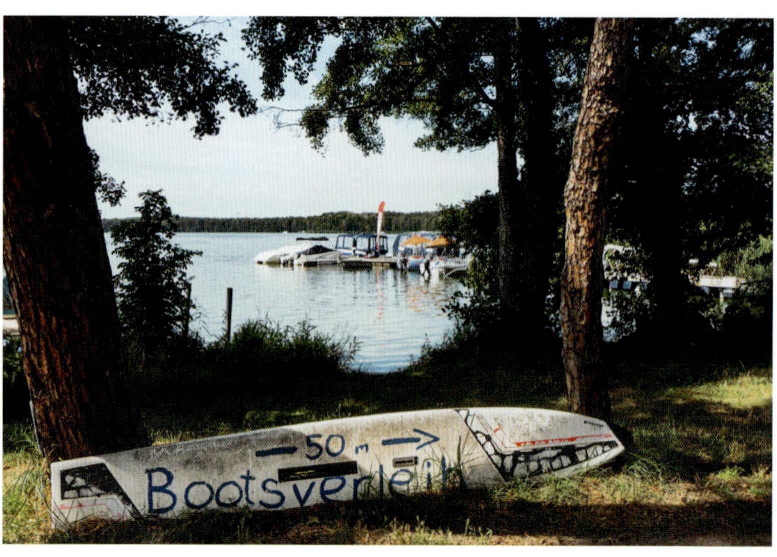

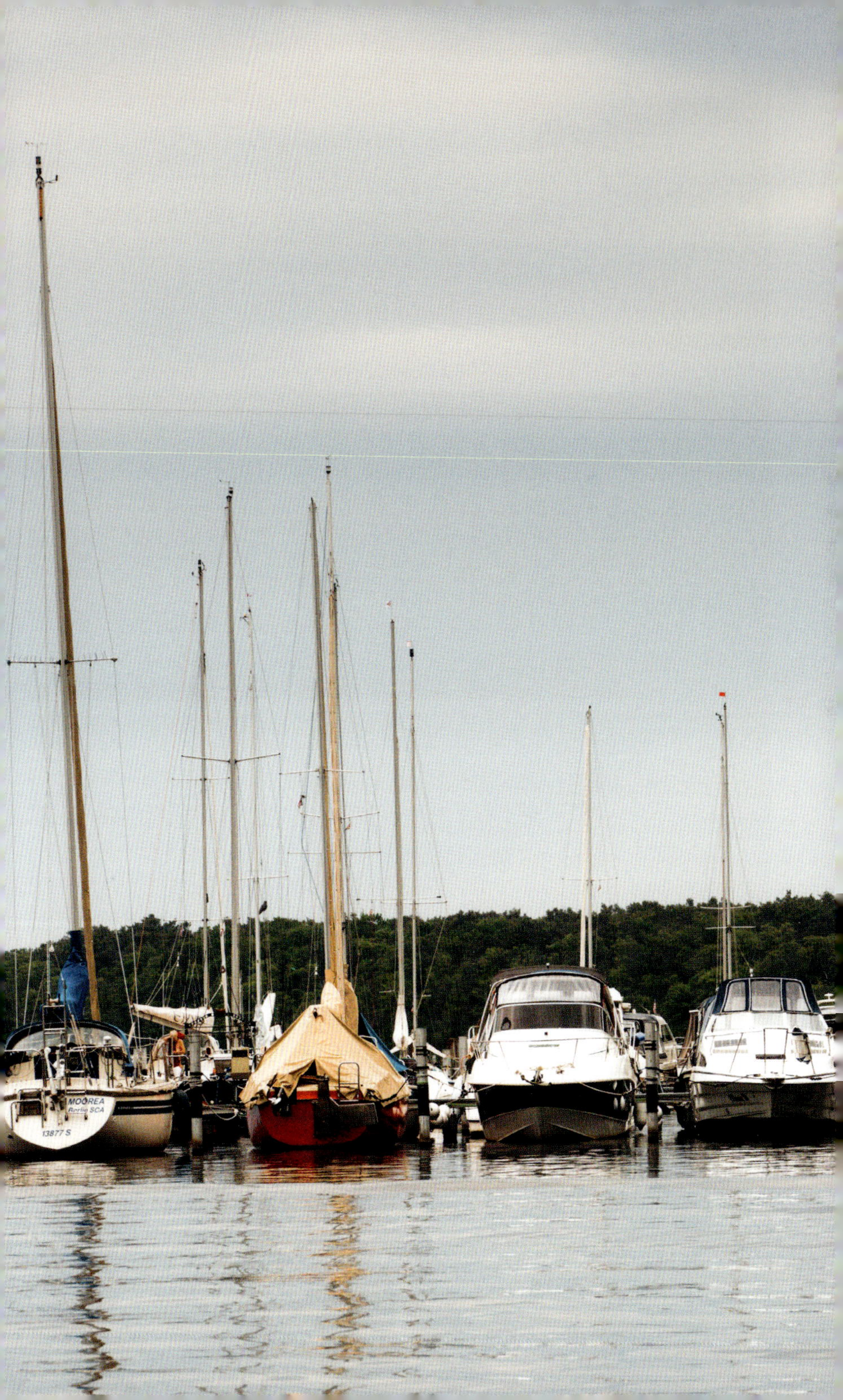
MOOREA
13877 S

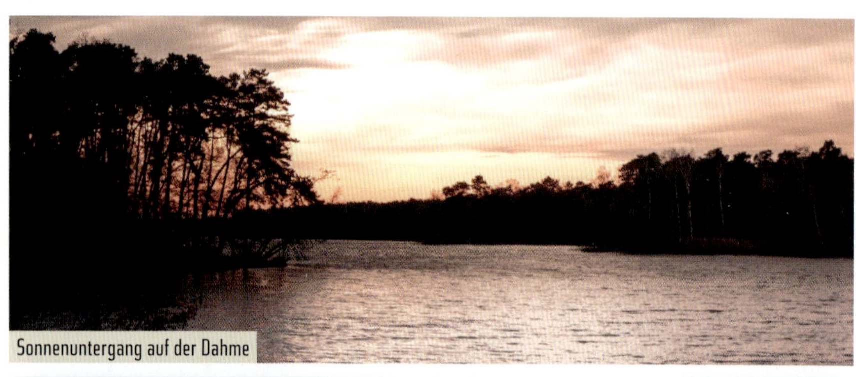
Sonnenuntergang auf der Dahme

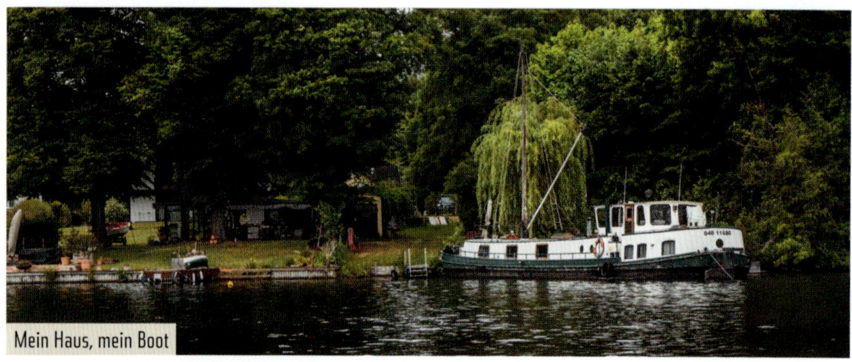
Mein Haus, mein Boot

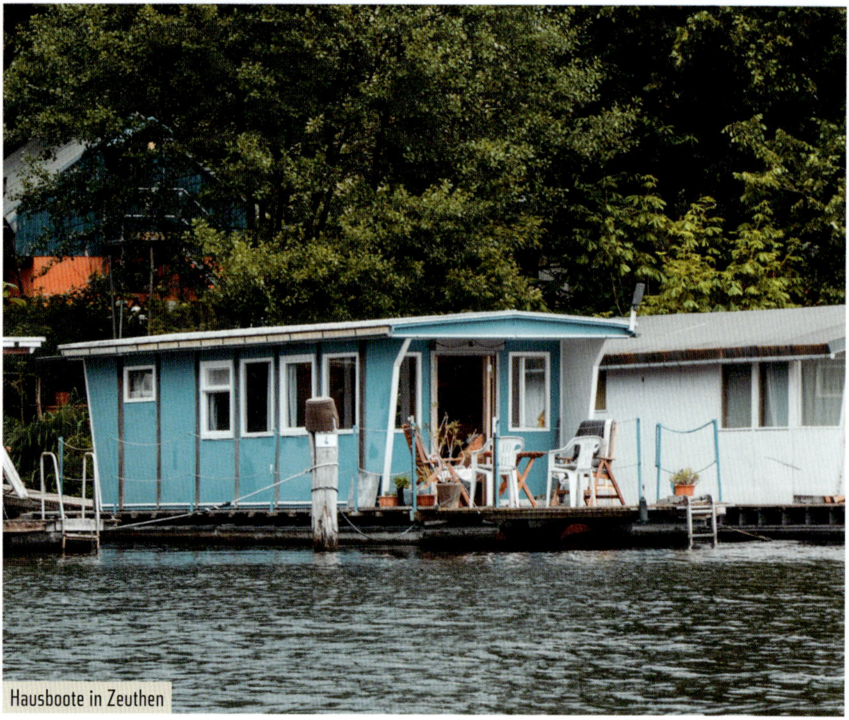

Hausboote in Zeuthen

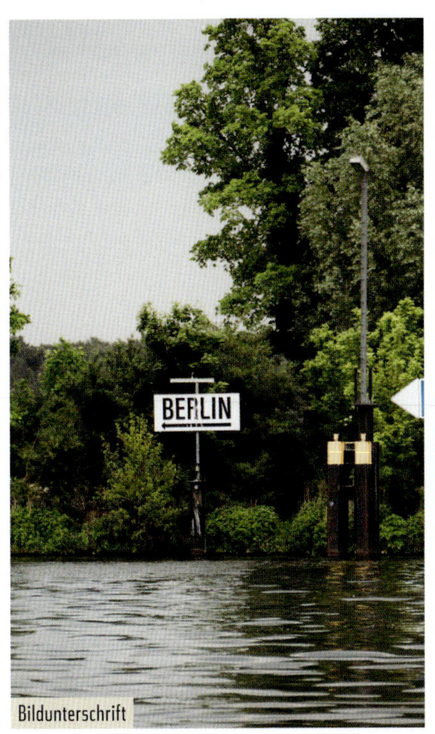

Bildunterschrift

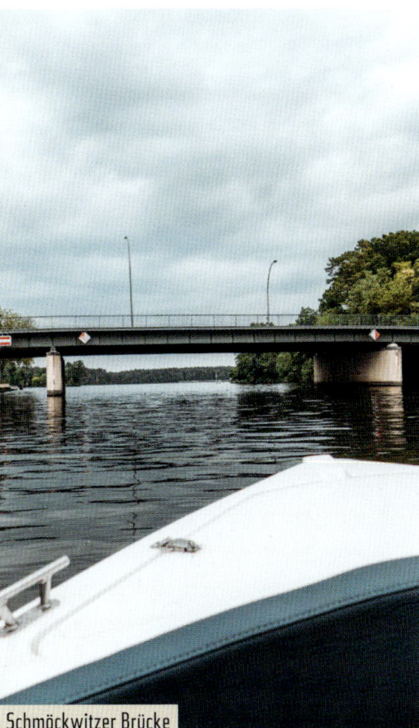
Schmöckwitzer Brücke

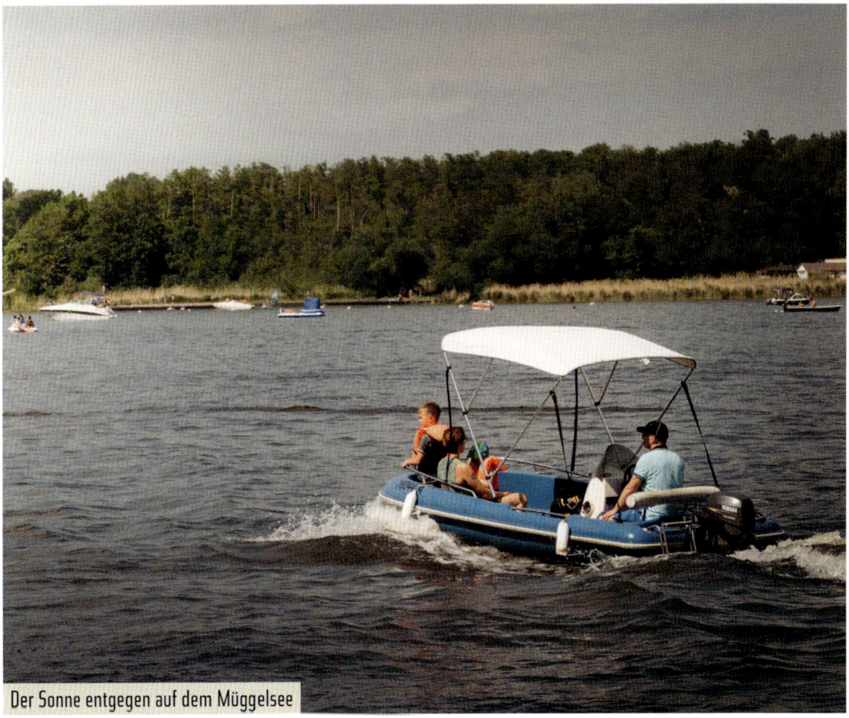

Der Sonne entgegen auf dem Müggelsee

33
MARITIM KREUZBERG

EIN BEZIRK MIT UNERWARTET VIEL WASSER

Was wurde nicht schon alles über Kreuzberg geschrieben ... Früher der unbeliebte Randbezirk an der Berliner Mauer, in den man sich nachts nicht hineinwagte, heute eine der gefragtesten Gegenden Europas. Kreuzberger Nächte sind lang. Die Gastronomie, der Freigeist und das Nachtleben lockt die Massen an. Aus maroden Fabrikhäusern wurden kostspielige Apartments mit Industrie-Charme, und weltbekannte Unternehmen fanden hier ihren neuen Standort.

WILLKOMMEN AN DER KOTTI D'AZUR

Doch auch in einem so lebhaften Ortsteil fließt jede Menge beruhigendes Wasser, das für eine unerwartete Idylle sorgt. Allen voran der Landwehrkanal, der sich über sechs Kilometer durch Kreuzberg schlängelt. Hier wird geträumt, gefeiert und gelesen, und während eines eisigen Winters verwandelt er sich zur Kiez-Schlittschuhbahn.

Die naturbelassenen Bereiche abseits großer Straßen werden mittlerweile sogar von Bibern besiedelt. Der Nachwuchs einer Biberfamilie aus dem Rummelsburger See fand hier sein neues Zuhause und vermehrt sich rasch. Immer wieder hört man von neuen Sichtungen des Nagetiers. Ach, und wer vermutet schon einen Wasserfall inmitten einer Gebirgslandschaft in Kreuzberg?

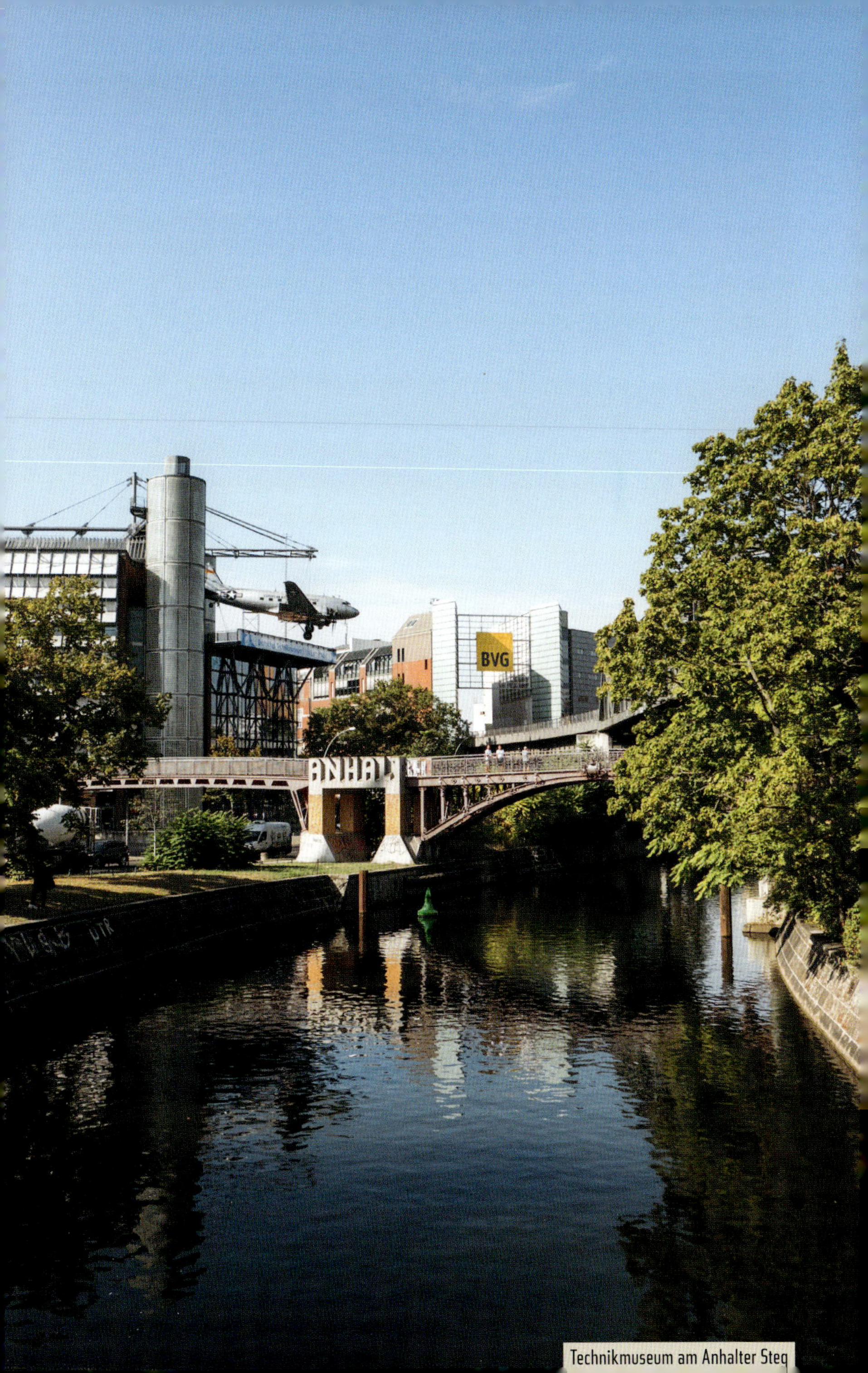

Technikmuseum am Anhalter Steg

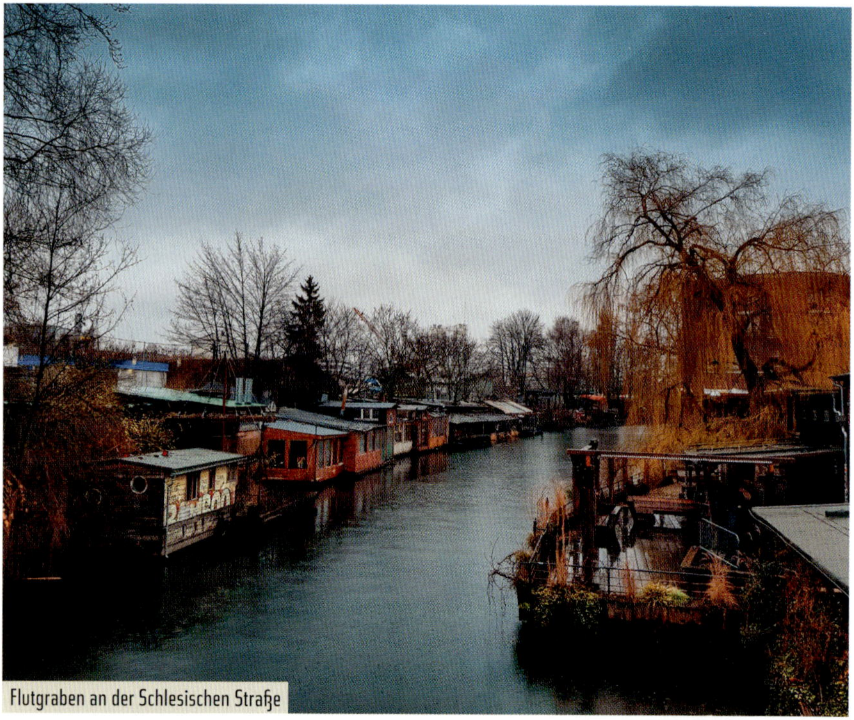

Flutgraben an der Schlesischen Straße

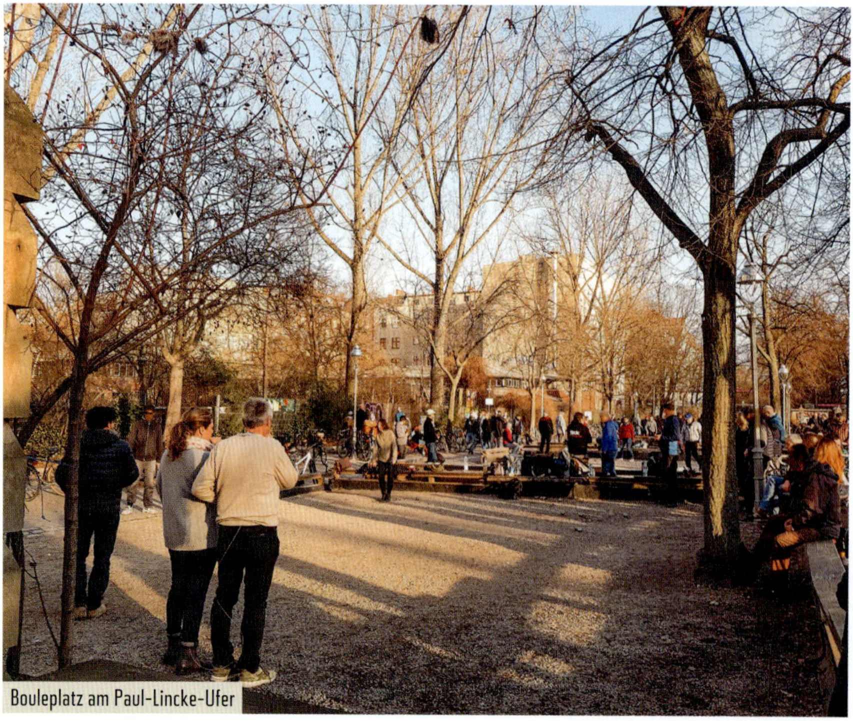

Bouleplatz am Paul-Lincke-Ufer

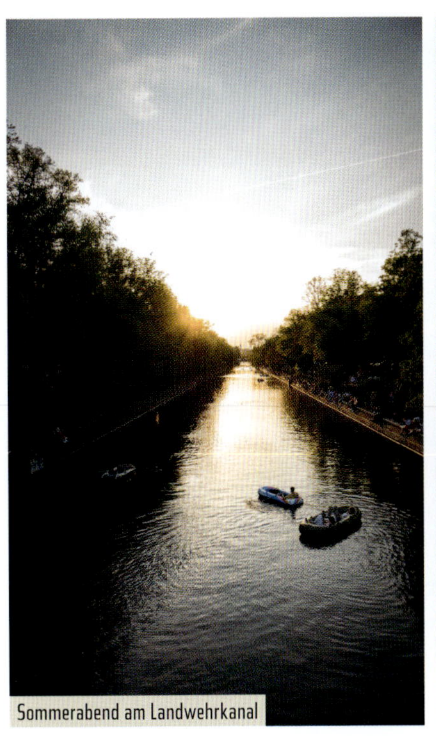
Sommerabend am Landwehrkanal

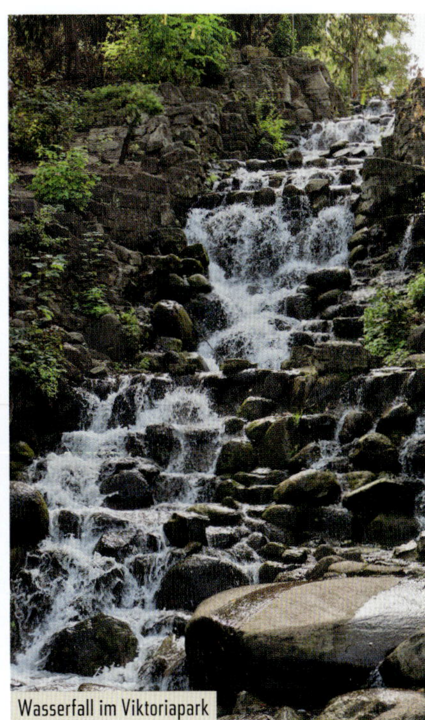
Wasserfall im Viktoriapark

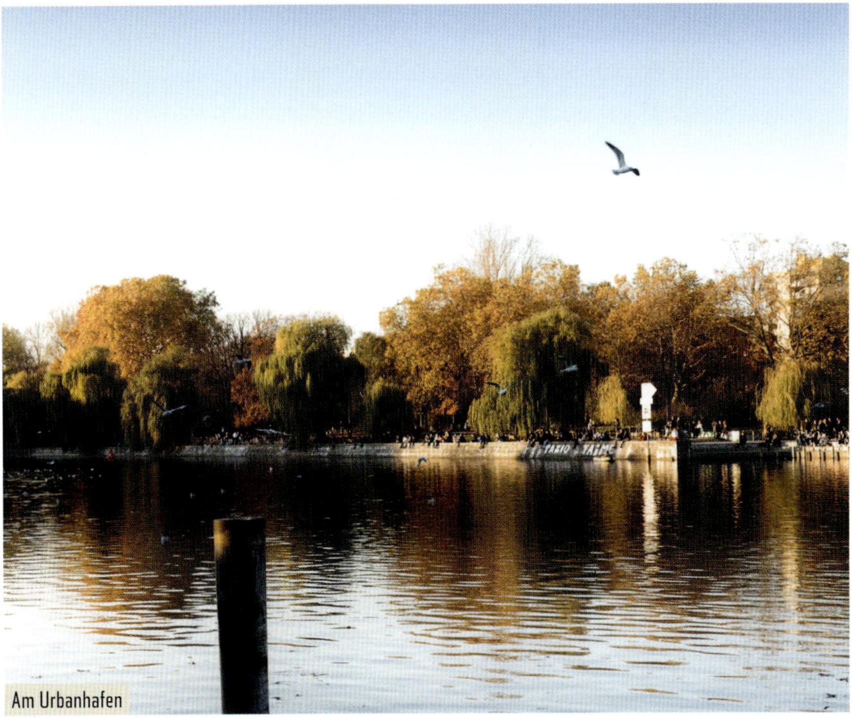

Am Urbanhafen

34

MIT DER BADEWANNE AUF DER SPREE

BADEDAMPFER BERLIN

Wenn es draußen nieselt und kalt wird, ist der Sprung in die warme Badewanne eine willkommene Erholung. In Berlin macht man das am besten unter freiem Himmel, direkt auf der Spree. Was nach einem schlechten Scherz klingt, ist dank Jannis Wetzlaugk Wirklichkeit. Der BWL-Absolvent und Personal-Trainer hat nach einer zwei Jahre andauernden Planung Deutschlands ersten schwimmenden Whirlpool entwickelt. Sein »Badedampfer« bietet Platz für bis zu sechs Personen und wird mit einem umweltfreundlichen Elektromotor betrieben. Damit das Wasser des Pools während der Fahrt nicht abkühlt, wird es mittels eines Unterwasserofens gleichmäßig warmgehalten. Je nach Wetterlage kann die Temperatur an Bord angepasst werden. Vor Sonne, Regen und Schnee schützt ein optionales Verdeck. Eine Fahrt lohnt sich also zu jeder Jahreszeit! Nach einer kurzen Einweisung vom Badedampfer-Team, geht es mit dem Partner oder den besten Freunden auf eine unvergessliche Tour im und auf dem Wasser. Die schwimmende Badewanne findet man am Restaurantschiff »Klipper« in Treptow, gegenüber der Insel der Jugend.

Badedampfer Berlin

Adresse: Am Restaurantschiff »Klipper«, Bulgarische Str. Ecke Poetensteig, 12435 Berlin
Website: badedampfer.de

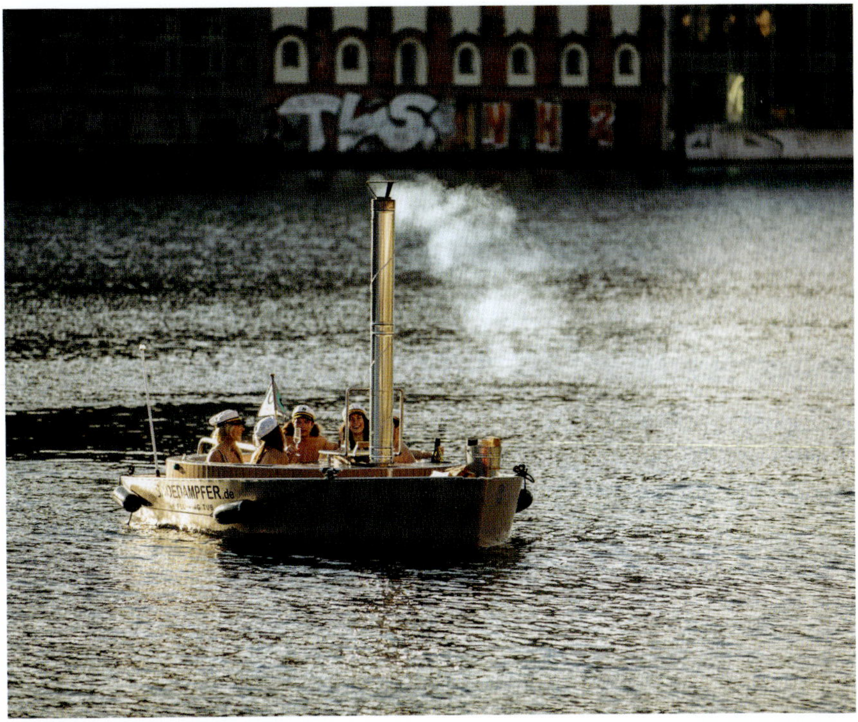

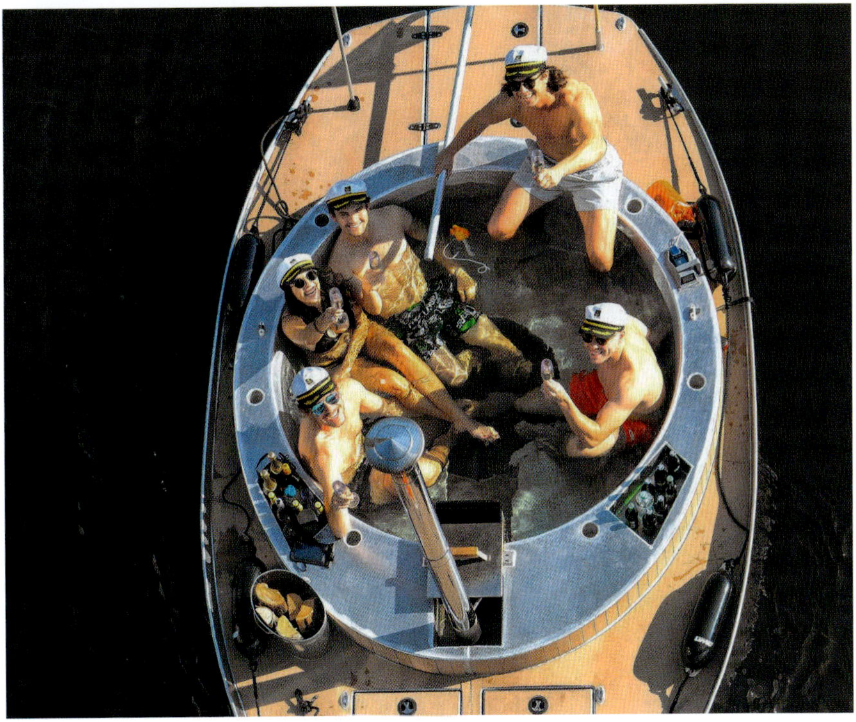

35

PSSSSSSSST

HALBINSEL STRALAU UND RUMMELSBURG

Warschauer Brücke, Wrangelkiez, Boxhagener Platz, Simon-Dach-Straße – Namen, bei denen Nachtschwärmer große Augen bekommen. Diese Partymeilen befinden sich alle in unmittelbarer Nähe zu zwei echten Erholungsorten, die für mächtig Ruhe inmitten des Trubels sorgen. Besonders gut ist, dass sie durch das Paul-und-Paula-Ufer miteinander verbunden sind und ein Spaziergang gleich Entspannung im Doppelpack bietet.

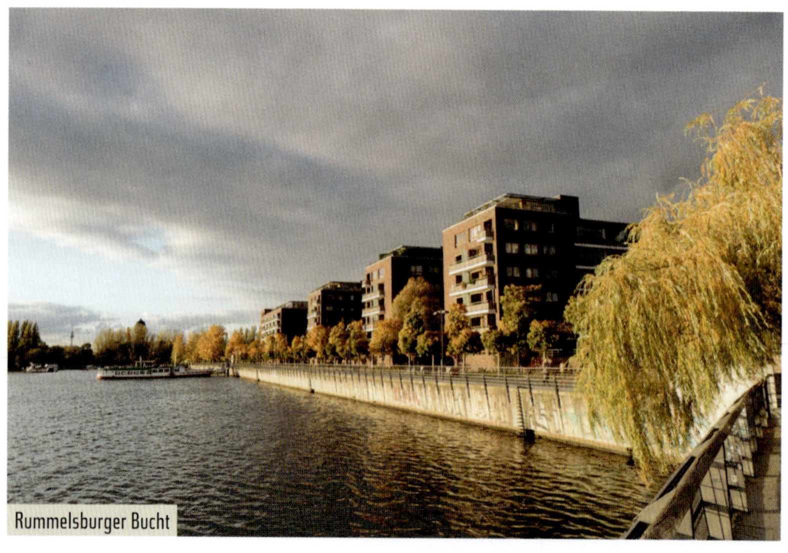

Rummelsburger Bucht

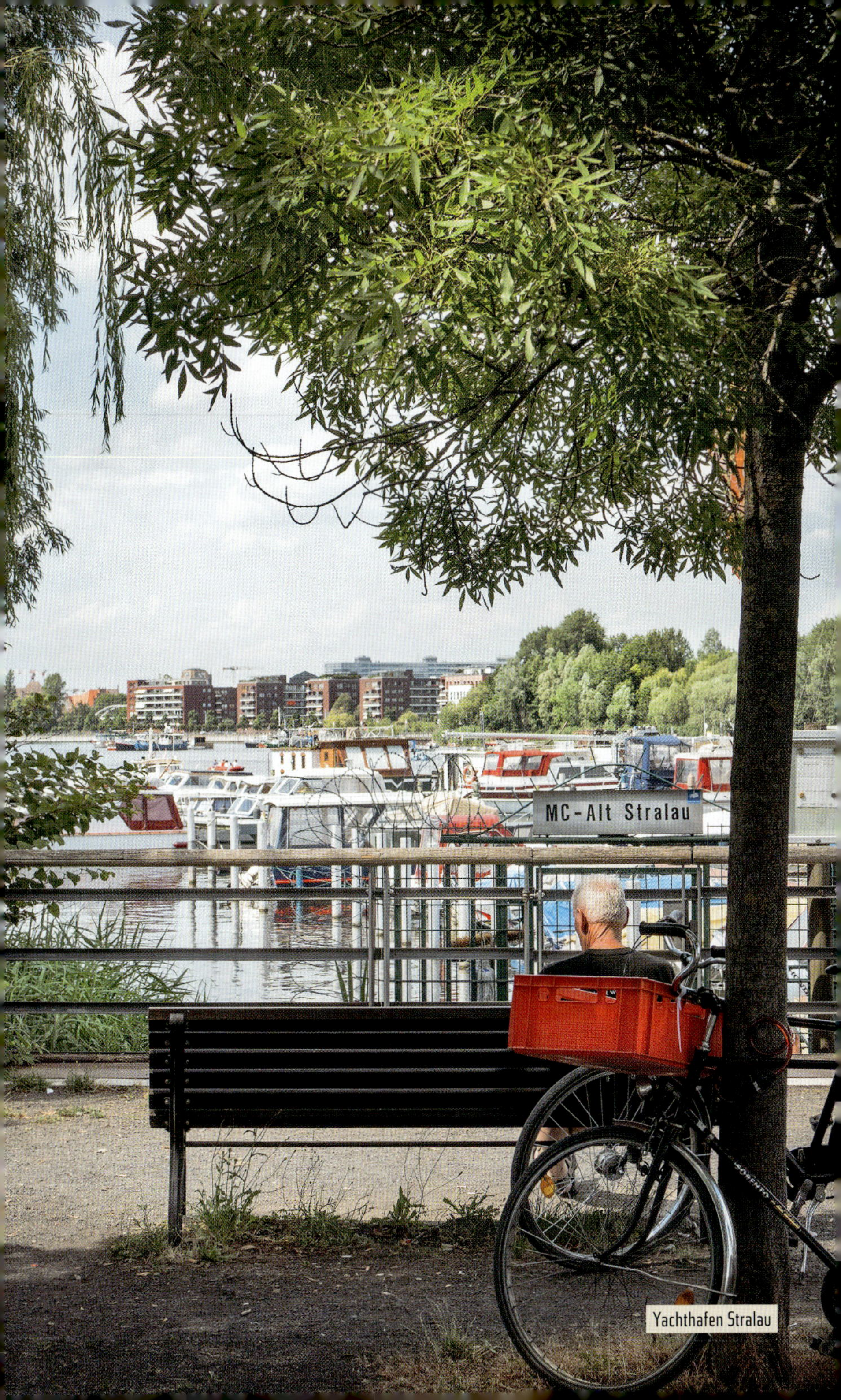

Yachthafen Stralau

HALBINSEL STRALAU

Das einst eigenständige »Fischerdorf Stralau« ragt aus der Luft betrachtet wie ein Pfeil in die Spree. Aufgrund der direkten Wasserlage entstand hier im 13. Jahrhundert eine der bedeutendsten Fischersiedlungen der damaligen Zeit. Nach dem Verbot der Fischerei wurden die Uferstellen nunmehr von Wassersportlern genutzt. Es heißt sogar, dass Stralau als Geburtsstätte des deutschen Segelsports gilt. Die beliebte Festwoche »Stralauer Fischzug« brachte alljährlich Scharen an Besuchern in das kleine Dorf und verschaffte dem Ort eine überregionale Bekanntheit.

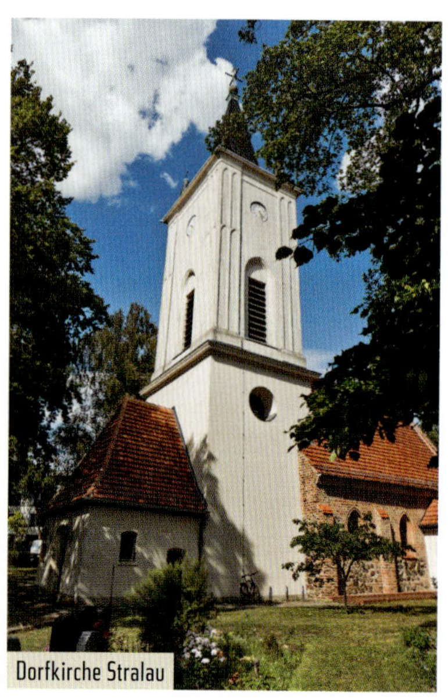
Dorfkirche Stralau

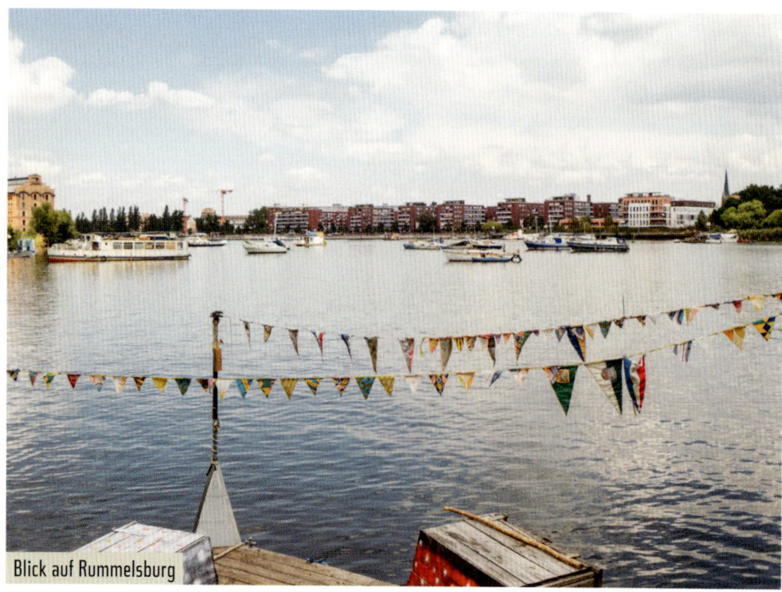
Blick auf Rummelsburg

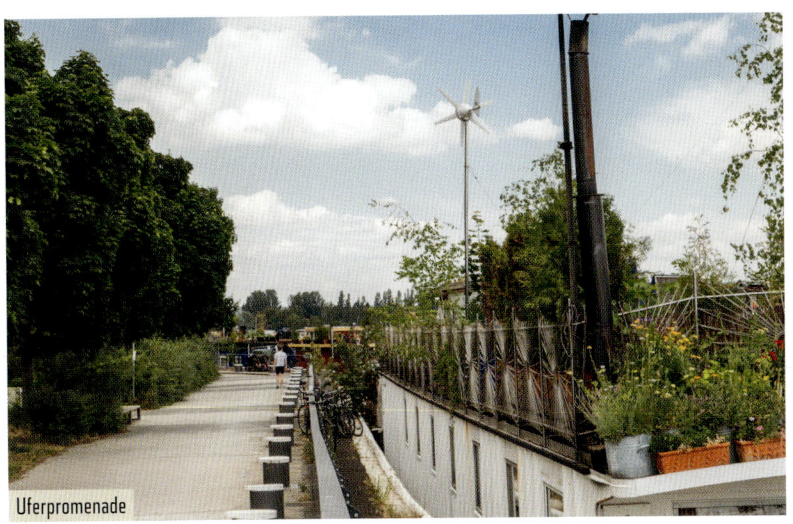
Uferpromenade

Von alledem ist Stralau heute weit entfernt. Hier kommt nur noch her, wer sich entspannen möchte. Orte wie der kleine Yachthafen, die Dorfkirche auf dem Friedhof mit Spreeblick oder die vielen einsamen Uferplätze sind wahre Oasen der Entschleunigung. Mit Zeitung, Decke und Essen im Gepäck, kann man sich hier in Ruhe zurückziehen. Fischreiher und Möwen kreisen in der Luft und halten Ausschau nach kleinen Fischen, während auf dem Wasser Segelboote schippern. Zwischen den Wasserrosen bekommt man mit etwas Glück Mandarinenten und zur Dämmerung Biber zu sehen. Ihr Zuhause sind die für Menschen unzugänglichen Inseln Kratzbruch und Liebesinsel, die nur 200 Meter vom Festland entfernt liegen.

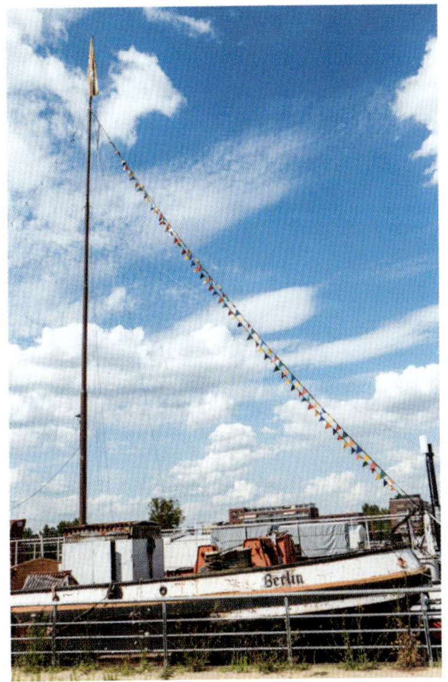

Parkplatz: Tunnelstraße – 52.491748, 13.478922
Nächstgelegene ÖPNV: ›Tunnelstraße‹
(Bus 104 und 347)

RUMMELSBURGER BUCHT

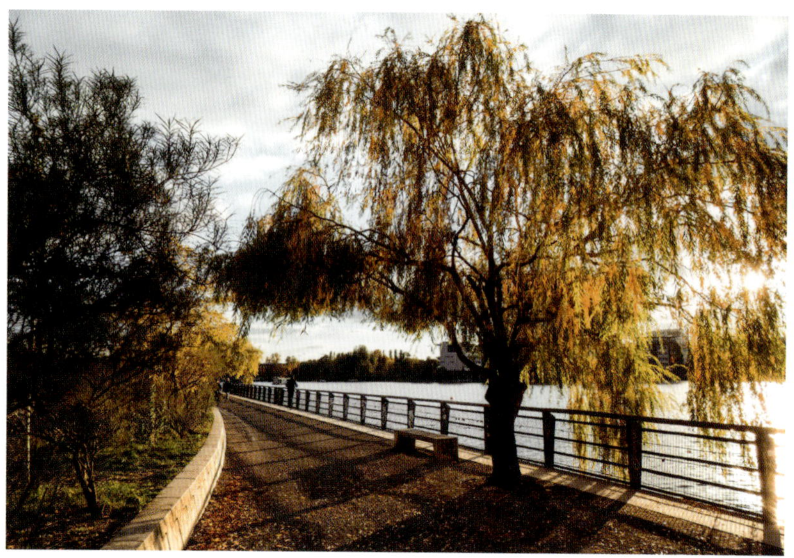

Die Rummelsburger Bucht ist eine Flaniermeile am gleichnamigen Rummelsburger See. Es fehlt nur noch das Fischbrötchen in der Hand, dann würde sich ein Spaziergang auf der dortigen Zillepromenade nach ein wenig Küstenurlaub anfühlen. An den Stegen hoffen alteingesessene Angler auf einen Fang, die Schwäne auf eine Futtergabe, und auf dem Wasser findet Paddleboard-Yoga statt. Künstler und Freigeister haben das Viertel am See vor einiger Zeit für sich entdeckt und sorgen für Abwechslung.

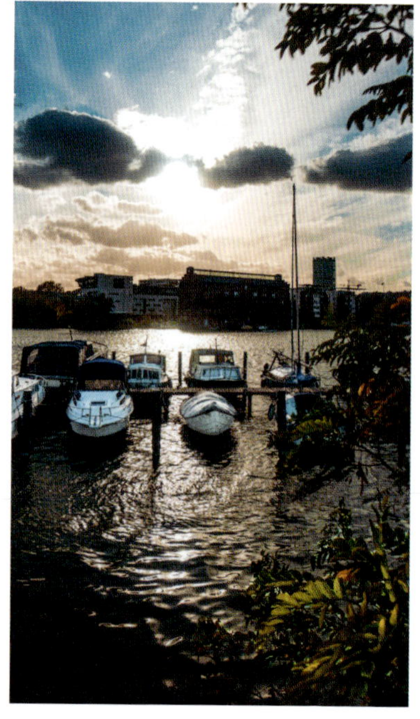

Im Winter verliert die Bucht zwar ihren Besucheransturm, doch keinesfalls ihren Charme. Die mit

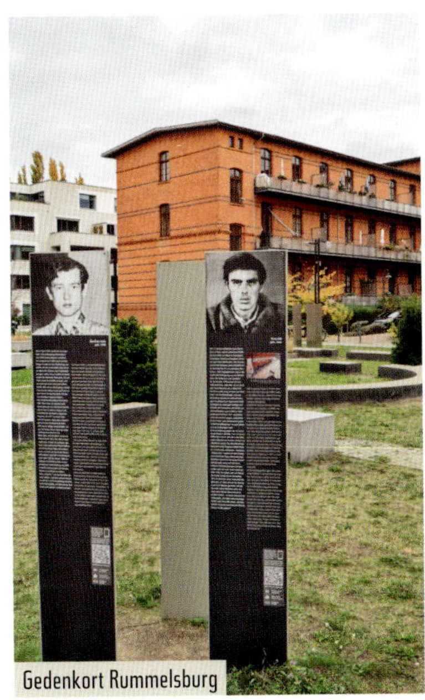
Gedenkort Rummelsburg

Schilfrohr bewachsenen Uferstellen verfärben sich während der frühen Sonnenuntergänge in ein knalliges Orange und rahmen das tiefblaue Wasser zu herrlichen Fotomotiven ein.

Auch wenn die Rummelsburger Bucht mit einer Länge von 1,6 Kilometern nicht für ausgiebige Spaziergänge gemacht ist, sorgen diverse Freizeitangebote für einen mehrstündigen Aufenthalt. Groß und Klein spielt auf dem maritimen Wellen-Spielplatz, trifft sich zu einer Partie Tischtennis oder leiht sich ein Kajak. Die kostenlose Dauerausstellung »Gedenkort Rummelsburg« liefert Informationen zu einer Anstalt während des zweiten Weltkriegs, die später als Gefängnis für politische Flüchtlinge der DDR diente.

Parkplatz: An der Bucht – 52.499571, 13.477400
Nächstgelegene ÖPNV: ›Rummelsburg/ Hauptstr.‹ (Bus 194 und 240)

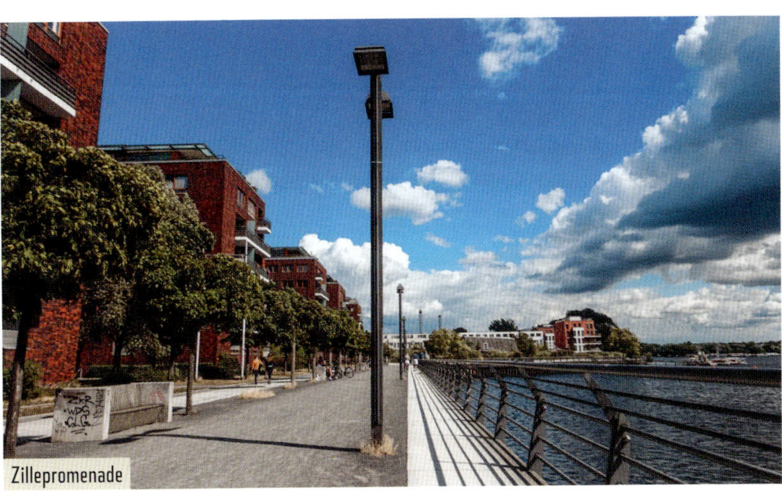
Zillepromenade

36 RÄUCHERFISCH MIT AUSBLICK

MIT DER FÄHRE ZUR MÜGGELSEEFISCHEREI

Ein Tag an der Küste – zumindest fühlt es sich so an. Um der Großstadt zu entkommen, braucht man Berlin nicht zu verlassen, sondern muss einfach nur nach Rahnsdorf. In Berlins östlichstem Ortsteil sind Regionalität, Nachhaltigkeit und Manufakturen keine Modebegriffe, sondern Alltag. Weit draußen, umgeben von Seen und Wäldern, ticken die Uhren noch anders und weitaus gemächlicher.

Besonders abgelegen ist es im historischen Kern des Fischerdorfes Rahnsdorf. Dort befindet sich das Ziel dieser Tour. Es wäre mit dem Bus oder dem Auto zu erreichen, aber warum nicht lieber standesgemäß mit dem Schiff in ein Fischerdorf fahren? Startpunkt ist die Anlegestelle »Müggelwerderweg«. Da es sich hierbei um eine BVG-Fähre handelt, kann man sie mit einem regulären Ticket nutzen. Von hier aus geht es im gemütlichen Tempo in 25 Minuten zur Endstation »Kruggasse«. Nicht wundern: Die Fähre hält unterwegs noch an zwei Anlegestellen, an denen weitere Gäste zusteigen können. Das Ziel ist erreicht, wenn der Duft des Räucherofens aufs Schiff zieht. Angekommen an der Müggelseefischerei hat man nun die Wahl zwischen Fischbrötchen, Räucherfisch aus eigenem Fang und hausgemachten Salaten. Inhaber Andreas Thamm ist der letzte Fischer des Müggelsees und serviert noch echten Berliner Aal und Karpfen – regionaler geht's nicht! Gespeist wird unter freiem Himmel mit Blick auf das Treiben der Müggelspree. Anschließend sollte unbedingt ein Bummel durch den alten Dorfkern folgen.

Öffnungszeiten: In der Regel ab Ostern bis in den Herbst an den Wochenenden von 10 bis 18 Uhr
Aktuelle Fahrpläne der BVG-Fähren findet man auf: bvg.de/de/verbindungen/netzplaene-und-linien/faehre

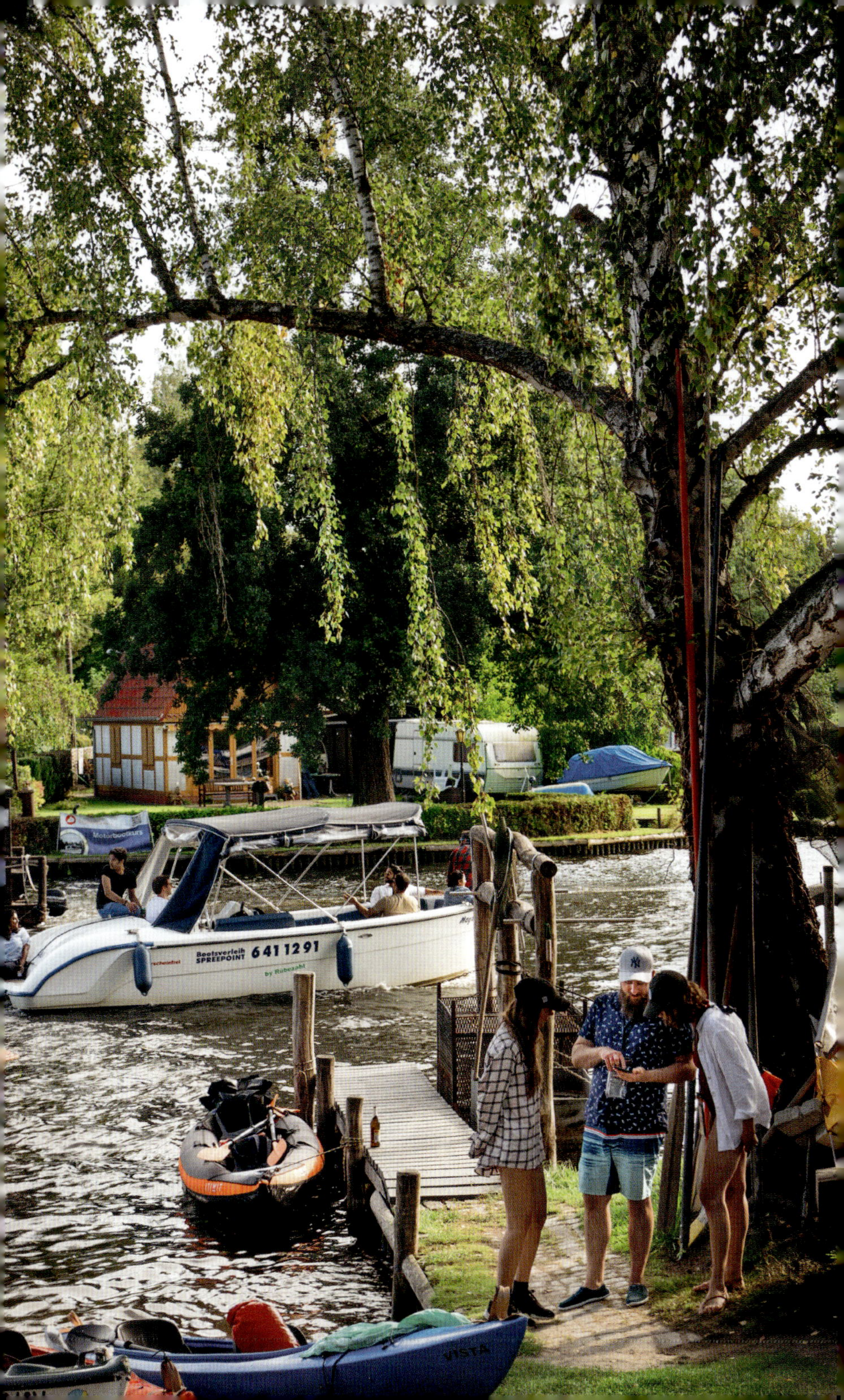
Bootsverleih
SPREEPOINT
6411291
VISTA

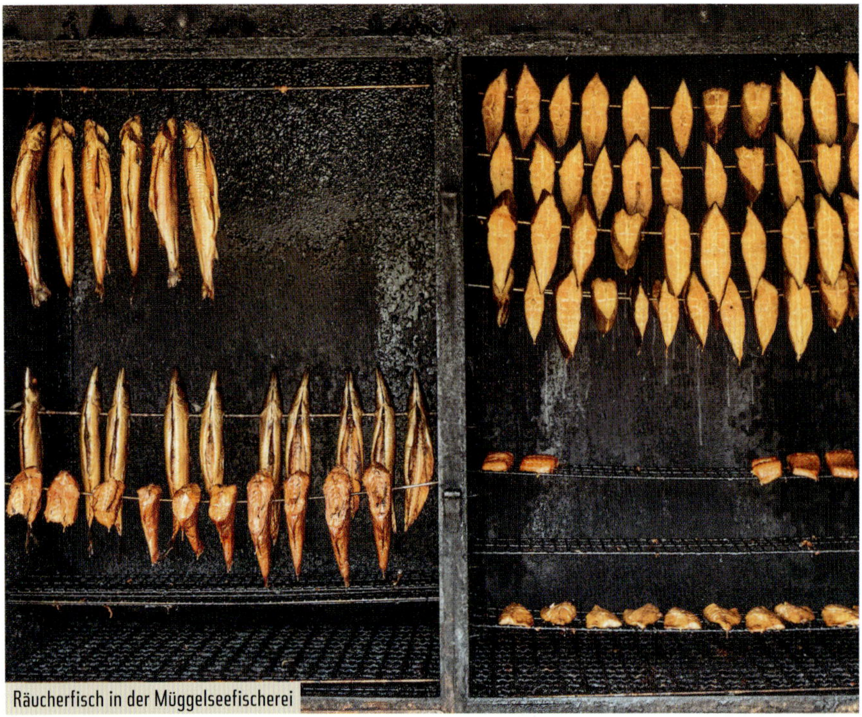

Räucherfisch in der Müggelseefischerei

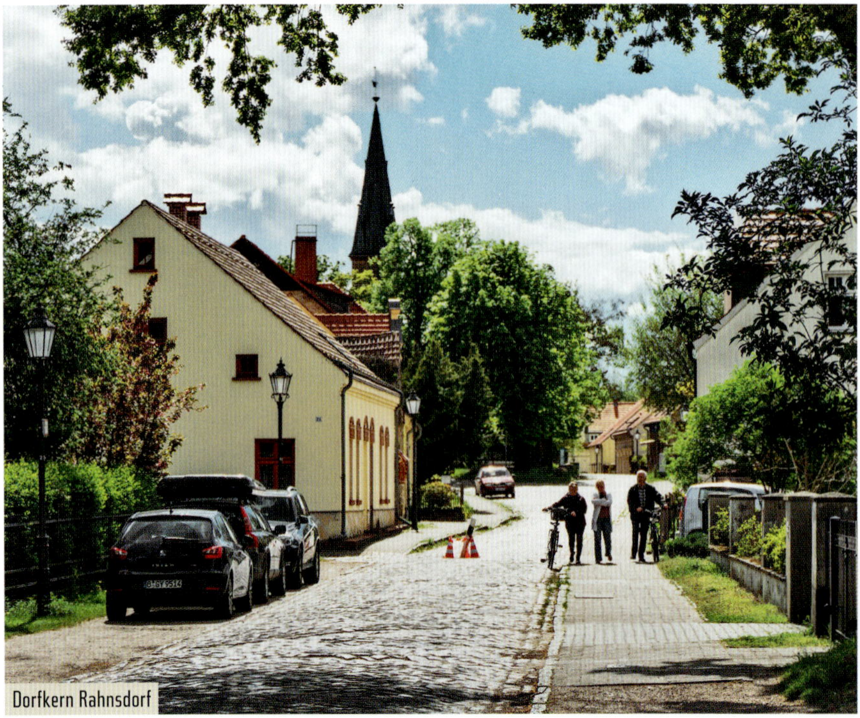

Dorfkern Rahnsdorf

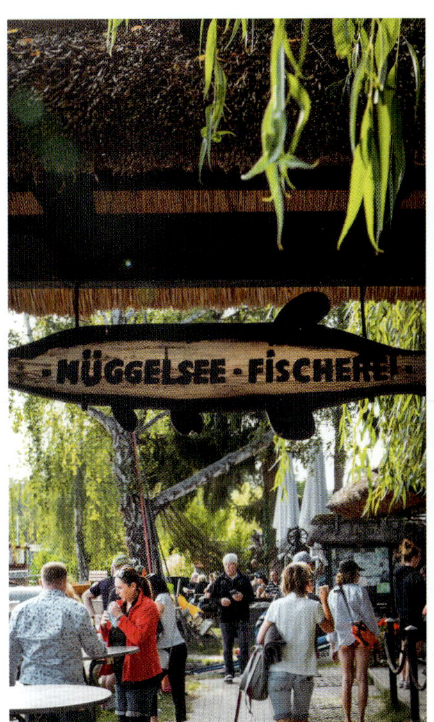

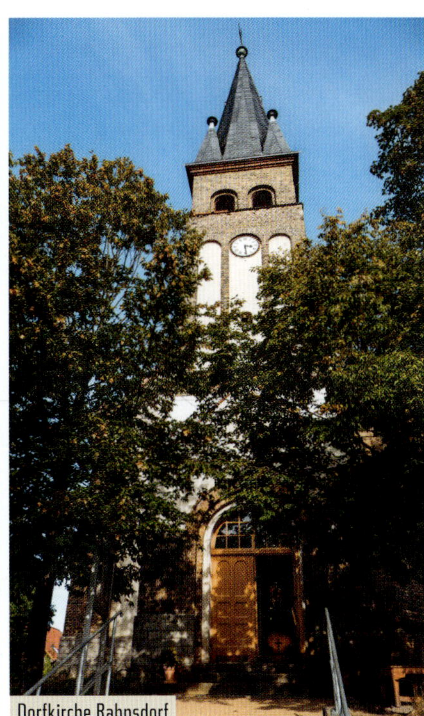

Dorfkirche Rahnsdorf

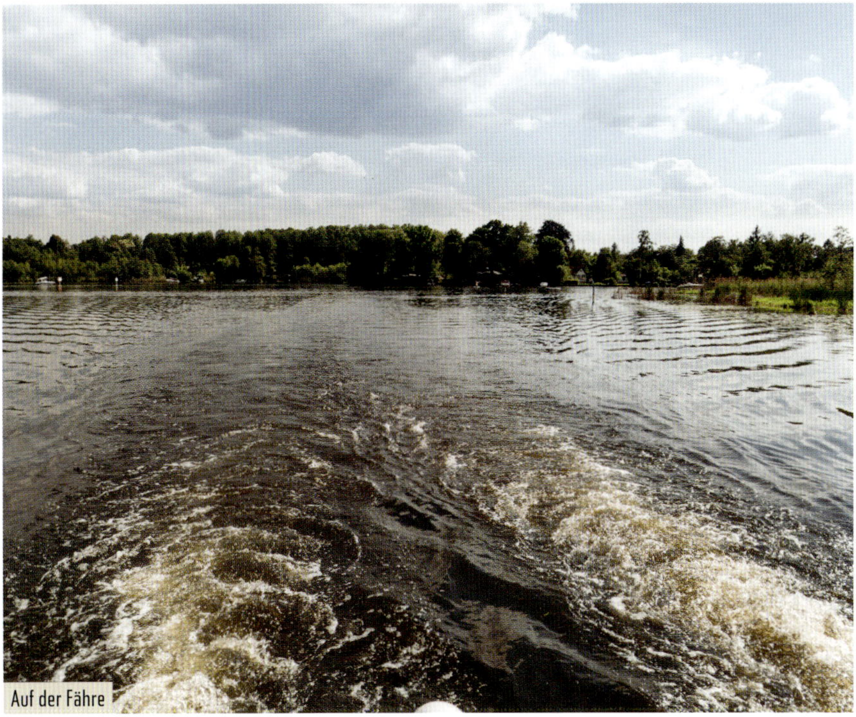

Auf der Fähre

37
REEDEREI LÜDICKE

DAMPFERFAHRTEN AUF HAVEL & SPREE

Spandau, ahoi! Den Alltag hinter sich lassen, zurücklehnen und verwöhnen lassen. Getreu dem Motto: »Ihr habt Spaß, wir übernehmen die Arbeit«, beschert die Reederei Lüdicke seit mittlerweile über zehn Jahren Berlinern und Berlinbesuchern eine wunderschöne Zeit auf dem Wasser. Die Reederei hat ihren Standort am Lindenufer in Spandau. Von dort aus starten die historische *MS Heiterkeit* aus dem Jahr 1909, die *MS Havelglück* und die *MS Wappen von Spandau* mit Platz für bis zu 300 Personen. Das einzige Problem ist, dass man sich für eine Tour entscheiden muss, was beim Anblick des umfangreichen Angebotes gar nicht so leicht ist.

Heimathafen: Anlegestelle Spandau Lindenufer
Hinter dem Rathaus Spandau (S+U)

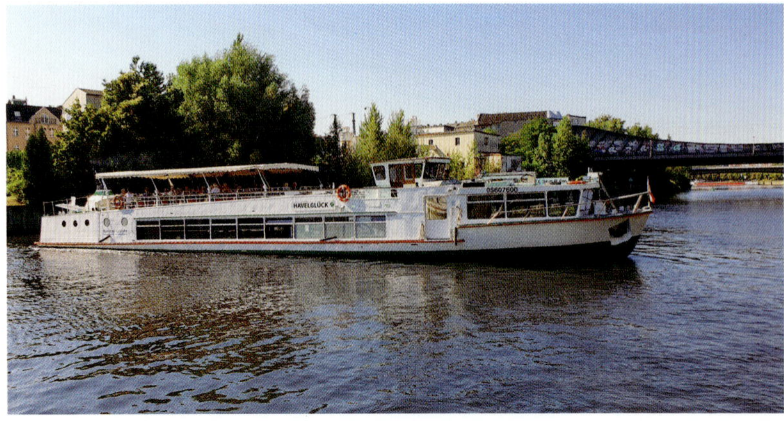

EIN AUSZUG AUS DEM FAHRPLAN

- Sieben-Seen-Fahrt durch die schöne Havellandschaft – am Tag oder am Abend
- Kombitouren mit Schiff & Bus: u. a. Magdeburg, Niederfinow oder Tangermünde
- City-Fahrten: 4,5 Stunden durch die Berliner Innenstadt oder abends durchs Regierungsviertel
- Tagesfahrten mit und ohne Aufenthalt: u. a. rund um Potsdam oder zum Fischerfest Ketzin
- Eventfahrten: u. a. Oktoberfest, Silvester an Bord, Winterfahrten, Frühstücksfahrten

Zu einer guten Schifffahrt gehört natürlich auch ein voller Magen. An Bord wird man versorgt mit Kuchen, Berliner Klassikern wie Schmalzstulle und Bouletten, Eisbechern mit saisonalem Obst oder Matjesfilet mit Bratkartoffeln.

Den aktuellen Fahrplan und viele weitere Informationen findet man auf: ms-heiterkeit.de

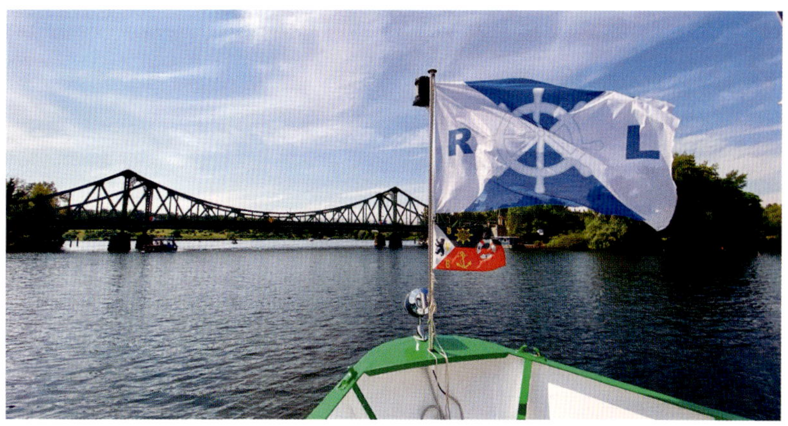

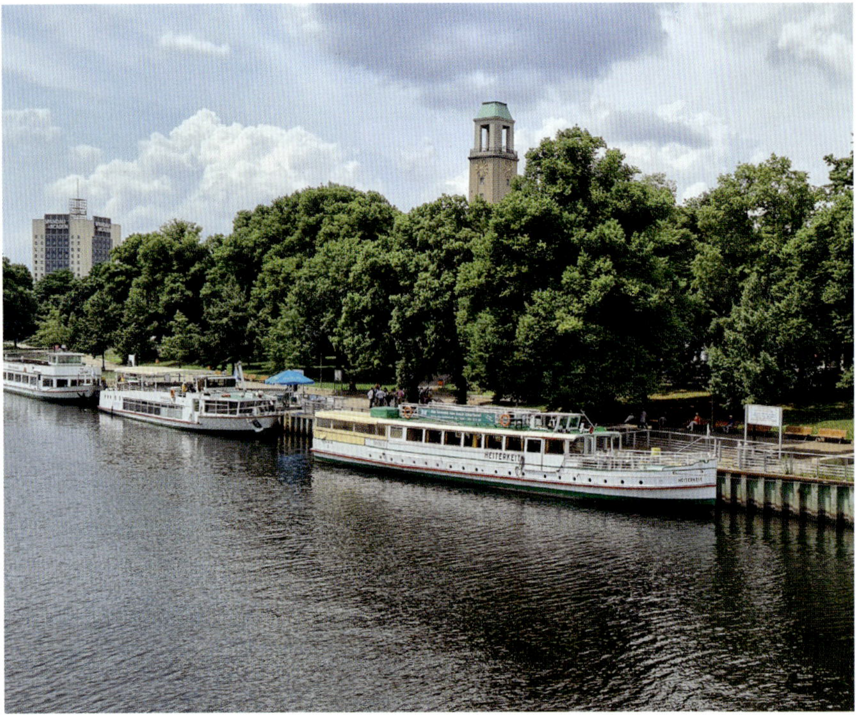

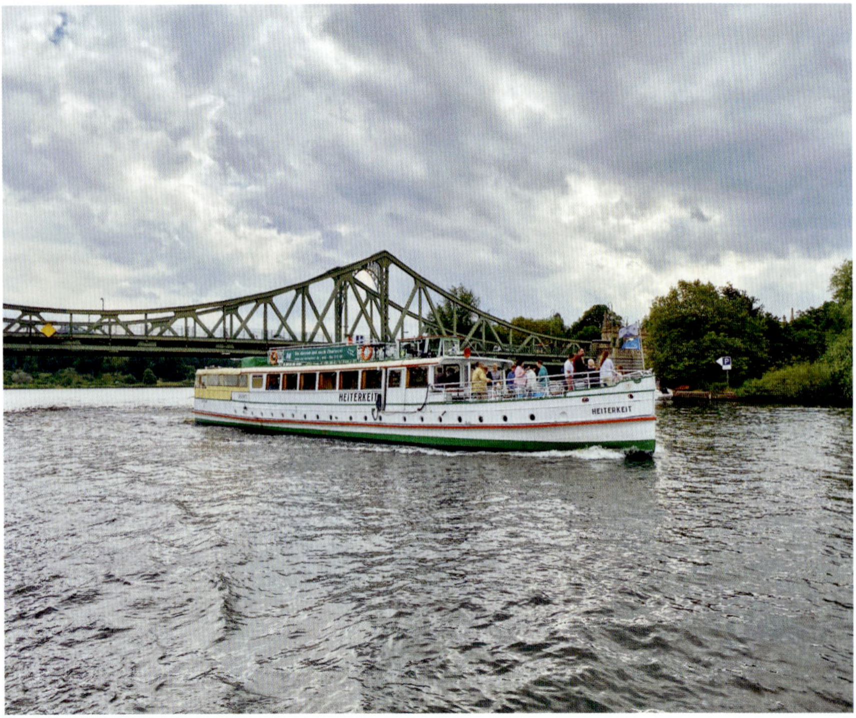

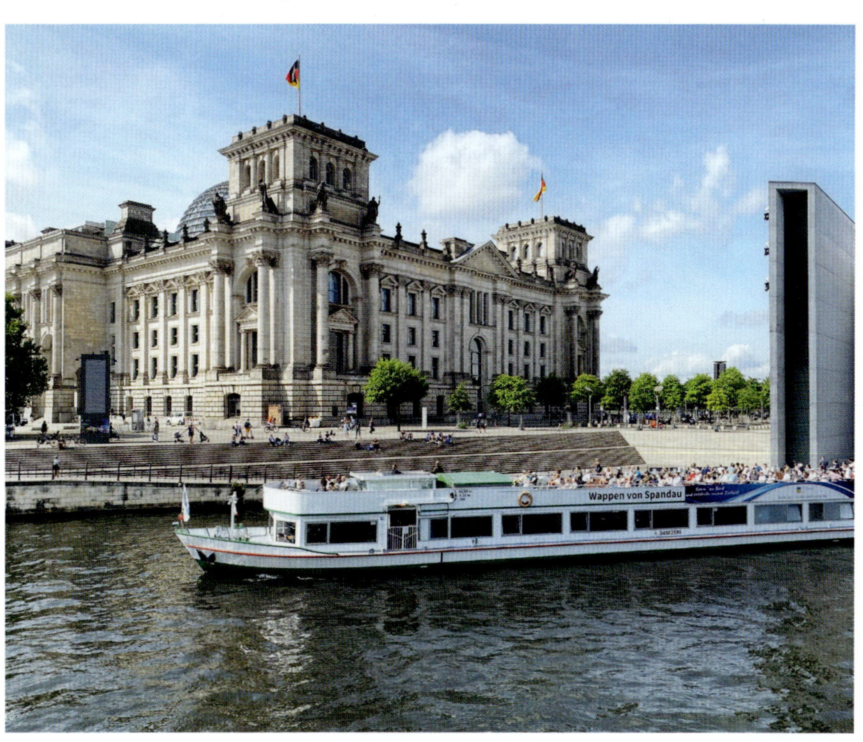
Wappen von Spandau

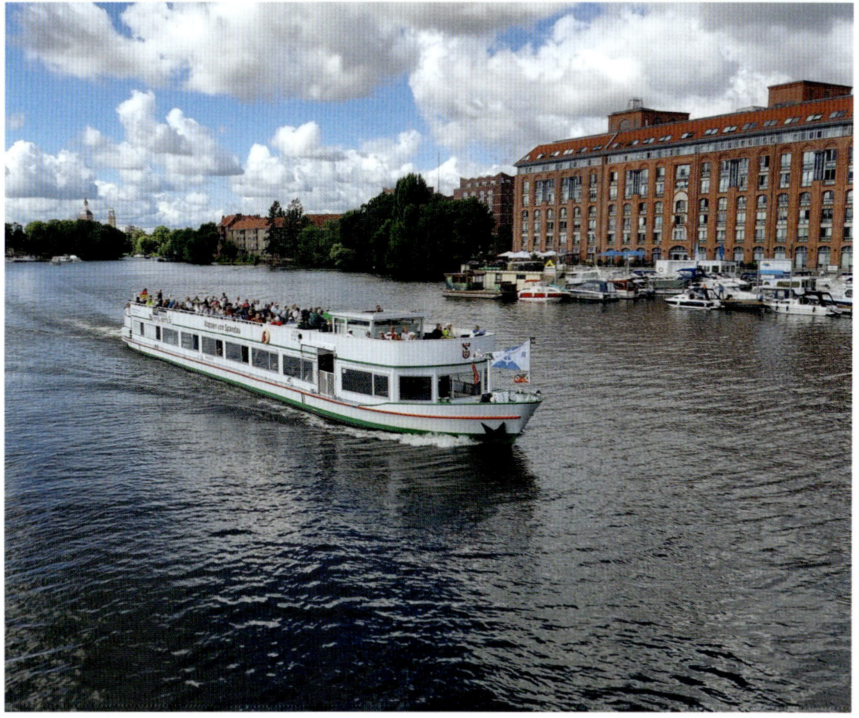
Wappen von Spandau

38
SCHÖNER WIRD'S NICHT!

EINE LIEBESERKLÄRUNG AN DAS TEGELER FLIESS

Nirgendwo ist es ländlicher, nirgendwo fühlt sich Berlin weniger nach einer Großstadt an als hier. Der Bachlauf Tegeler Fließ schlängelt sich wie ein grünes Band durch den Norden der Stadt und ist die schnelle Lösung, wenn einen die Stadtflucht plagt. Seinen Start auf Berliner Boden hat er am Mönchmühler Teich im Pankower Ortsteil Blankenfelde. Von dort aus verläuft er in Schlangenlinien für 9,9 Kilometer entlang artenreicher Sumpfgebiete, den Lübarser Feldern, historischen Ortschaften wie Alt-Hermsdorf und mündet schließlich im Tegeler See.

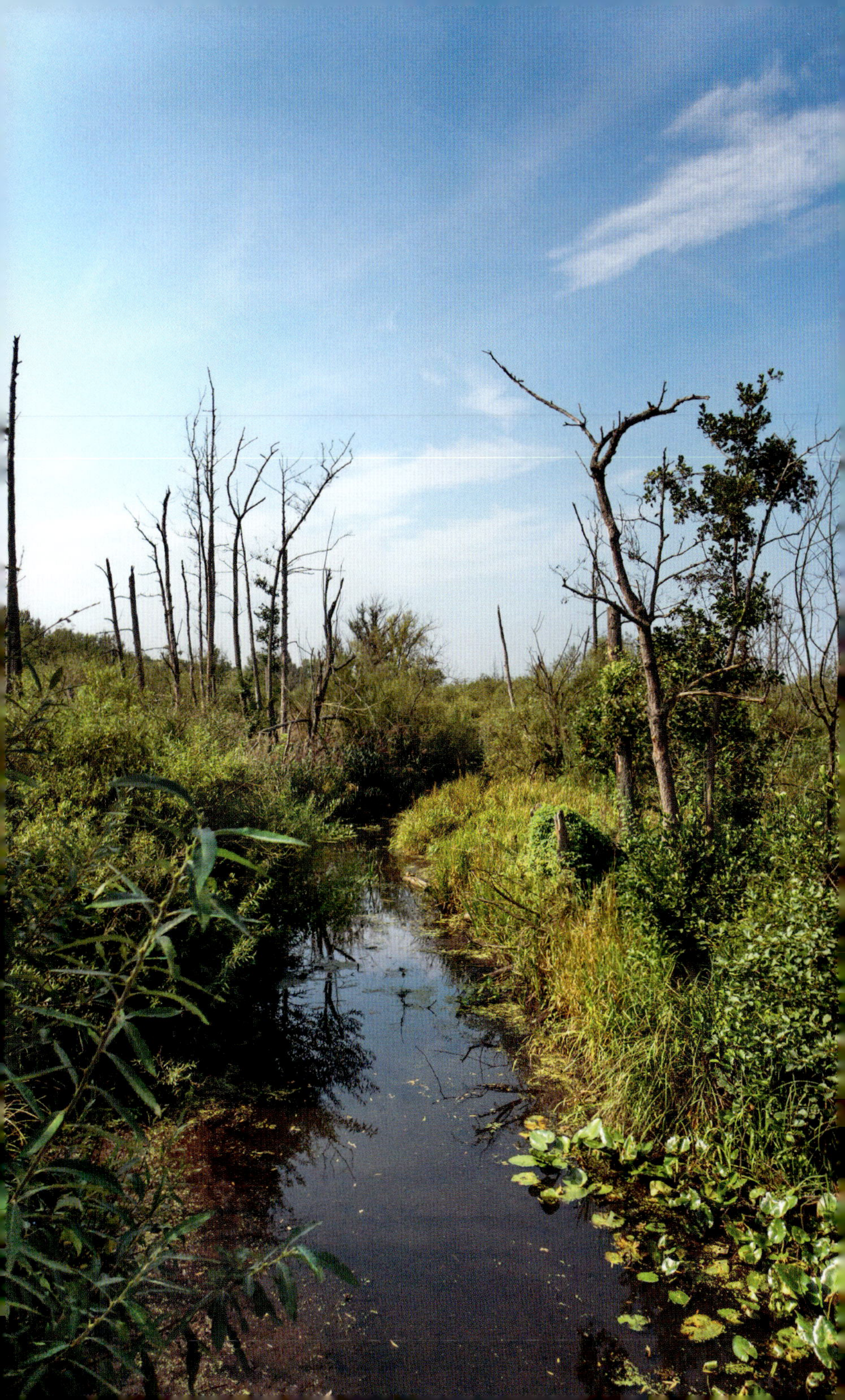

WO ES AM TEGELER FLIESS AM SCHÖNSTEN IST:

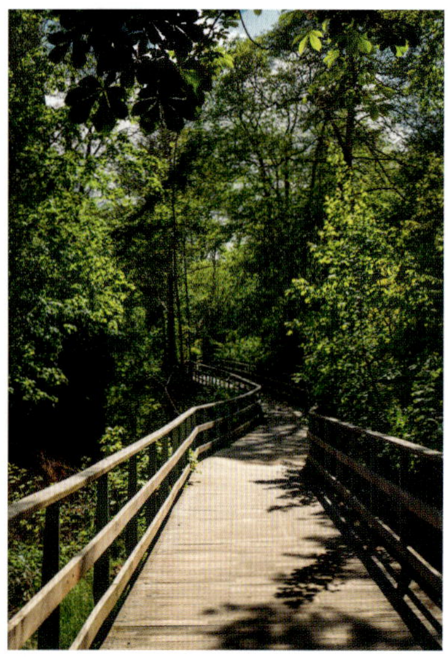

ÜBER DAS MOOR

Trockenen Fußes über eine sumpfige Moorlandschaft? Der Eichwerder Steg führt über das Tegeler Fließ und gewährt Einblicke in das Herz eines Naturschutzgebietes. Großstadt-Safari mit Blick auf Biber, Fischreiher und Ringelnatter.

Zielgenaue Geo-Daten: 52.622432, 13.336017

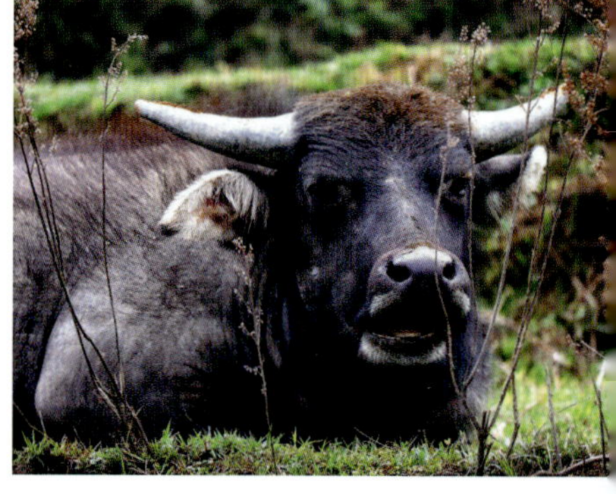

BEI DEN WASSERBÜFFELN

Wie pflegt man eine kaum zugängliche Landschaft, in der einem Dickicht und Nasswiesen die Arbeit erschweren? Man setzt eine Herde Wasserbüffel als natürliche Rasenmäher ein. Zu sehen sind die imposanten Tiere im Hermsdorfer Süden.

Zielgenaue Geo-Daten: 52.607238, 13.302768

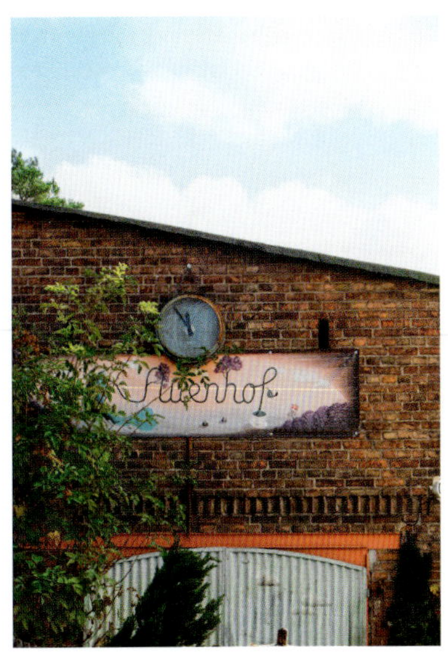

IM AUENHOF

Kunst, Kaffee und Kuchen gefällig? Der Auenhof in Hermsdorf ist ein Café mit einer wunderschön floralen Einrichtung inmitten eines Künstlerhofs, auf dem sich die Galerie »Aagard« befindet.

Adresse: Alt-Hermsdorf 11, 13467 Berlin
Aktuelle Öffnungszeiten gibt es hier: facebook.com/Auenhof.Hermsdorf

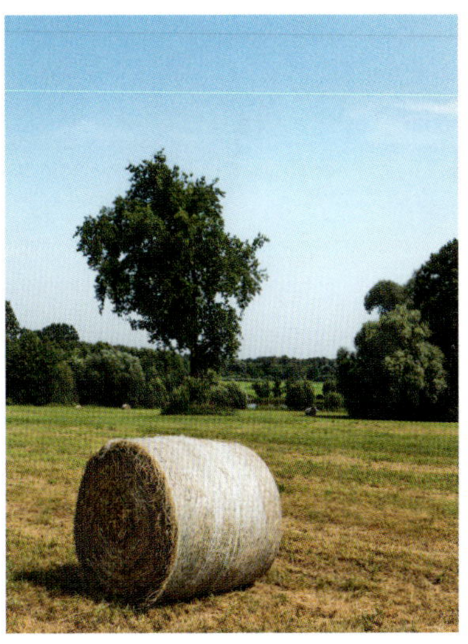

AUF DEN LÜBARSER FELDERN

Geht es noch schöner? Die 110 Hektar große Landschaft ist der ideale Ort für einen aktiven Ausflug in abgeschiedener Natur. Ein sandiger Wanderweg führt am Ufer des Tegeler Fließes entlang und ermöglicht den Blick auf glasklares Wasser.

Zielgenaue Geo-Daten: 52.622765, 13.344584

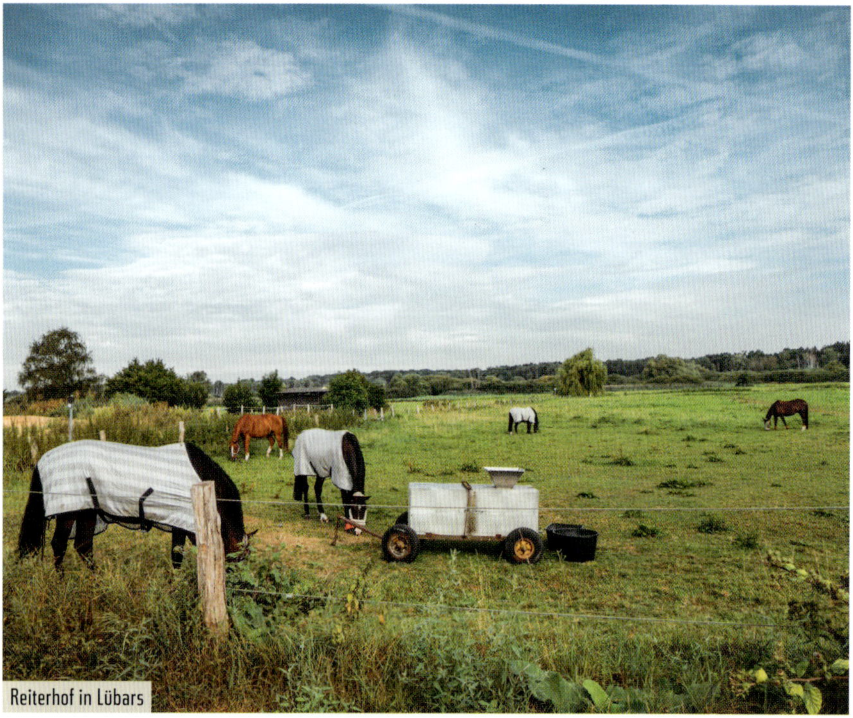

Reiterhof in Lübars

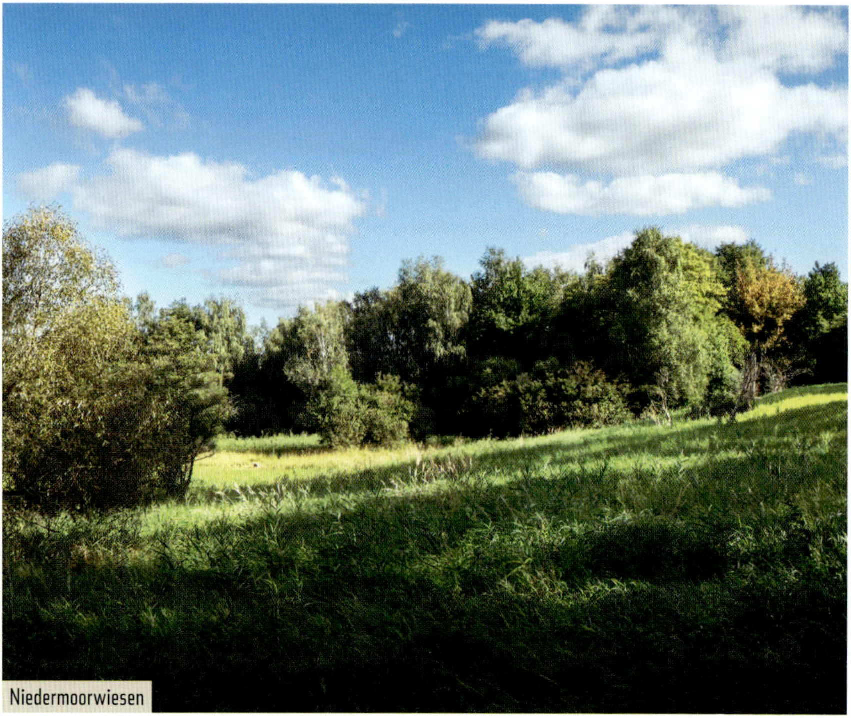

Niedermoorwiesen

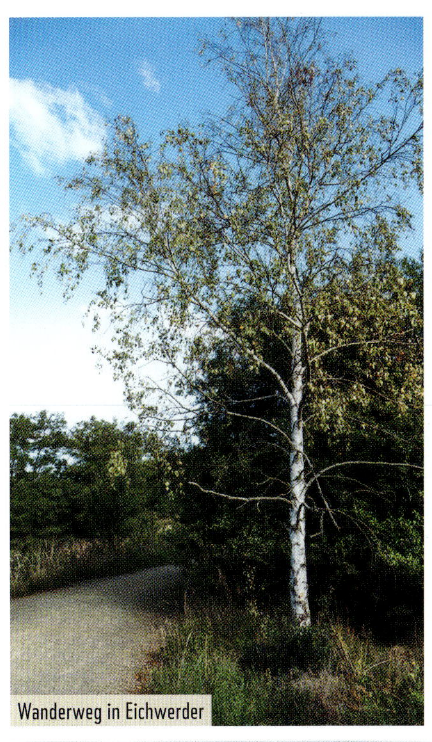
Wanderweg in Eichwerder

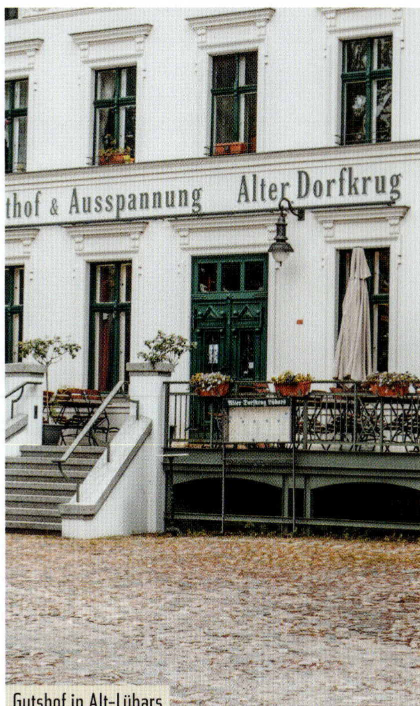

Gutshof in Alt-Lübars

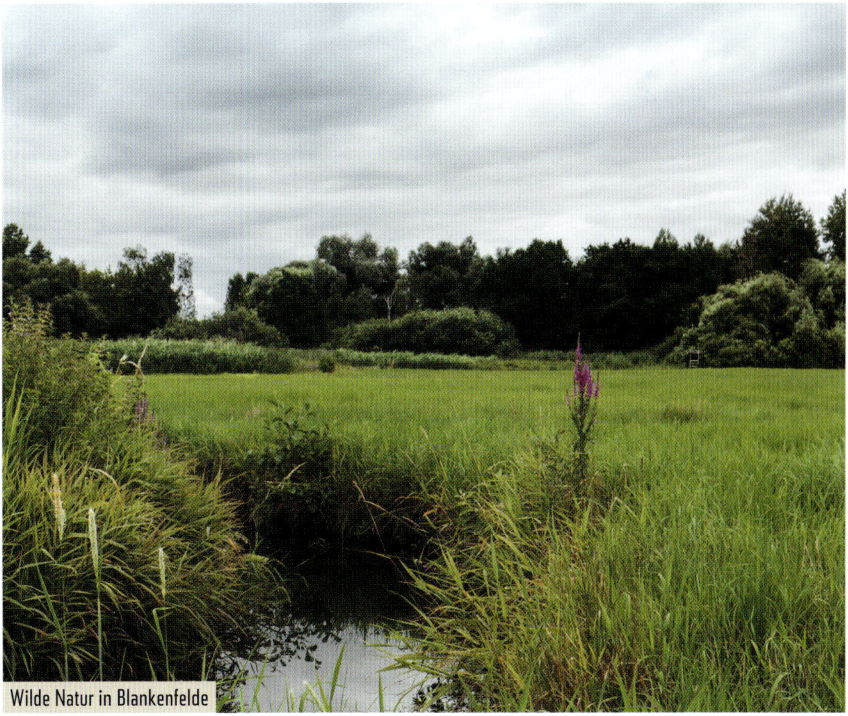

Wilde Natur in Blankenfelde

39
SEI DER KAPITÄN

DIE BESTEN BOOTSVERLEIHSTATIONEN

Wer Berlin nicht auf dem Wasser erkundet hat, verpasst mitunter die schönsten Ecken der Stadt! Ganz egal, ob es ein idyllischer See in einem Naturschutzgebiet ist, ein schmaler Kanal zwischen Industriebauten oder die Havel mit dem Blick auf Schlösser und Villen – die Wasserwelt der Hauptstadt ist abwechslungsreich und äußerst sehenswert. Zahlreiche Bootsverleihstationen bieten die unterschiedlichsten Fahrzeuge an. Solo im Einsitzer-Kanu oder mit der ganzen Familie auf einem Hausboot mit Übernachtung? Alles ist möglich. Sei der Kapitän auch ohne eigenes Boot und genieße die Freiheit auf dem Wasser!

BOAT4ALL BERLIN

KROSSINSEE

Tretboote, Partyboote, Kajaks, SUPs, führerscheinpflichtige und führerscheinfreie Boote für bis zu zwölf Personen / Shop / SUP-Kurse

Wernsdorfer Str. 38, 12527 Berlin-Köpenick

www.boat4all.de

FLOAT ON BERLIN

LANDWEHRKANAL

Schlauchboote für bis zu fünf Personen (wahlweise mit Motor) und Touren mit einem Insider

Lohmühlenstraße 20, 12435 Berlin-Treptow

www.floaton.berlin

SOLARWATERWORLD

SPREE UND DAHME

Unterschiedliche geräuschlose und emissionsfreie Solarboote, an mehreren Standorten in Berlin verfügbar

Schlesische Str. 28, 10997 Berlin

www.solarwaterworld.de

TIPI-FLOSS

DAHME IN KÖPENICK

Führerscheinfreie Tipi-Flöße mit Sonnendeck, Badeleiter und Hängematte in einer Spitzdach-Kajüte

Müggelheimer Straße 1, 12555 Berlin

www.flossundlos.de/tipi-floss

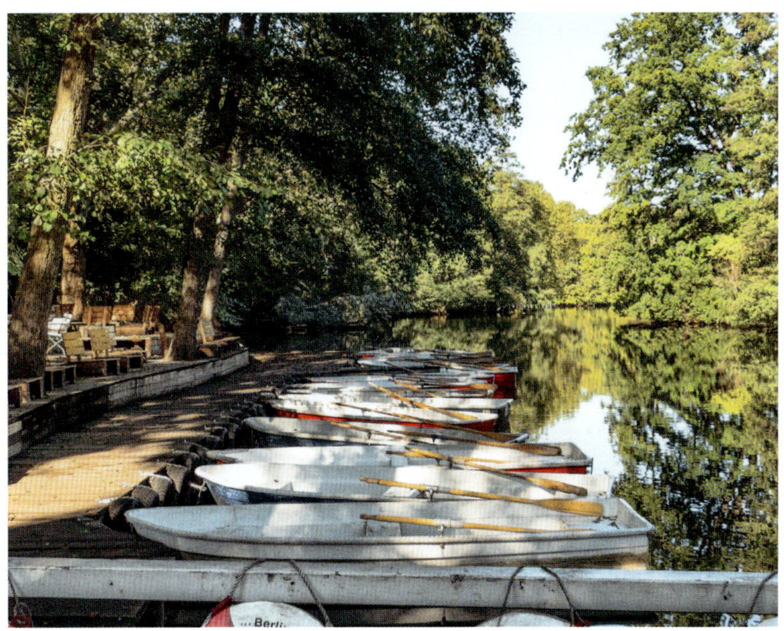

DER BOOTSLADEN

IN DEN KANÄLEN VON KLEIN-VENEDIG

Kanus, SUPs, Kajaks zum Verleih und zum Verkauf / Fachgeschäft für Zubehör / Hallenliegeplätze

Brandensteinweg 37, 13595 Berlin Spandau
der-bootsladen.de

RUDERBOOTE

AM CAFÉ AM NEUEN SEE

Romantisches Rudern im kleinen Neuen See im Tiergarten mit Blick auf Schildkröten und Kanadische Flusskrebse

Lichtensteinallee 2, 10787 Berlin
www.cafeamneuensee.de

GRILL-BOOT

HAVEL IN SPANDAU

Führerscheinfreie Grill-Boote mit Elektromotor für maximal zehn Personen, Anker, Sonnenschirm und Soundanlage

Pohleseestraße 1, 13599 Berlin-Spandau
www.grill-boot.de

HUCKLEBERRYS TOUR

Floß fahren und Camping auf dem Wasser / zahlreiche Stationen in Berlin und Brandenburg / Tagesfahrten, Übernachtungen oder mehrtägige Touren möglich

www.huckleberrys-tour.de

40
SPUREN LESEN
LUISENSTÄDTISCHER KANAL

Der Luisenstädtische Kanal ist ein historisches Überbleibsel aus einer Zeit, in der durch das heutige Kreuzberg noch Güter per Schiff transportiert wurden. Er begann am Urbanhafen und zog sich bis zur Schillingbrücke in Friedrichshain, wo er in die Spree überging. Mit dem Ausbau von Straßen- und Bahnnetz wurde der Transport über innerstädtische Gewässer immer weiter reduziert. Der Kanal wurde entwässert und in eine Gartenanlage umgestaltet. Heute führen Spazierwege durch den ehemaligen Kanalbau. Die Außenwände sind mittlerweile zugewuchert und mit Graffitis besprüht. Hier schlendert man unter schattenspendenden Pergolen und wird dabei vom Plätschern indischer Brunnenanlagen begleitet.

Das Zentrum bildet das Engelbecken, ein knapp ein Hektar großes Bassin mit 16 Wasserfontänen. Es befindet sich in einem Kessel aus modernen und alten Hochhäusern zwischen Mitte und Kreuzberg. Hier trifft man auf einen Rosengarten und schaut auf die imposante St. Michael-Kirche hinauf. Das kleine Gewässer wird von einem ausgesetzten Schildkrötenpaar bewohnt, das in einem Holzhäuschen überwintert. Wasservögel bringen ihrem Nachwuchs hier das Tauchen bei. Selbst Kormorane schauen des Öfteren vorbei und bieten den Gästen des Cafés am Engelbecken eine Show in Sachen Fischfang.

Parkplatz: Leuschnerdamm – 52.505550, 13.419186
Nächstgelegene ÖPNV: ›Heinrich-Heine-Platz‹ (Bus 147)

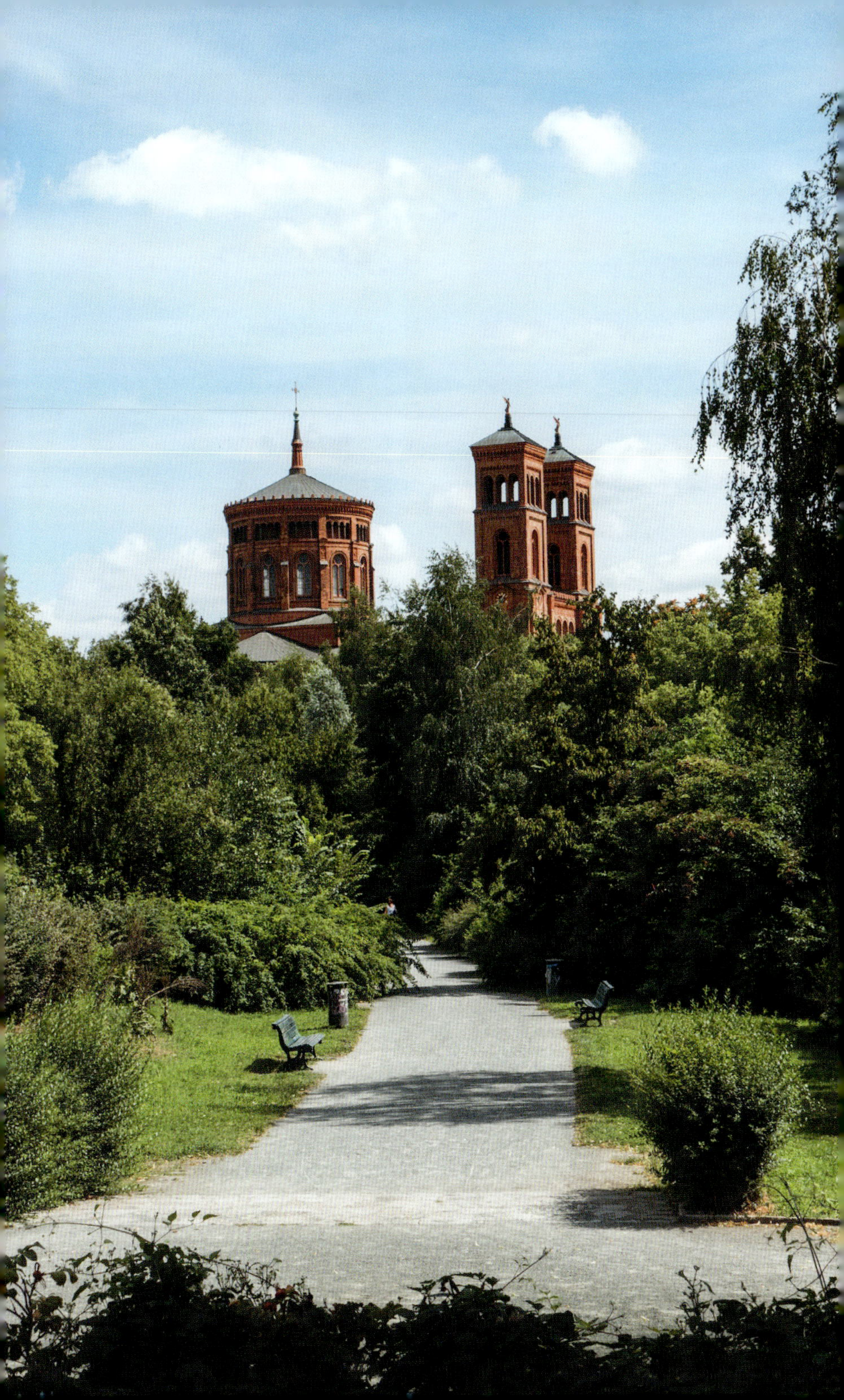

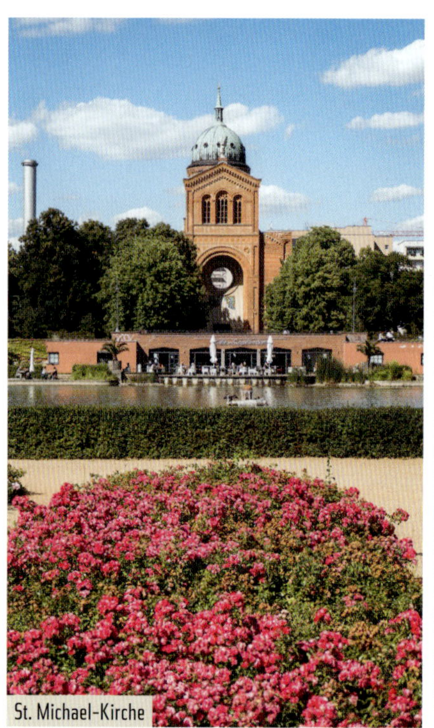
St. Michael-Kirche

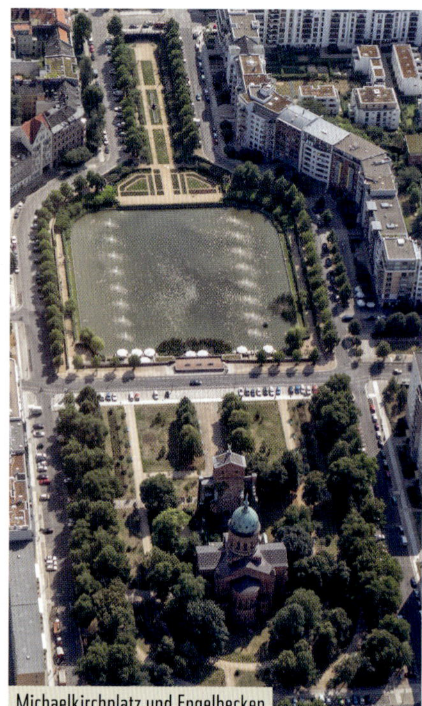
Michaelkirchplatz und Engelbecken

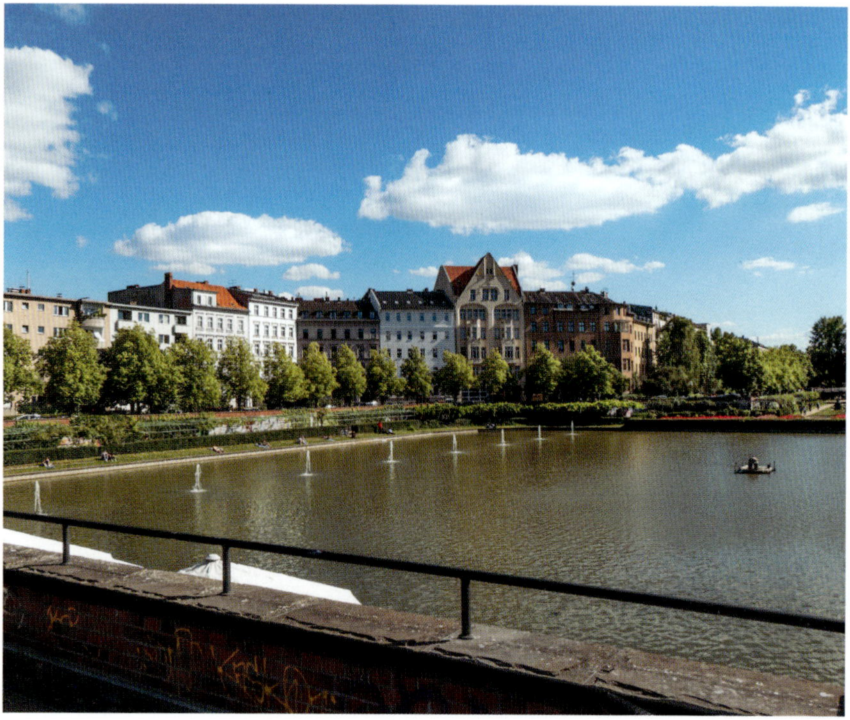

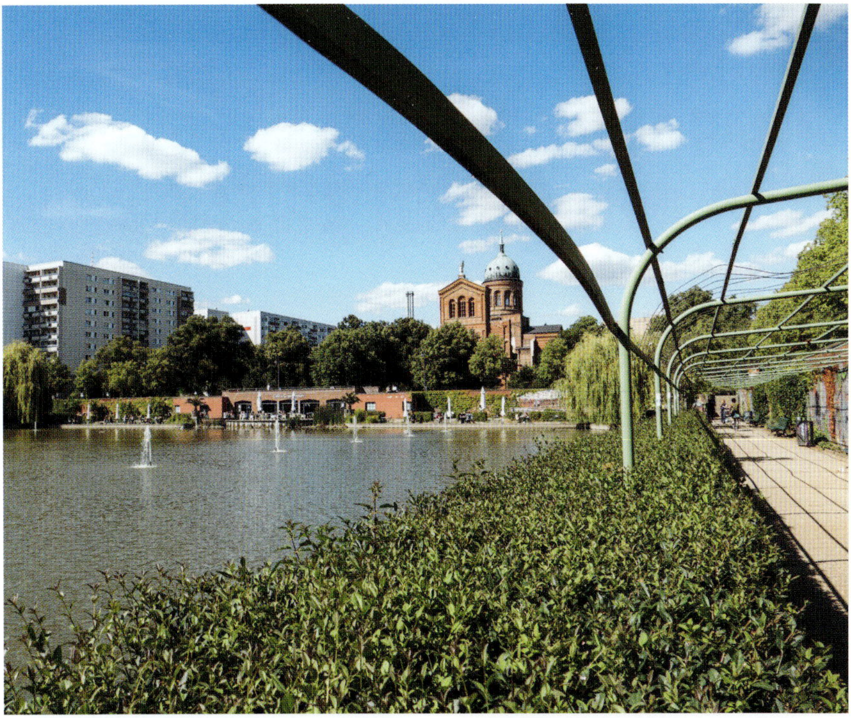

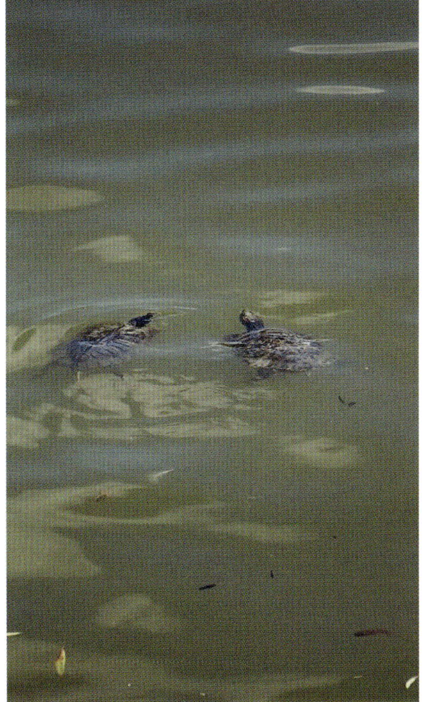

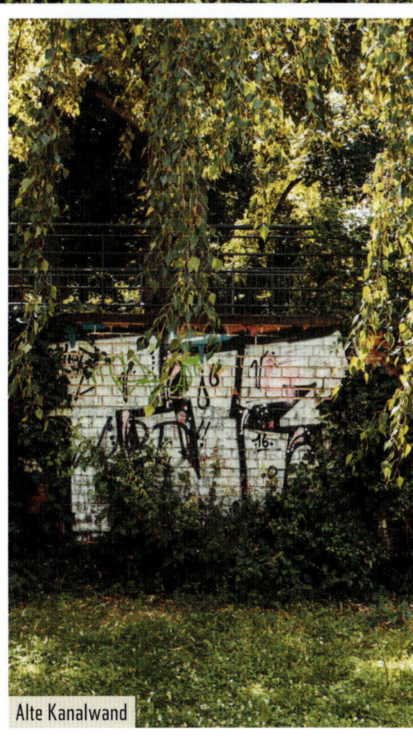

Alte Kanalwand

41

UMSONST PADDELN FÜR DEN GUTEN ZWECK

GREENKAYAK

Jeder kennt es: Ein Ausflug an den See ist zu jeder Jahreszeit eine gute Entscheidung. Ob zum Schwimmen, Sonnen oder Spazieren gehen – Wasser tut uns einfach gut! Doch viel zu häufig trifft man auf den Unrat rücksichtsloser Menschen, die ihren Müll ins Wasser werfen: Kippenstummel, Bierkorken, Flaschen und selbst Fahrräder. Der Abfall verunreinigt die Gewässer, Fische verletzen sich an spitzen Teilen oder verwechseln sie mit Nahrung. Während Plastik im Meer 50 Jahre braucht, um durch Wellen und Wind zersetzt zu werden, haben stille Gewässer keine Chance, sich selbst zu reinigen.
Die Organisation *GreenKayak* bekämpft dieses Problem, und zwar mit unserer Hilfe. Der Deal ist so simpel wie genial: Zwei Stunden lang kann man sich kostenlos ein Kajak leihen – vorausgesetzt, man sammelt dabei Müll aus dem Wasser. Schnapp dir deine Freunde und geh auf Schrottjagd! Dabei tust du nicht nur etwas Gutes für die Umwelt, sondern bekommst gleichzeitig noch einen Blick auf Berlin, der dir zu Fuß verwehrt bleibt. Laut GreenKayak haben bereits 36 380 Freiwillige über 54 940 Kilogramm Müll aus den Gewässern gefischt (Stand 2021)! Auf der Website *greenkayak.org* findet man die aktuellen Standorte für Berlin. Viel Spaß!

Teile deine Erlebnisse mit #greenkayak auf den sozialen Medien, um noch mehr Menschen auf die leider immer noch viel zu unbekannte Organisation aufmerksam zu machen!

Weitere Informationen und die aktuellen Stationen in Berlin gibt es auf: greenkayak.org

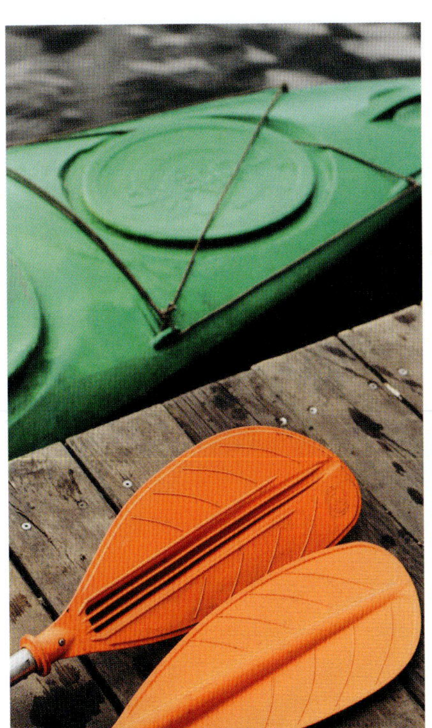

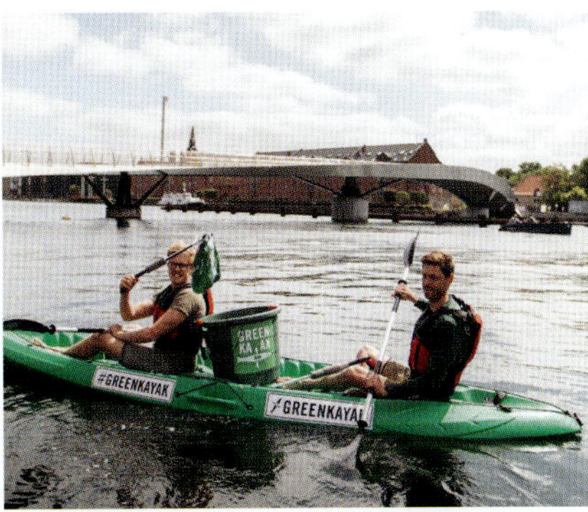
#GREENKAYAK
#GREENKAYAK

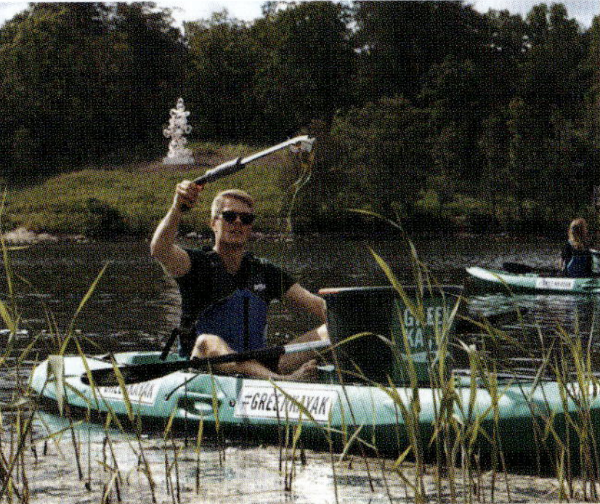

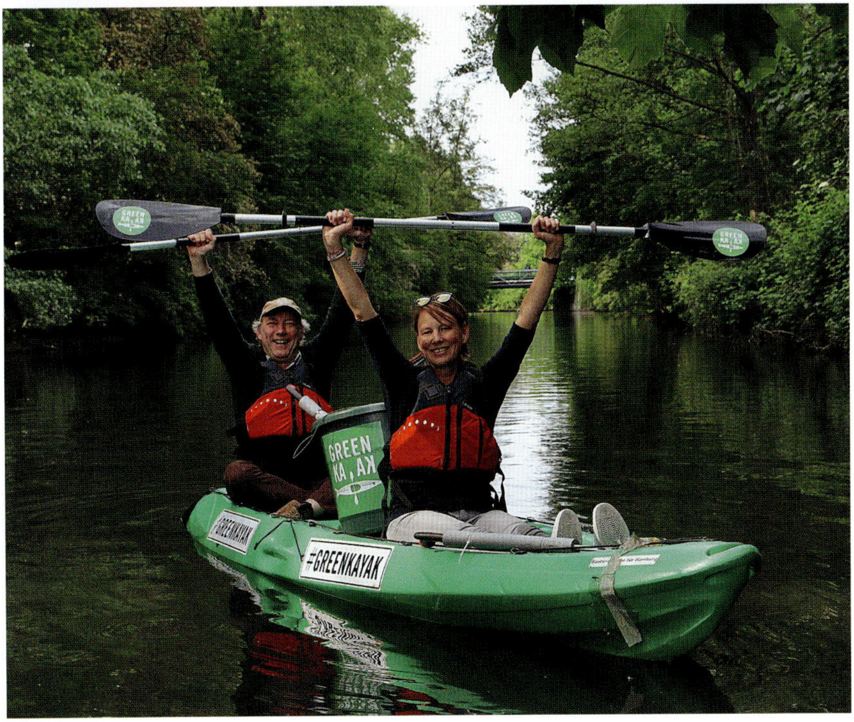

42 UNBEKANNTES TERRAIN

MIT DER FÄHRE NACH WILHELMSTRAND

Seit 1986 bringt die Fähre F11 Pendler, Anwohner und Ausflügler an das nur 200 Meter entfernte Ufer in Oberschöneweide. Die dortige Gartensiedlung Wilhelmstrand ist ein Ort, der es bisher in keinen Berliner Reiseführer geschafft hat.
Ob man Wilhelmstrand um 1 Uhr nachts oder 13 Uhr mittags besucht, die Atmosphäre ist immer dieselbe: »Ein Leben wie auf einem kleinen Dorf, mitten in der Stadt«, heißt es auf der Website. Treffender könnte man es nicht sagen. Die Siedlung besteht aus Wohnhäusern und Kleingärten. Einige davon sind frisch saniert und lassen ein hohes Budget vermuten, beim nächsten scheint seit vielen Jahrzehnten die Zeit stehen geblieben zu sein. Altes Mauerwerk, aber gepflegt, mit Bedacht auf Tradition und Vergangenheit. Straßenlaternen, die seit den 1960er Jahren nicht erneuert wurden, leuchten in warmen Orangetönen. Ein Stück DDR, das die Zeit überlebte. Wer wachen Auges durch die schmalen Gassen geht, erkennt viele dieser kleinen Überbleibsel. Dazu passend ragt das Turmgeschoss des ehemaligen DDR-Rundfunkzentrums »Funkhaus Berlin« hinter der Siedlung hervor.
Der richtige Moment für einen Besuch in Wilhelmstrand ist dann, wenn man der Großstadt entfliehen möchte, aber keine Zeit für eine weite Reise hat. Beim Schlendern durch das unaufgeregte Gebiet ist ganz schnell alles um einen herum vergessen. Abschließend geht es noch zu deftiger Hausmannskost und Berliner Schnauze in die Kneipe »Spreeschlößchen«, um gut gesättigt wieder auf die Fähre zu steigen. Der Plänterwald gegenüber bietet sich für einen ausgiebigen Verdauungsspaziergang an.

Parkplatz an der Fähre: Baumschulenstraße – 52.471425, 13.494140
Nächstgelegene ÖPNV: ›Baumschulenstr./Fähre‹ (Bus 170)

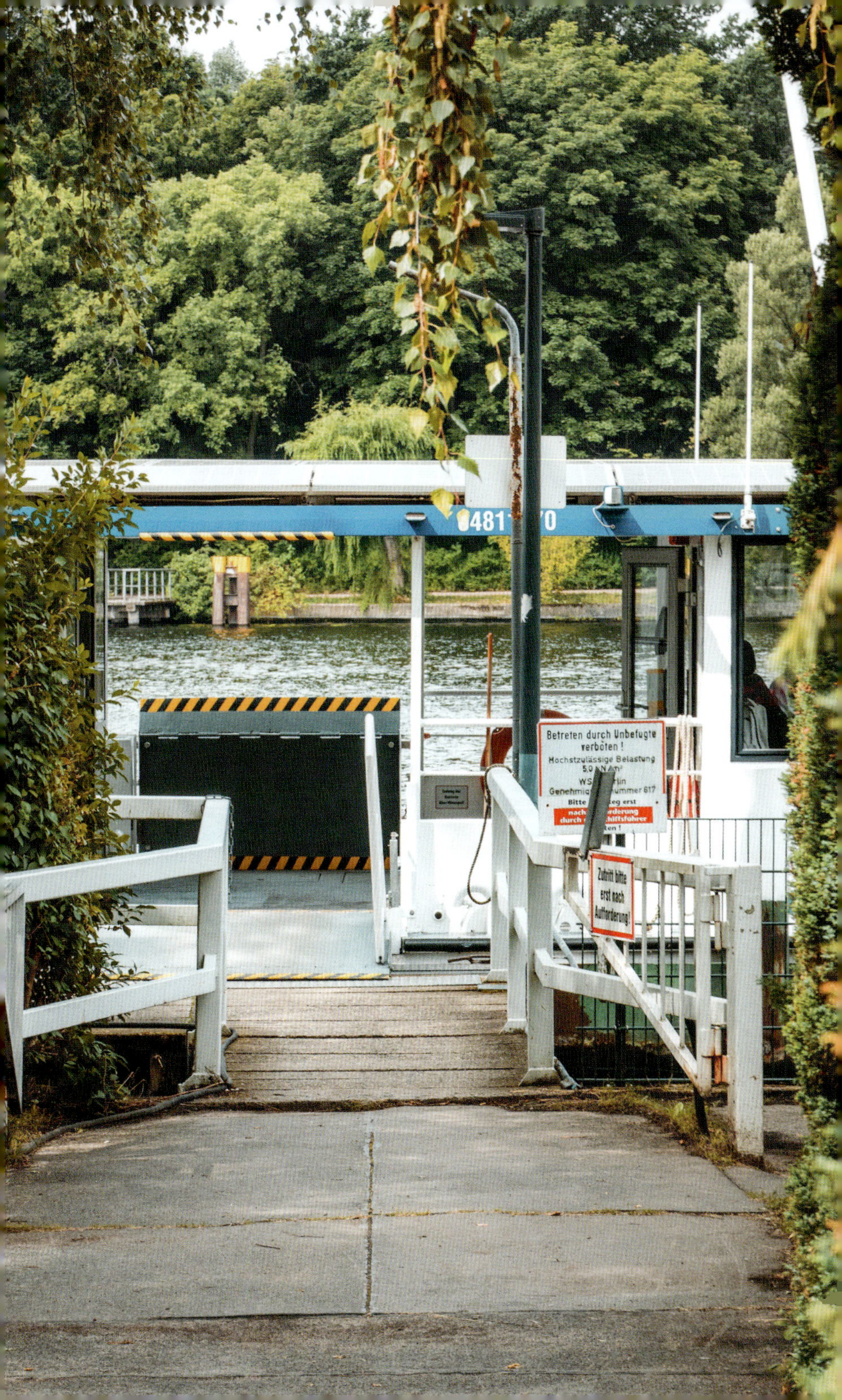
Betreten durch Unbefugte
verböten !
Hochstzulässige Belastung
Zutritt bitte
erst nach
Aufforderung!

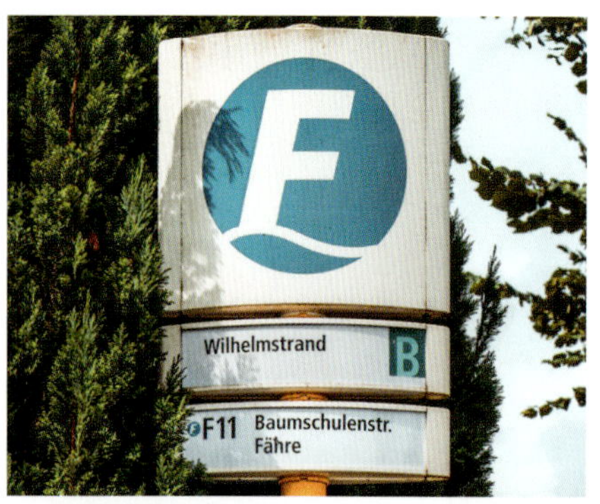

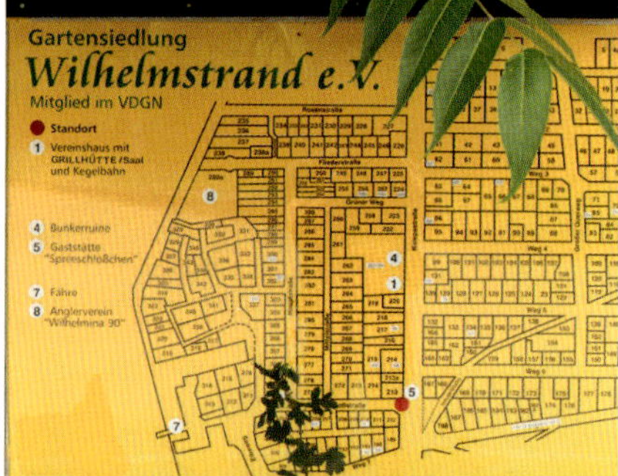

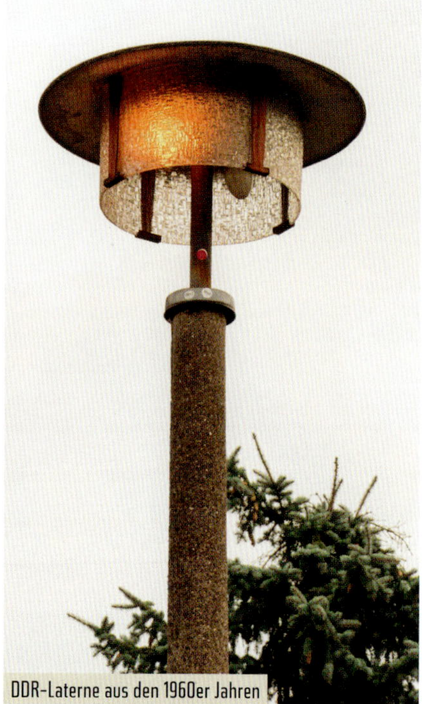
DDR-Laterne aus den 1960er Jahren

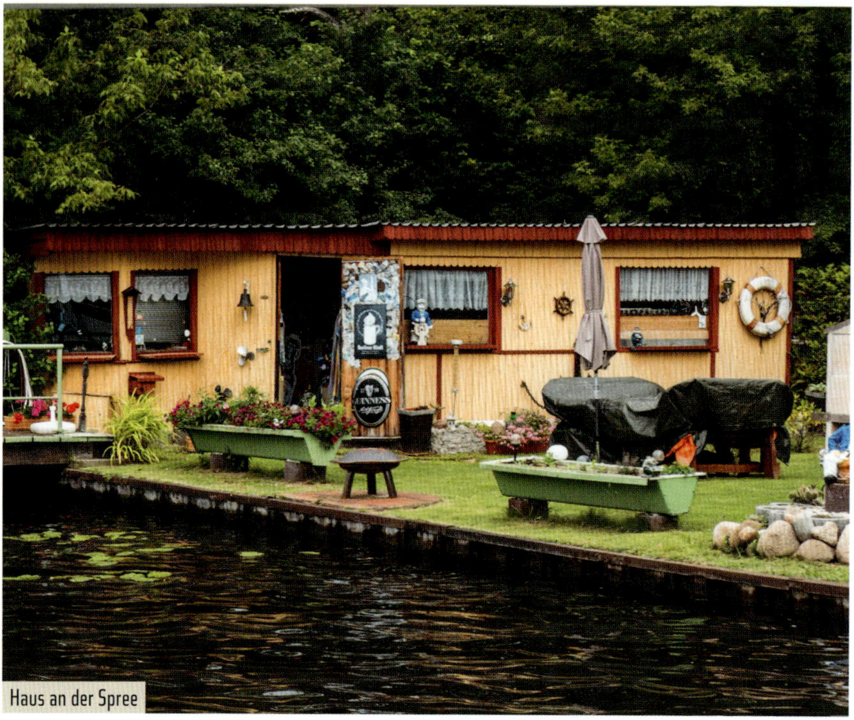

Haus an der Spree

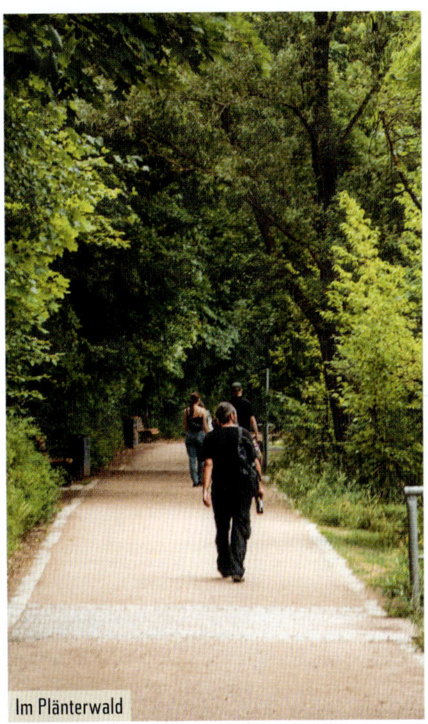

Im Plänterwald

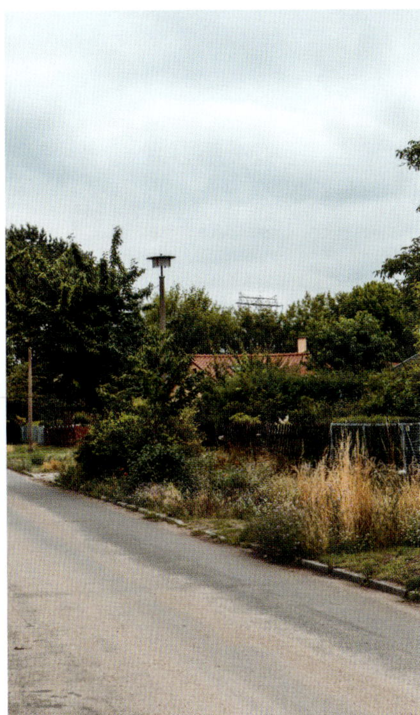

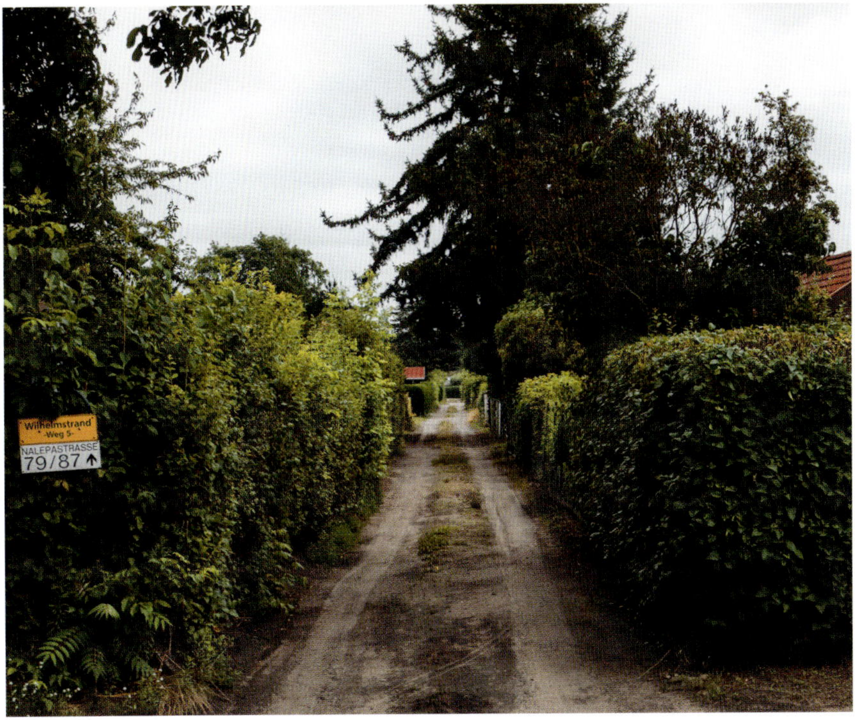

43
VERROSTET UND VERGESSEN

MS »DR. INGRID WENGLER«

Der weiße Lack verschwindet hinter braunem Rost, die Fenster und Bullaugen sind zerstört. Der einst gepflegte Schiffsrumpf, der schon die Gewässer von Frankfurt und Strasbourg spürte, ist nun übersät von Graffitis und politischen Parolen. Wie konnte es dazu kommen?
Die MS »Dr. Ingrid Wengler« war das Herzensprojekt des Berliner Physikers Günther van de Lücht, der es nach seiner verstorbenen Frau benannte. Er ließ es zu einem luxuriösen Passagierschiff mit Fußbodenheizung, einer Bar aus Mahagoniholz, einem Salon und Gästekabinen mit Duschen gestalten. Fahrten in die ehemalige DDR waren ab 1990 gefragt und van de Lücht entschied nun mehr davon zu veranstalten – mit einem schnellen Ende. Die Schleusen und Wasserwege der DDR waren auf diesen Ansturm nicht vorbereitet und so kam es zu einem enormen finanziellen Einbruch. Gerichtsvollzieher, Zwangsversteigerung – das Schiff lag in Ketten. Seit 1996 verrottet das ehemals edle Schiff nun im Osthafen. Seine Zukunft? Ungewiss.

Parkplatz: Puschkinallee – 52.494317, 13.453944
Nächstgelegene ÖPNV: ›Eichenstr./Puschkinallee‹ (Bus 104, 165, 194 und 265)

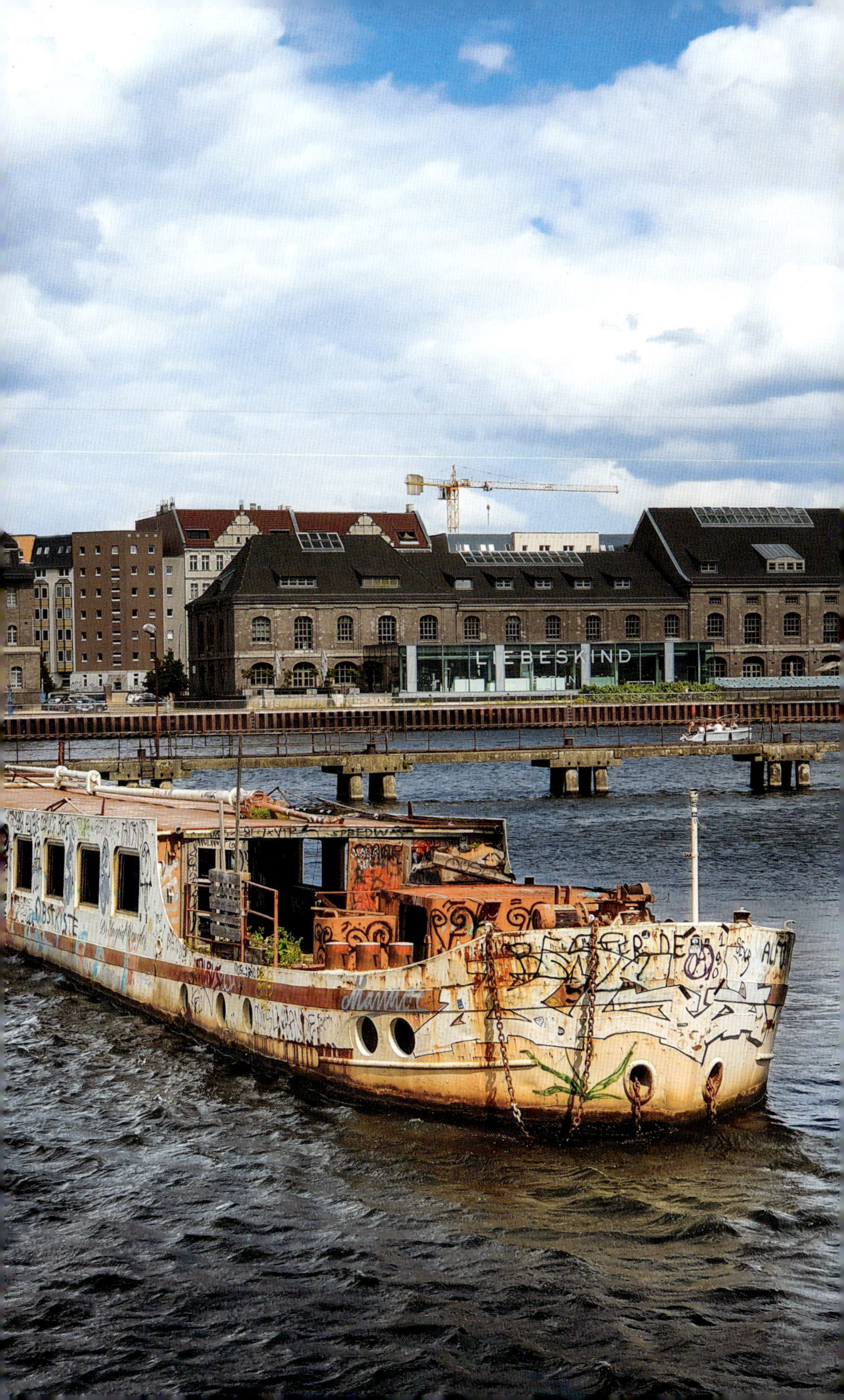

BROMMYBRÜCKE

Viel ist nicht mehr übrig, von der ehemals 95 Meter langen Brommybrücke. Alles, was blieb, ist eine Art Mini-Insel mit Sitzplatz für eine Handvoll Enten und einen Baum, der es irgendwie geschafft hat, auf dem Beton zu wachsen. Das letzte Zeichen für ein Weiterleben der Brücke?
Zu Beginn des 20. Jahrhunderts entstand die nach dem Marineoffizier Admiral Brommy benannte Brommybrücke. Sie diente Fußgängern und Autos zur Überquerung der Spree und sorgte für ein schnelles Erreichen des heutigen Ostbahnhofs. Um der Roten Armee den Vormarsch zu erschweren, ließ man sie im Zweiten Weltkrieg sprengen. Ihre Notwendigkeit wurde später, angesichts der angrenzenden Schilling- und Oberbaumbrücke, als überflüssig empfunden und ein Wiederaufbau fand nicht statt. Ab 1990 brachten die Planungen des Investorenprojekts »Mediaspree« unerwartet viel Leben in das bis dato leblose Gebiet am Spreeufer. Im Zentrum könnte die Brommybrücke als eine Art »bewohnte Brücke« mit zwei Etagen und Büros dienen. Eine von viele Ideen, die immer wieder im Raum standen, doch nie umgesetzt wurden. Bis jetzt.

Parkplatz: Brommystraße –
52.505103, 13.435651
Nächstgelegene ÖPNV: ›Eisenbahnstr.‹
(Bus 165 und 265)

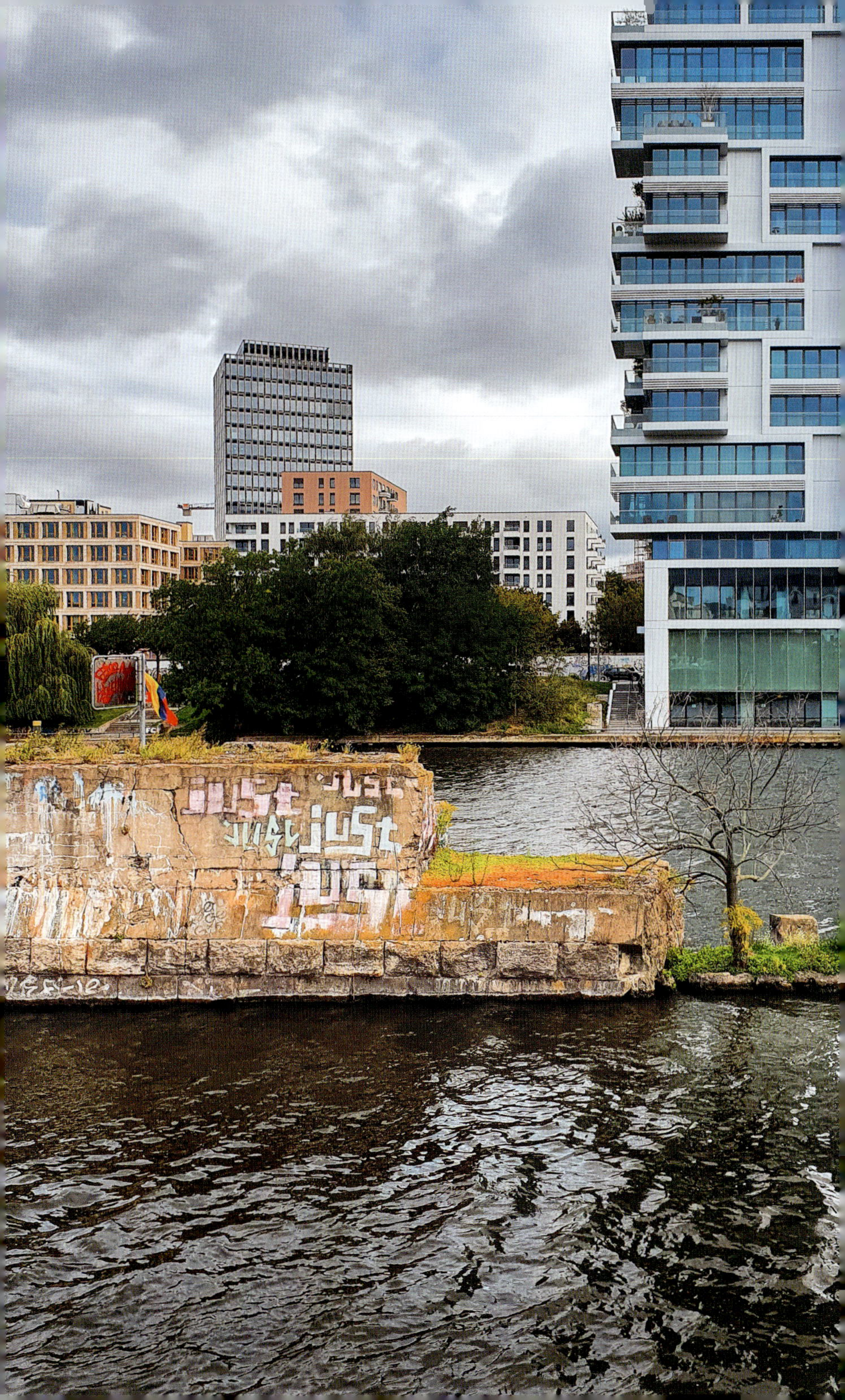
just
just

44

VON WEGEN VENEDIG

BERLINER BRÜCKEN SIND DIE SCHÖNSTEN

Berlin ist eine Stadt mit 960 Brücken und hat somit mehr als doppelt so viele wie Venedig. In unserer wasserreichen Stadt bilden sie wichtige Verbindungen, nicht nur zu den abgelegenen Bereichen, sondern auch zu innerstädtischen Ortsteilen. Denn betrachtet man Berlin aus der Luft, wird man merken, dass selbst Moabit und Treptow in Wahrheit große Inseln sind. Neben den nützlichen und unscheinbaren Berliner Brücken, zählen einige zu weltbekannten Sehenswürdigkeiten, bieten herrliche Aussichten und verwandeln sich am Abend zu beliebten Partylocations.

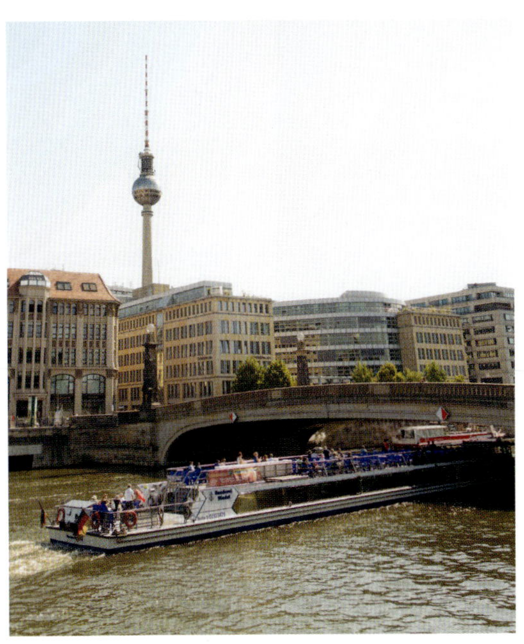

FRIEDRICHSBRÜCKE

SPREE

Auf der Friedrichsbrücke pulsiert das Leben! Im Herzen der Museumsinsel gibt es Live-Musik, Menschen aus aller Herren Länder und jede Menge Sehenswürdigkeiten zu sehen.

ABGEORDNETEN-BRÜCKE

SPREE

Die Brücke zwischen den Parlamentsbauten »Marie-Elisabeth-Lüders-Haus« und dem »Paul-Löbe-Haus« im Regierungsviertel hat bis heute keinen amtlichen Namen. Im Bundestagsjargon wird sie scherzhaft »Beamtenlaufbahn« genannt.

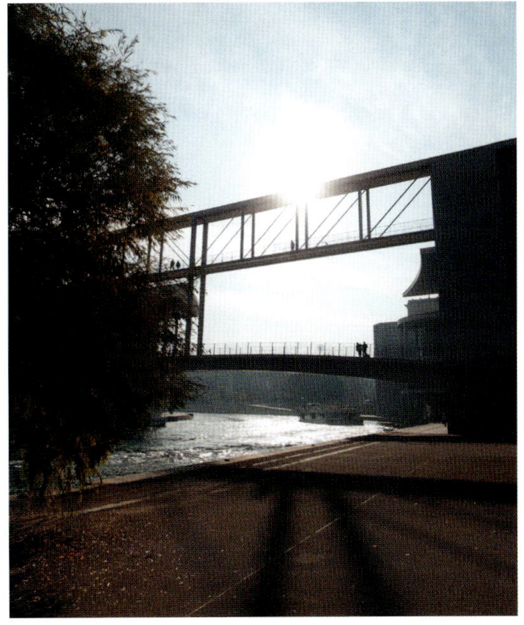

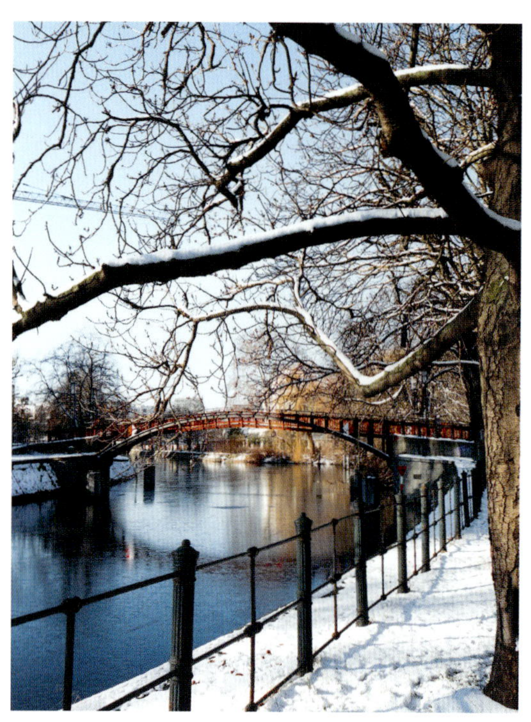

HIROSHIMASTEG

LANDWEHRKANAL

Die auffällig rote Fußgängerbrücke verbindet das Lützowufer mit dem Botschaftsviertel in Tiergarten. Ihren Namen bekam sie als Andenken an die Opfer des Atomangriffs in Hiroshima im August 1945.

STÖSSENSEE-BRÜCKE

STÖSSENSEE

Der Ausblick von der Stößenseebrücke ist herrlich, aber mindestens genauso sehenswert ist der Blick, den man auf der Havelchaussee hinauf zu der Stahl-Fachwerkbrücke bekommt.

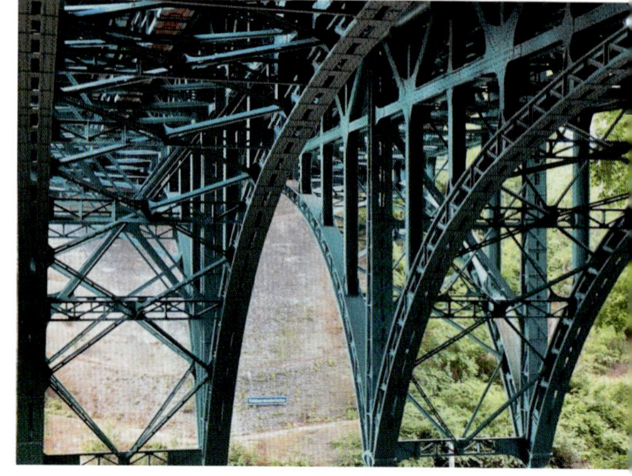

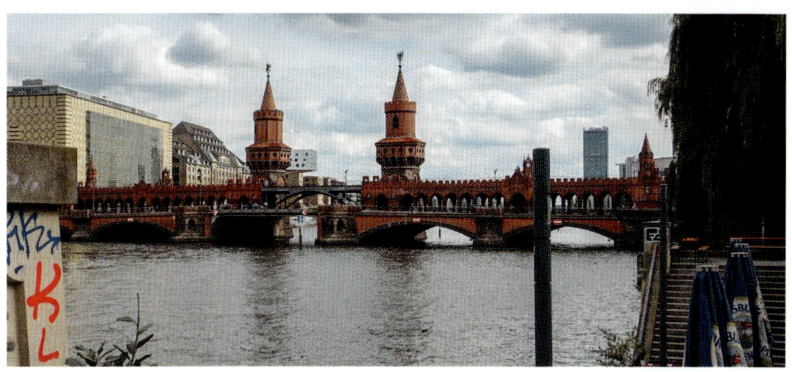

OBERBAUMBRÜCKE

SPREE

Sie ist die imposanteste und bekannteste Brücke Berlins! Die Oberbaumbrücke verbindet die Ortsteile Friedrichshain und Kreuzberg miteinander und ist sogar das Wappen des Bezirks.

GLIENICKER BRÜCKE

HAVEL

Weltweite Berühmtheit erlangte die Brücke durch den Agentenaustausch im Jahr 1986. Das historische Ereignis wurde im Film »Bridge of Spies« mit Tom Hanks inszeniert. Für den Dreh sperrte man die Brücke fünf Tage lang für den Auto- und Radverkehr.

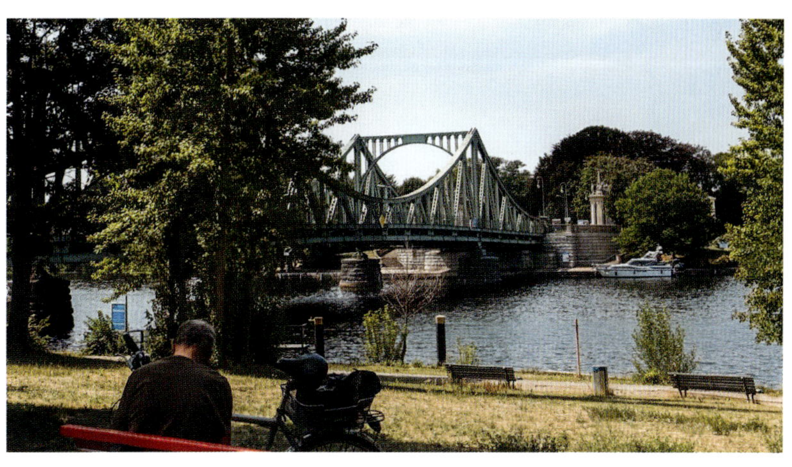

SIEMENSSTEG

SPREE

Die markante Bogenbrücke wurde im Jahr 1900 zur Überquerung über die Spree für die Arbeiter des gegenüberliegenden Industrieviertels erbaut. Eine Besonderheit: Sie überstand den Zweiten Weltkrieg unbeschadet.

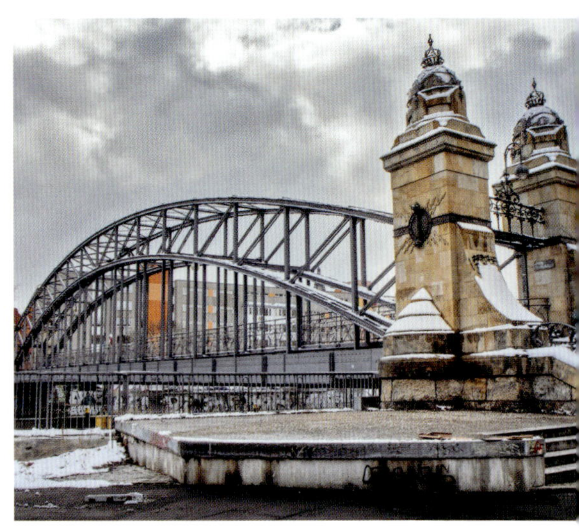

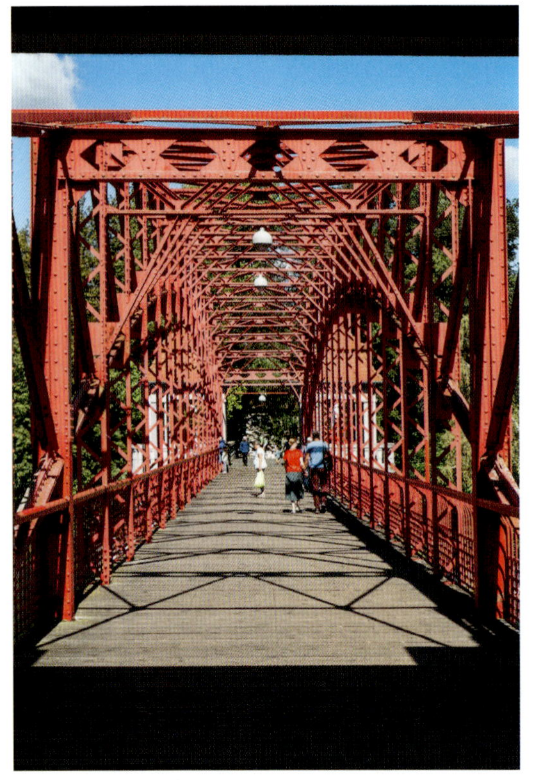

SECHSERBRÜCKE

TEGELER SEE

Einen Sechser, so nannten Berliner das 5-Pfennig-Stück, kostete die Überquerung der Tegeler Hafenbrücke damals. Heute kennt sie jeder nur noch unter ihrem Spitznamen.

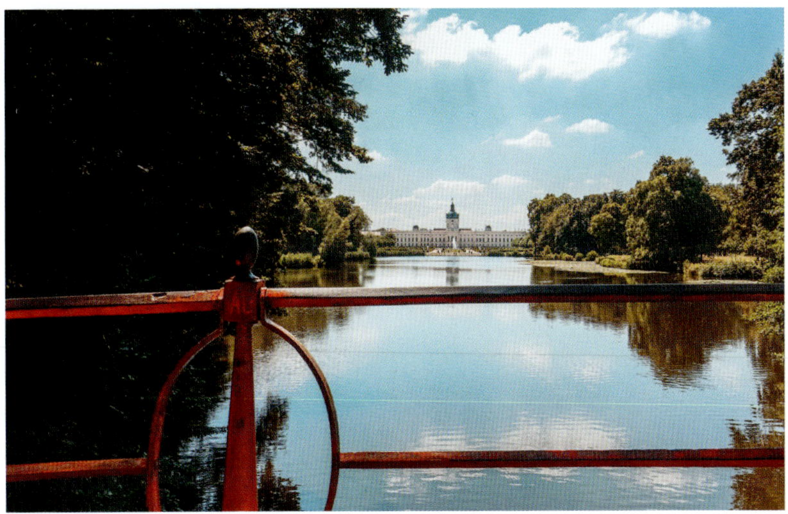

SCHLOSSPARK-BRÜCKE

KARPFENTEICH

Wie viele Heiratsanträge hast du wohl schon erlebt? Auf der Schlossparkbrücke bekommt man den besten Blick auf das prunkvolle Schloss Charlottenburg. Sie ist Berlins zweitälteste Brücke und wurde 1800 in der Königlichen Eisengießerei »Malapane« gegossen.

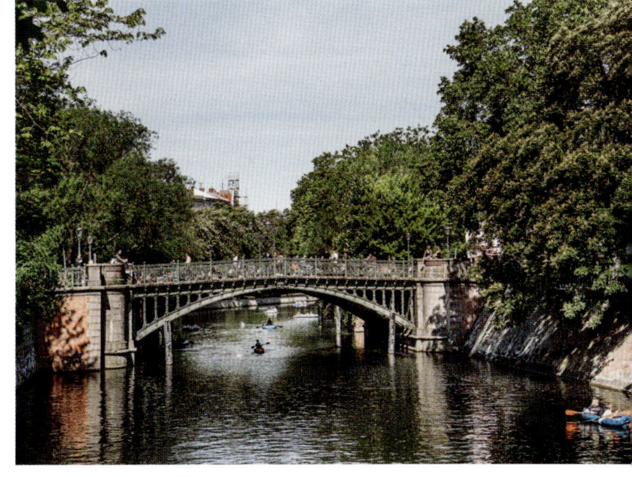

ADMIRALBRÜCKE

LANDWEHRKANAL

Ein Sommerabend auf der Kreuzberger Straßenbrücke gehört schon lange zum festen Bestandteil eines jeden Berliner Städteführers. Die Brücke ist oft so gut besucht, dass sie für Autofahrer nicht mehr nutzbar ist.

45

WASCHBÄREN, RINGELNATTERN UND KRANICHE

MÜGGELSPREEWIESEN

Die Müggelspreewiesen sind ein ausgedehntes Naturschutzgebiet mit artenreichen Wäldern, Badeseen und Mooren. Ausgebaut mit einem guten Wander- und Radnetz bieten sie genug Fläche für einen ganzen Tagesausflug. Je tiefer man in die abgeschiedenen Winkel hineingeht, desto mehr kreucht und fleucht es. Weit über 600 unterschiedliche Blütenpflanzenarten wurden hier gezählt. Tierarten wie Eisvögel, Kraniche und Waschbären nennen das Gebiet ihr Zuhause.

Einer der schönsten Orte ist der Waldsee Krumme Laake. Um ihn zu finden, braucht es das Navigationssystem oder einen Ortskundigen, denn das Kleinod liegt gut versteckt zwischen überfluteten Wiesen im Sumpfgebiet Pelzlaake. Dort konnte sich sogar die seltene Krebsschere ansiedeln. Der kleine Marsch durch die wilde Natur wird belohnt mit einem echten Naturparadies. Hier schaut man den Fröschen bei der Insektenjagd zu und erschreckt sich vor Ringelnattern. Auf den moorigen Wegen kann man sogar ein unterirdisches Fledermausquartier entdecken.

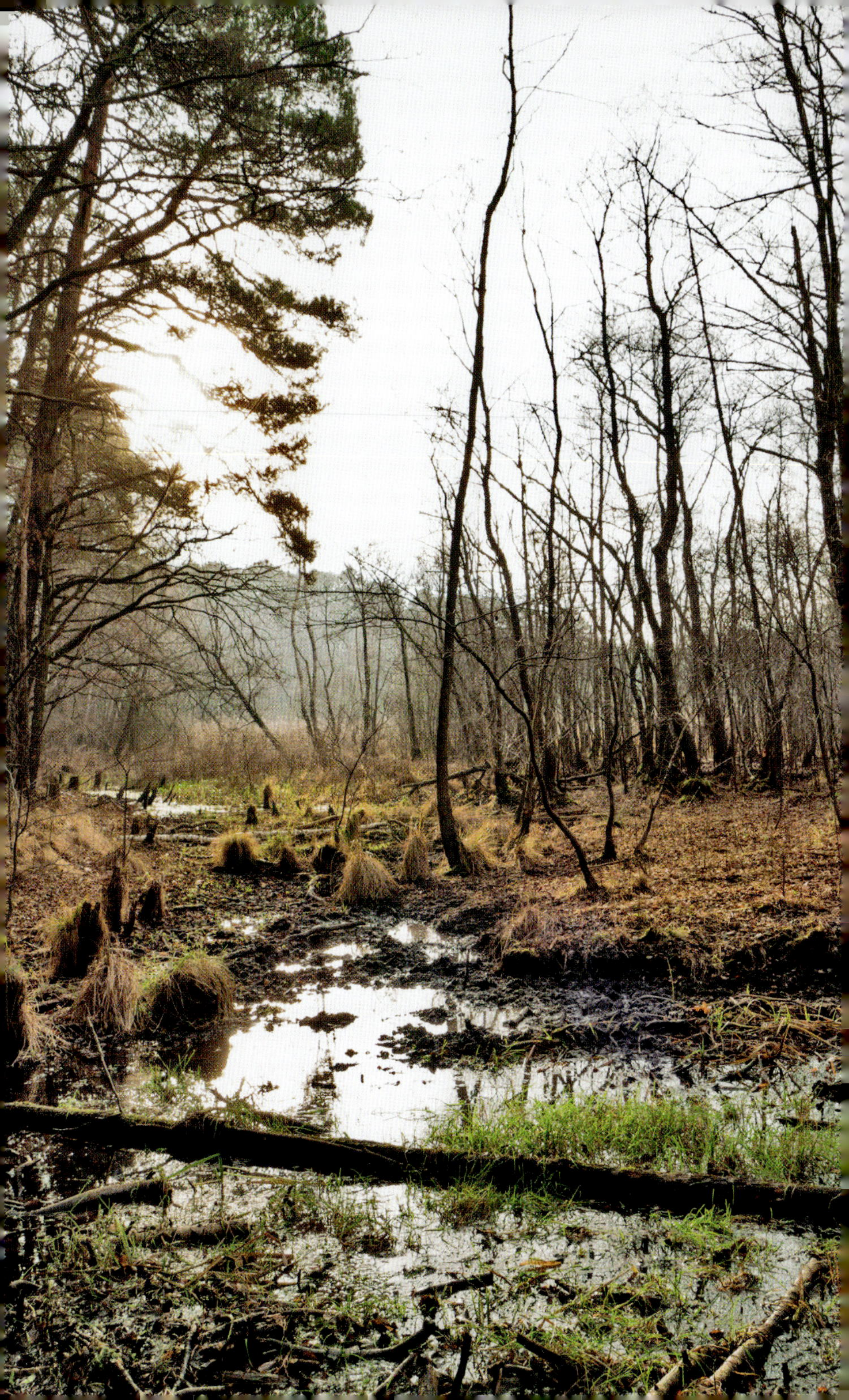

Weitaus weniger abgeschieden, dafür genauso schön, ist der Kleine Müggelsee – der unbekannte Bruder vom Großen Müggelsee. Durch seinen riesigen Nachbarn gerät er oft in Vergessenheit und erlangte nie die verdiente Bekanntheit. Der 15 Hektar große See ist umgeben von einem Rondell aus Kiefern, die auch an kalten Tagen für einen windfreien Aufenthalt sorgen. Am Sandstrand herrscht ein leichtes Gefälle, das hinab zum Wasser führt und einen förmlich zum Baden auffordert. Bloß keine Scheu! Der Kleine Müggelsee ist offizielles Badegewässer und verfügt über eine hervorragende Wasserqualität. Am Nordufer steht ein Beachvolleyballfeld mit einer herrlichen Aussicht auf das schimmernde Gewässer bereit. An besonders warmen Tagen legt ein kleines Imbiss-Floß am Ufer an und versorgt die Gäste mit Grillfleisch und Eis.

Parkplatz am Kleinen Müggelsee: Odernheimer Straße – 52.428400, 13.682208
Nächstgelegene ÖPNV: ›Odernheimer Str.‹ (Bus 169)

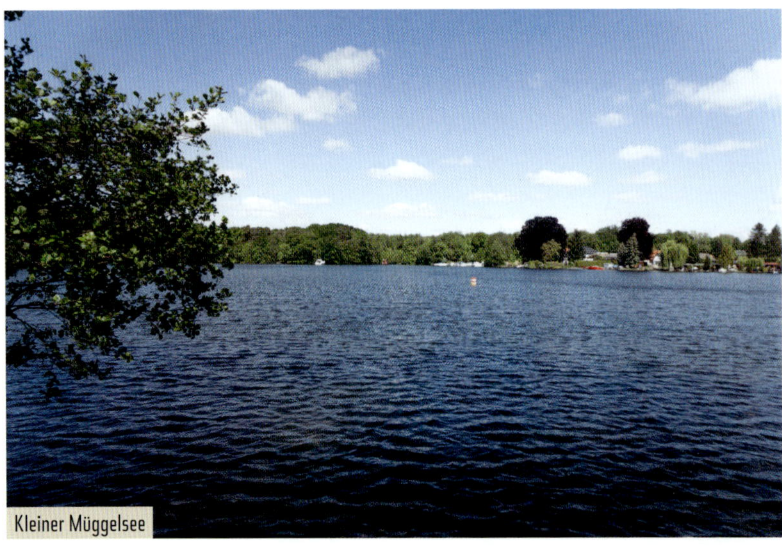
Kleiner Müggelsee

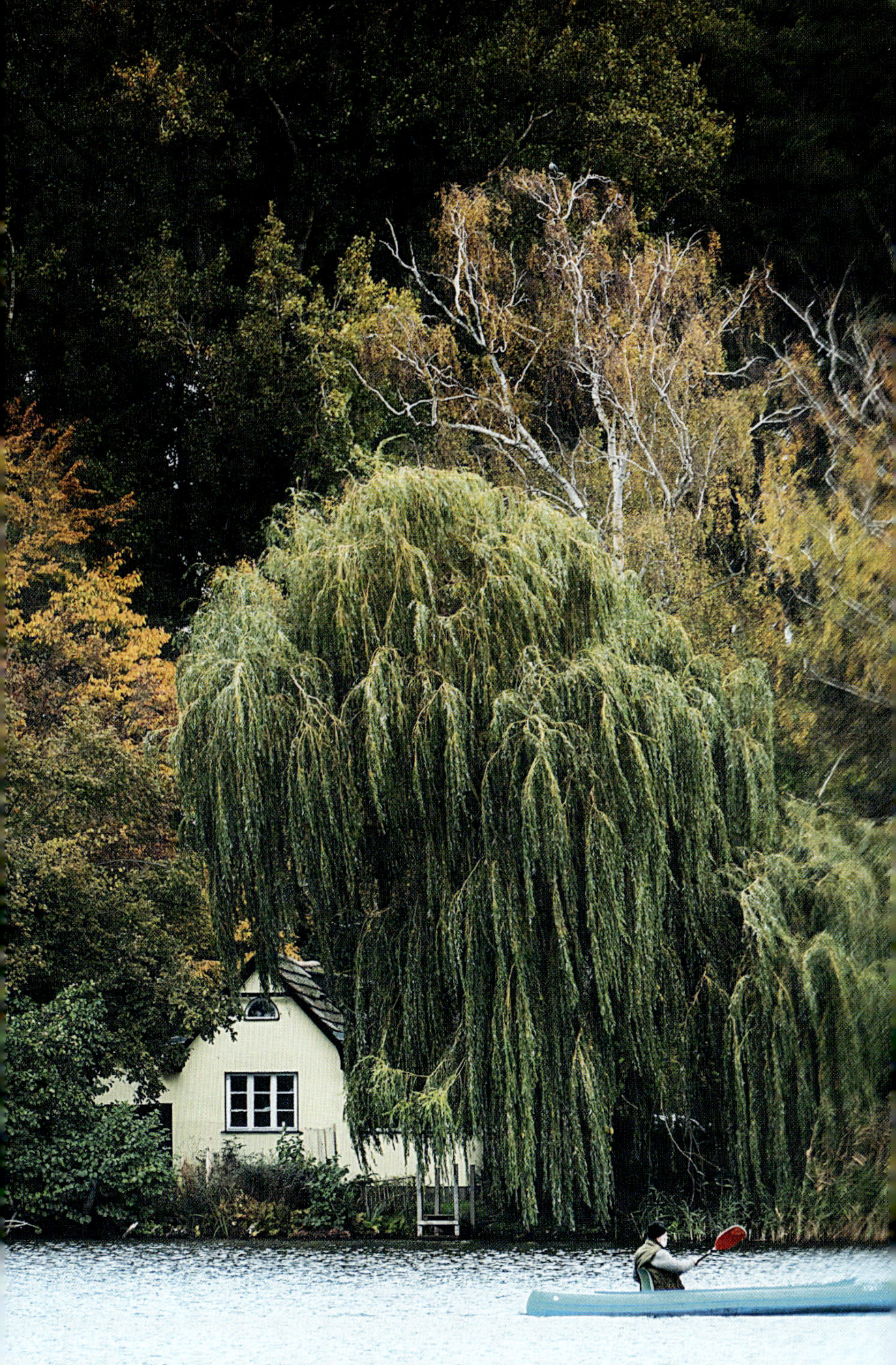

Die Insel Entenwall

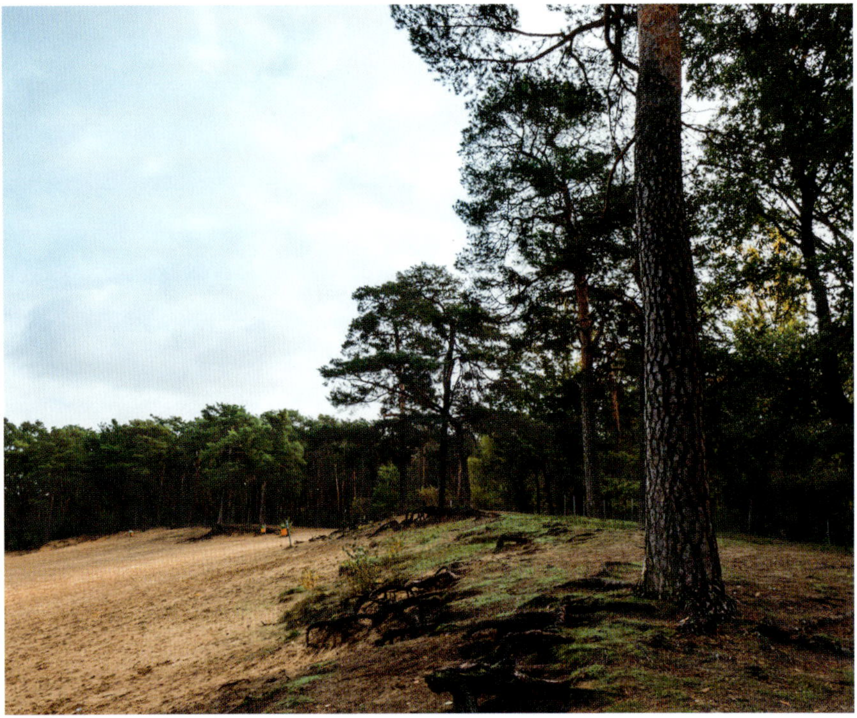

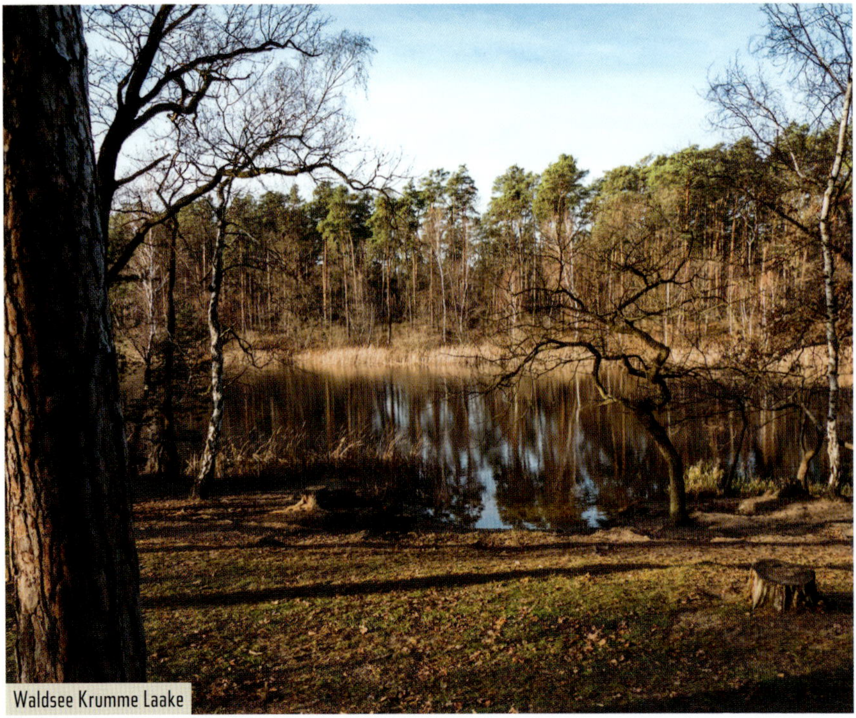

Waldsee Krumme Laake

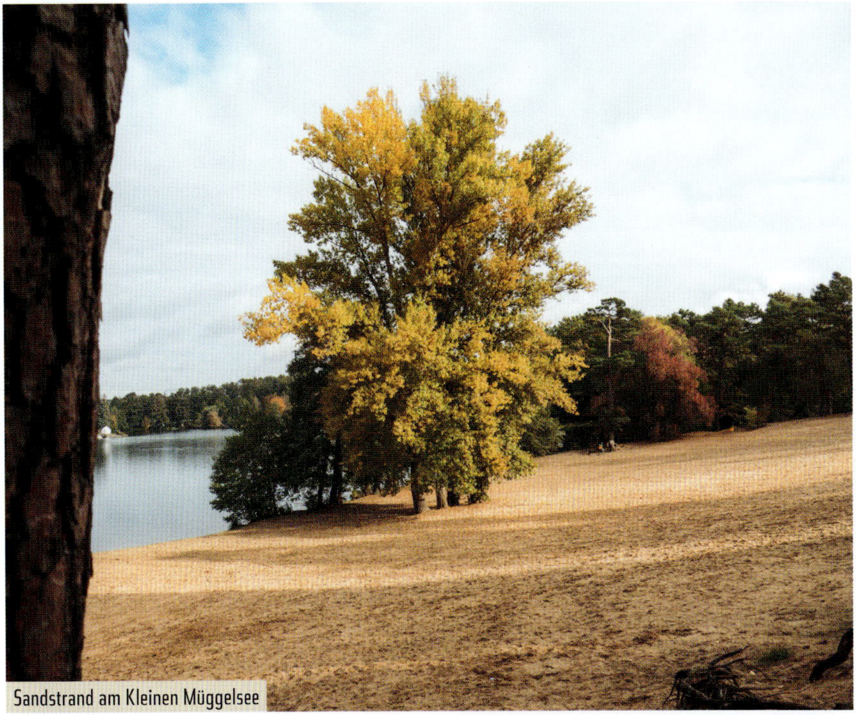

Sandstrand am Kleinen Müggelsee

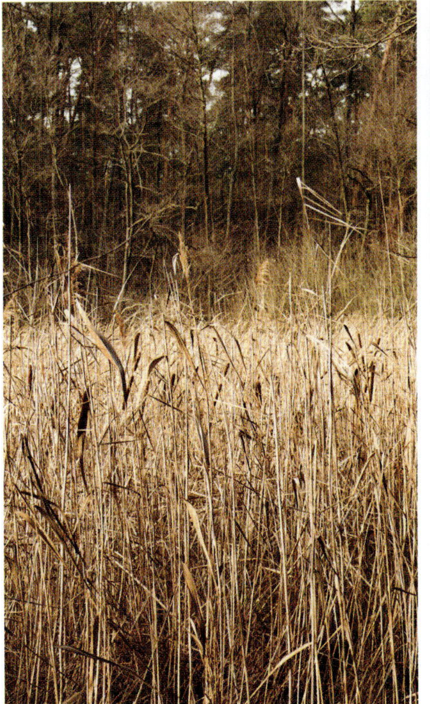

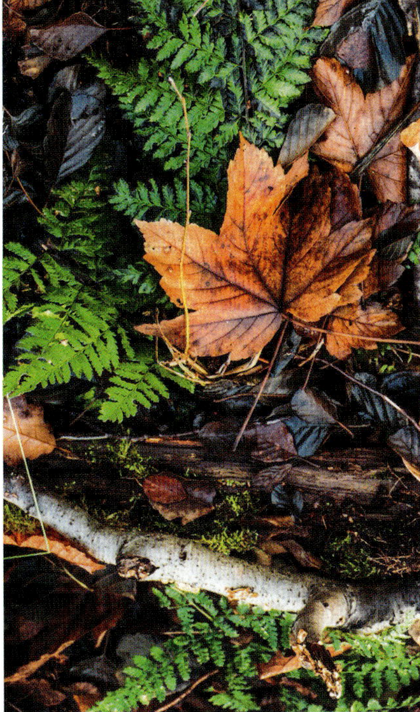

46

WER FINDET ALLE 106 FABELWESEN?

MÄRCHENBRUNNEN

Wie wäre es mit einem Picknick neben Schneewittchen oder einem Sonnenbad zwischen Hänsel und Gretel? Was nach einem schlechten Scherz klingt, ist am Märchenbrunnen Alltag. Die Brunnenanlage im neobarocken Stil ist einer der Höhepunkte im beliebten Volkspark Friedrichshain. Über 100 bekannte Figuren aus Märchen und Sagen verzieren den sprudelnden Wasserbrunnen. Einige sind nicht zu übersehen, andere gut versteckt und gar nicht so leicht zu finden.
Durch ein großes Steintor gelangt man zu einem weiteren Abschnitt, der weitaus grüner und üppig von Pflanzen bewachsen ist. Auch hier steht ein Springbrunnen mit sprudelndem Wasser im Mittelpunkt, der für eine entspannte Geräuschkulisse sorgt.
Bereits die Eröffnungsfeier im Jahr 1913 schaffte es, die sonst so kritischen Berliner zu verzaubern. Die Tageszeitungen sprachen von »ungeheuren Besucherzahlen in einem Umfang, die es auf diese Weise zuvor noch nicht gab«. An der Beliebtheit hat sich bis heute nichts geändert. Der Märchenbrunnen ist immer noch ein Ort für Träumer und Ruhesuchende und die perfekte Kulisse für ein Märchenbuch mit den Kindern. Unter hohen Bäumen und zum Plätschern der Fontänen verwandeln sich die Bücher der Gebrüder Grimm in Abenteuer zum Anfassen.

Parkplatz: Friedenstraße – 52.527409, 13.426505
Nächstgelegene ÖPNV: ›Am Friedrichshain‹ (Tram 50, M1 und M2 sowie Bus 142 und 200)

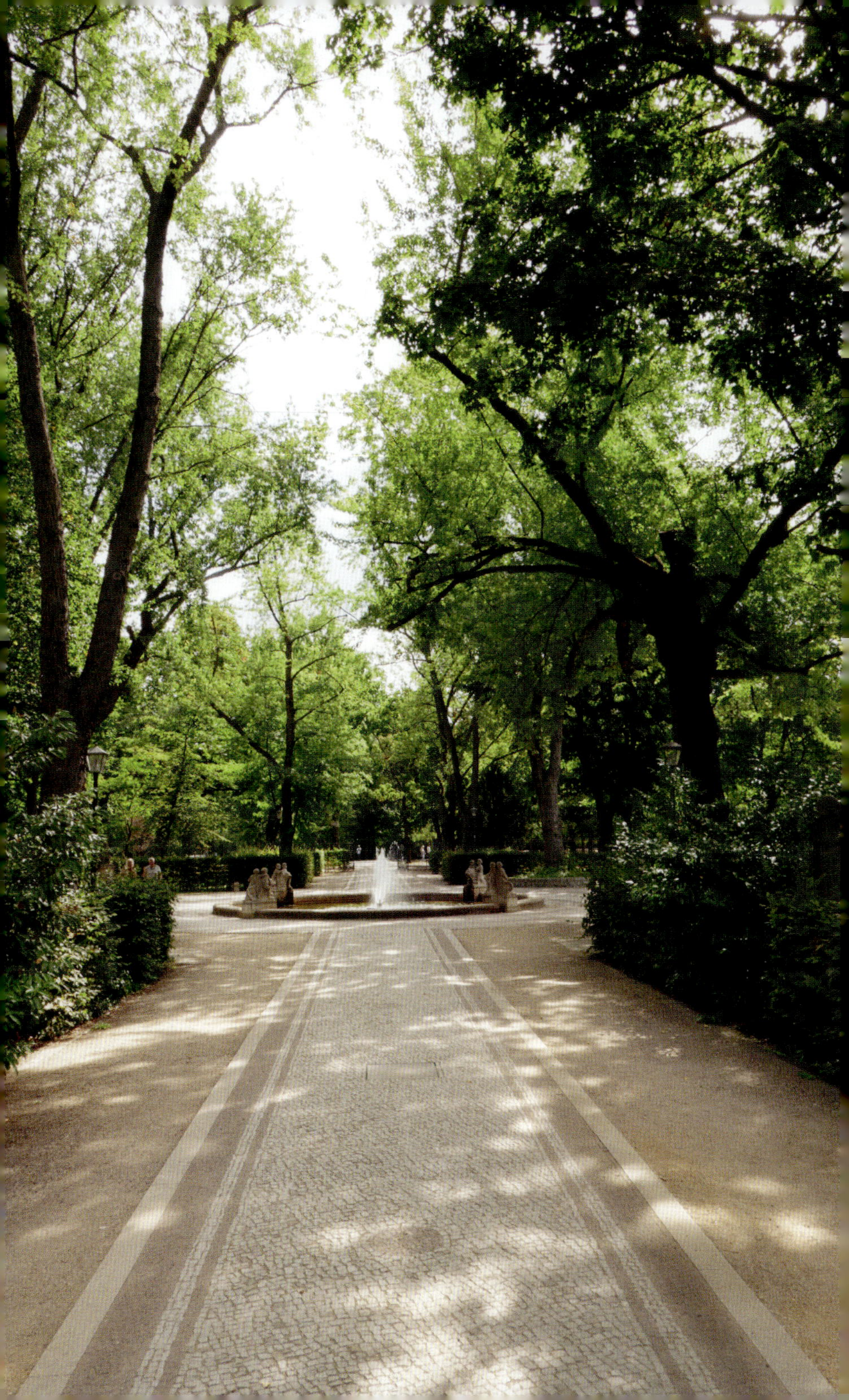

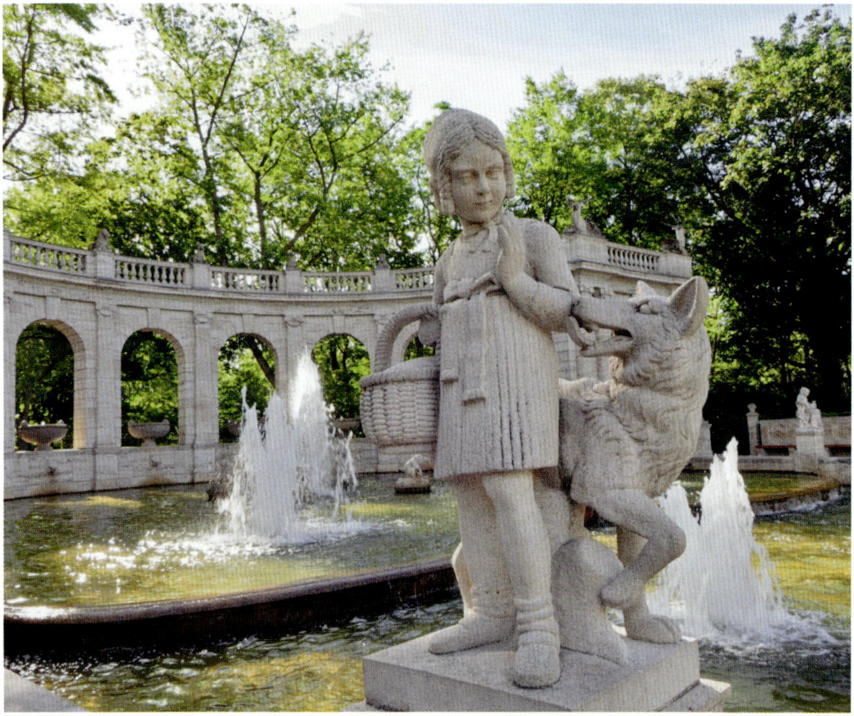

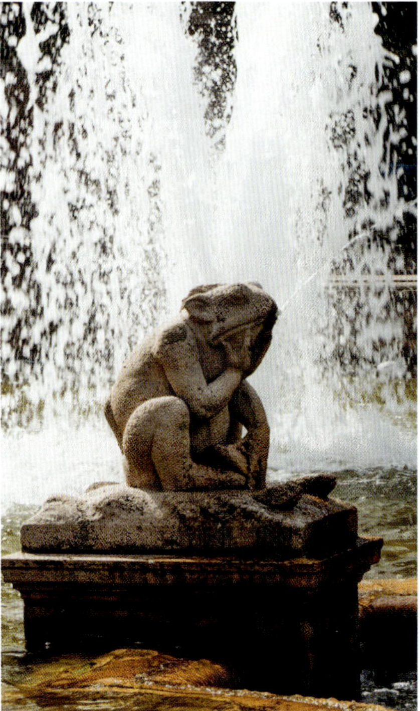

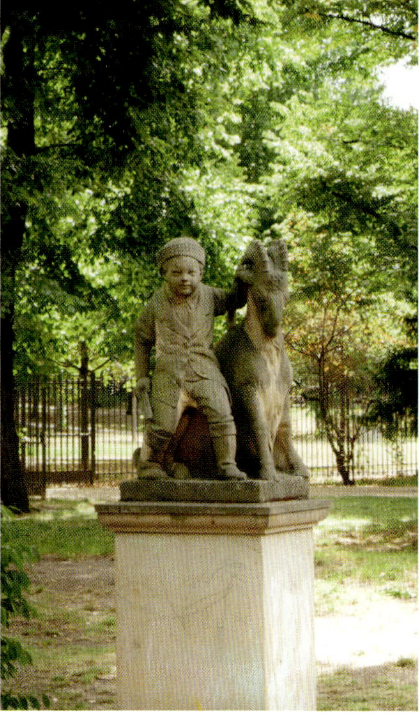

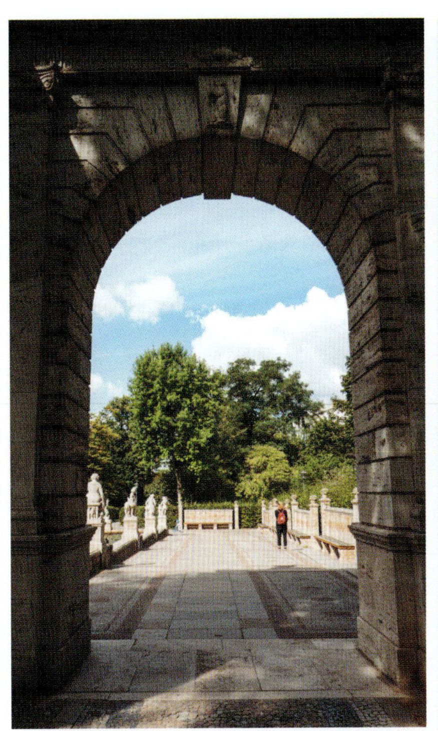

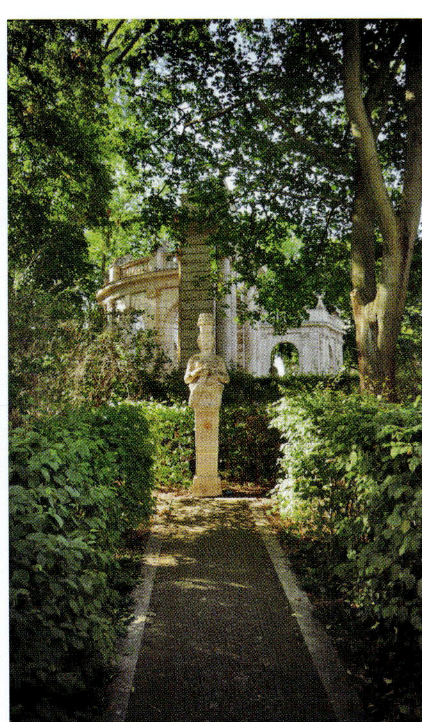

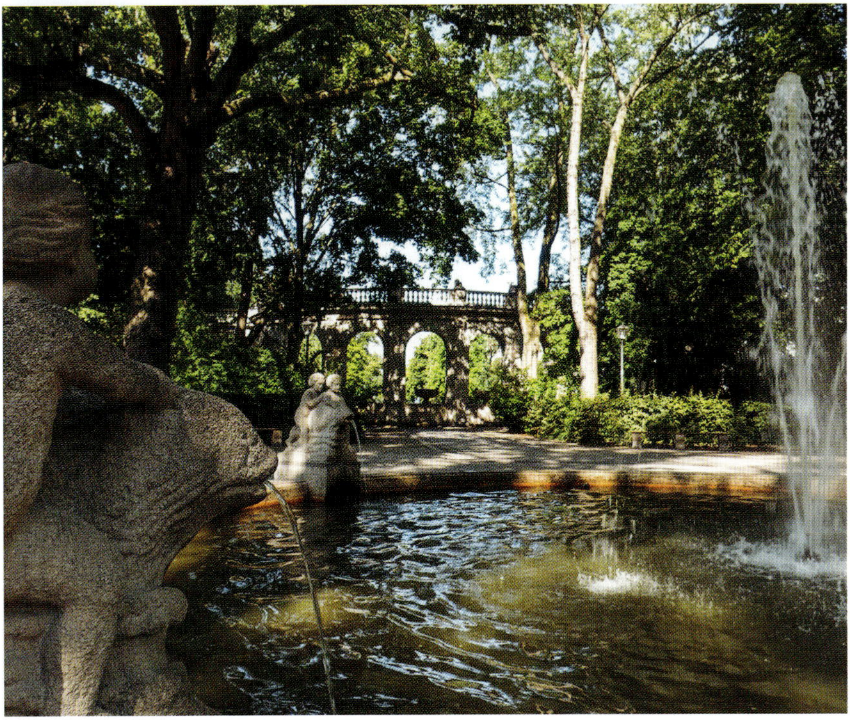

47

WIE SNOWBOARDEN IN FRISCH GEFALLENEM PULVERSCHNEE

HYDROFIL BERLIN

Viele haben es noch gar nicht bemerkt, denn noch etwas im Verborgenen findet gerade eine regelrechte Wassersport-Revolution statt. Fast jeder Wassersportler, der etwas von sich hält, schraubt gerade ein Foil unter das Brett seiner Wahl.
Kitefoilen, Surffoilen, Windsurffoilen, SUP-Foilen, Wakefoilen, Wingfoilen etc. sind alle stark im Kommen. Leider sind all diese Sportarten oft für fortgeschrittene Wassersportler gedacht und auch dann schwieriger zu lernen, und benötigen viel Einsatz und auch den nötigen Durchhaltewillen. Beim Efoilen hingegen merkt man sehr schnell, wie faszinierend das Foilen sein kann. Quasi auf Knopfdruck! Und wenn man einmal das Gefühl fürs Foilen hat, dann kann man das gerne auf seinen Wunschsport übertragen. Oder man bleibt halt beim Efoilen. Der große Vorteil? Man kann es jederzeit machen – no wind, no waves? No problem! Hinzu kommt, dass man es auch direkt vor unserer Haustür – also auf den Berliner Gewässern – machen kann. Ist der Einstieg einmal gemacht, sind dem Efoilen kaum Grenzen gesetzt und auch fortgeschrittene Wassersportler merken, welche Optionen sich erst durch das Efoilen ergeben. Wer das nicht glaubt, soll einfach mal Wellenreiten mit dem Efoil ausprobieren – und ja, Bootswellen reichen schon. Und wer vorher wissen will, wie es sich anfühlt: Wie Snowboarden in frisch gefallenem Pulverschnee oder wie Wellenreiten, nur eben ohne Welle. Glaubt ihr nicht? Ausprobieren könnt ihr es bei Hydrofil, schaut gerne mal am Müggelsee (und im Sommer auch am Wannsee oder in Binz) vorbei.

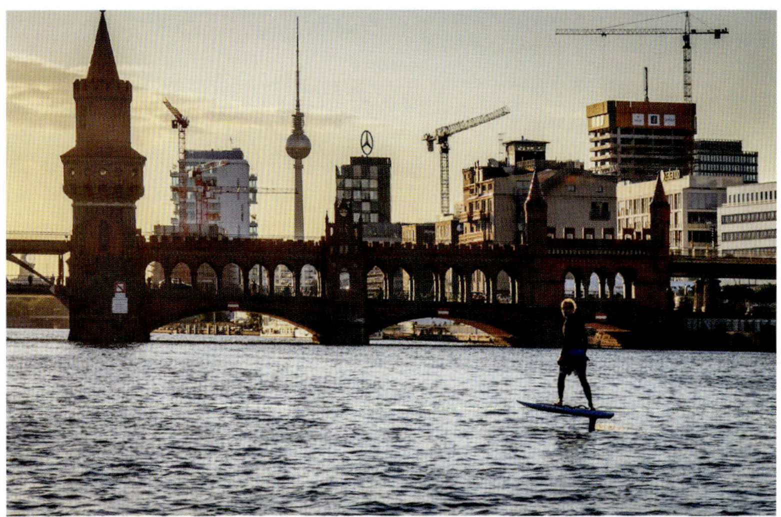

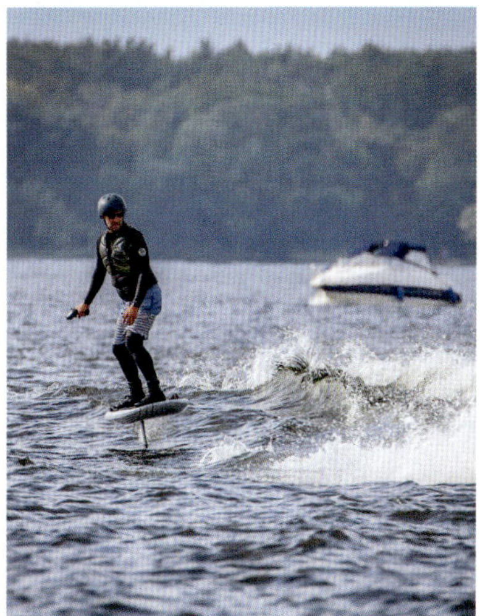

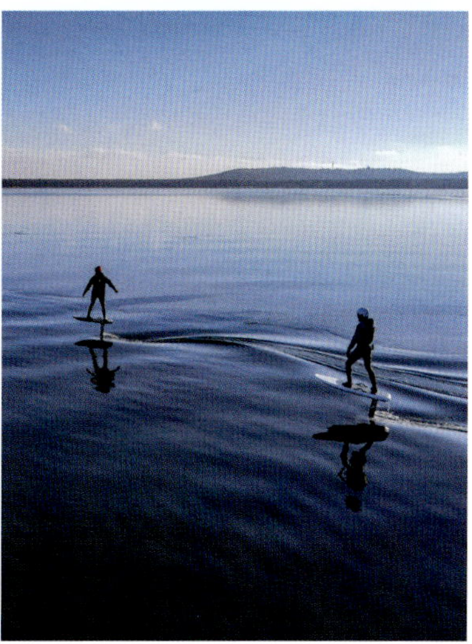

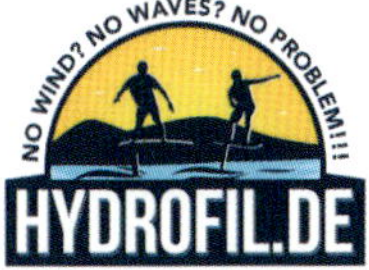

Kontakt: www.hydrofil.de • Instagram: @hydrofil.de • Telefon/Whatsapp: 015233592149
Adresse Müggelsee: Seebad Friedrichshagen, Müggelseedamm 216, 12587 Berlin

48

WILDSCHWIMMEN – NATURBADEN IN DER STADT

DIE NEUN SCHÖNSTEN ORTE

Wildschwimmen ist die natürliche Alternative zu Frei- und Hallenbädern und erfreut sich immer größerer Beliebtheit. Kaum eine andere Metropole bietet solch eine große Auswahl wilder Badeseen. Sie verstecken sich in den Tiefen der Berliner Wälder, weit entfernt vom Trubel der Stadt. Um sie zu erreichen, muss man über Berge wandern oder in alte Fischerdörfer fahren.
Anstatt in ein überfülltes Chlorbecken, taucht man hier unter Seerosen und spürt die Unterwasserwelt an den Füßen. Beim Baden in der Natur sieht man Fischreiher, sonnt sich auf feinem Sandstrand und genießt herrliche Ausblicke. Ganz gleich, ob man ein paar Bahnen am Morgen ziehen oder den Sonnenuntergang bis zum Hals im kühlen Nass genießen möchte: Hier gibt es keine Öffnungszeiten, kein Saisonende und nie das falsche Wetter.

Bei den Orten handelt es sich um offizielle Badegewässer des Landes Berlin (abgesehen vom Crossinsee, da er sich vornehmlich in Brandenburg befindet). Über ihre aktuellen Wasserqualitäten kann man sich hier informieren: berlin.de/lageso/gesundheit/gesundheitsschutz/badegewaesser

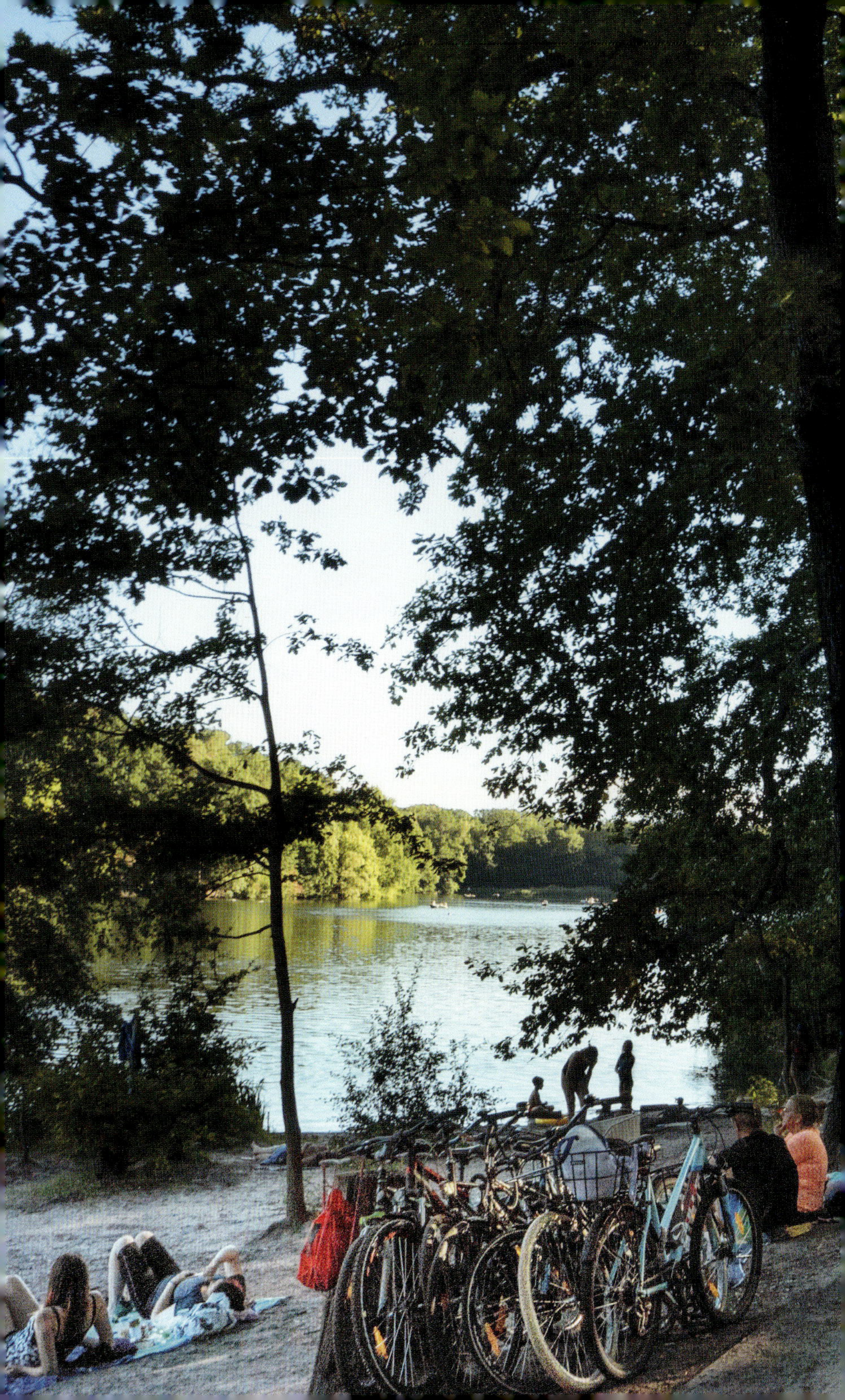

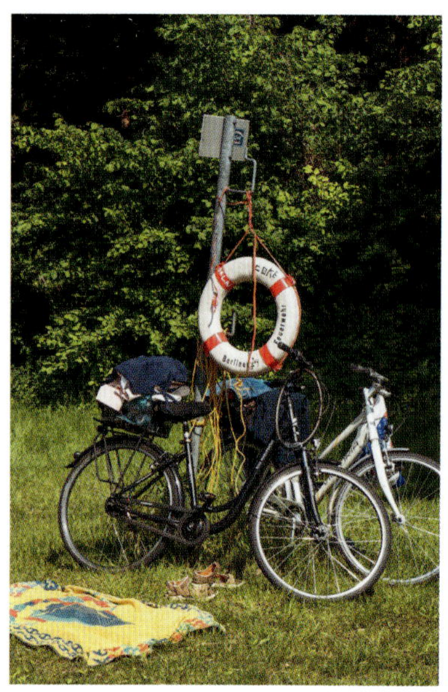

BÜRGERABLAGE

- abgeschirmt von der Großstadt, mitten im Wald
- angrenzendes Jagdhaus mit Biergarten
- Verleih von Liegestühlen und Sonnenschirmen

Spandau
52.584987, 13.211292

FLUGHAFENSEE

- Berlins tiefster See (34 Meter)
- separater FKK-Strand im Norden
- ruhig gelegen an einem Vogelschutzreservat

Reinickendorf
52.568365, 13.283903

GROSSE KRAMPE

- Berlins abgelegenste Badestelle
- natürlicher Sandstrand mit schattigen Plätzen
- versteckte Bucht in den Tiefen des Köpenicker Forsts

Treptow-Köpenick | 52.396931, 13.653035

NORD-CROSSINSEE

- sehr beliebt bei zutraulichen Schwänen
- flacher Einstieg und angrenzender Spielplatz
- Bootsverleihstation und Restaurant in der Nähe

Treptow-Köpenick
52.367709, 13.686964

BADESTELLE PFAUENINSEL

- liegt nicht auf, sondern gegenüber der Pfaueninsel
- freie Sicht auf den Grunewaldturm und Teufelsberg
- traumhafte Atmosphäre auf einem 15 Meter langen Steg

Steglitz-Zehlendorf
52.429811, 13.129642

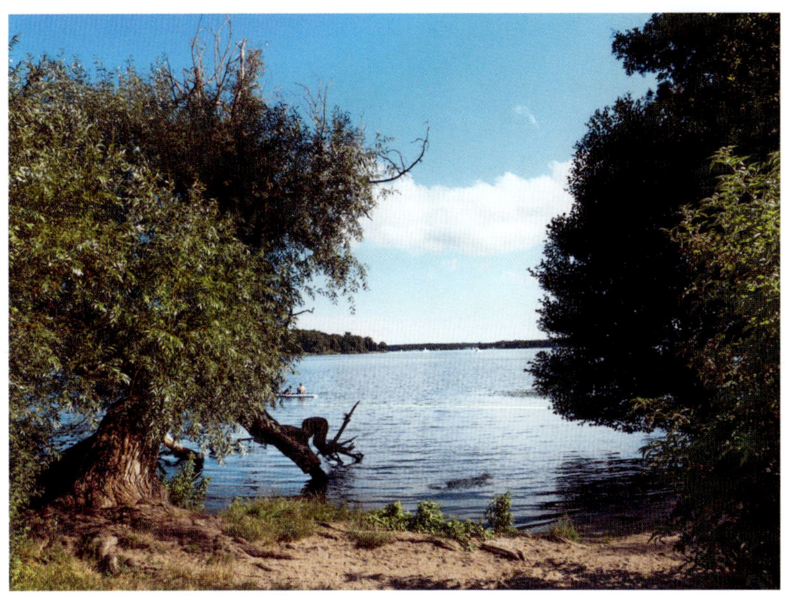

HALBINSEL SCHILDHORN

- abgelegen, an der Nordspitze der Halbinsel
- Sand- und Rasenstrand mit langem Holzsteg
- weitreichende Sicht auf Pichelswerder und Gatow

Charlottenburg-Wilmersdorf
52.496686, 13.196463

STRANDBAD MÜGGELSEE

- Atmosphäre wie am Meer
- feiner Sandstrand auf über 300 Metern Länge
- Strandsport: Beachvolleyball und Beachbasketball

Treptow-Köpenick
52.444863, 13.675826

SEDDINSEE

- umgeben von Wald- und Sumpfgebieten
- sehr natürlich und besonders artenreich
- Baden ist überall erlaubt – keine vorgegebene Badestelle

Treptow-Köpenick
52.384844, 13.679999

TEUFELSSEE (GRUNEWALD)

- naturbelassen, inmitten des Grunewalds
- schwimmende Plattform in der Seemitte
- Wildschweine besuchen die Badestelle am Tage

Charlottenburg-Wilmersdorf
52.490712, 13.234526

49

ZU BESUCH BEIM HAUPTMANN

ALTSTADT KÖPENICK

Berlin ist laut, hektisch und nicht erholsam! Wer das behauptet, war noch nie in der Köpenicker Altstadt. Vielleicht liegt es am Alter Köpenicks, dass hier alles etwas gemächlicher läuft. Denn über die ehemalige *Fischerstadt Cöpenick* findet man bereits Erwähnungen aus dem Jahr 1210.

Bei einem Gang durch die Altstadt überdenkt man seine Vorurteile gegenüber Berlin ganz schnell. Fischereien, frisches Gemüse vom Markt, Wasserschlösser und historische Denkmäler, alles auf einem Fleck – das ist eben auch Berlin.

Mit etwas Glück bekommt man sogar den Hauptmann von Köpenick zu Gesicht! Die Geschichte des Hochstaplers ist weit über die Stadtgrenzen hinaus bekannt und wurde mehrfach verfilmt. Eine verkleidete Version der Berliner Legende stolziert tagsüber durch die Straßen und sorgt für große Freude bei den Passanten.

Parkplatz Altstadt Köpenick: Schüßlerplatz – 52.445612, 13.577117

Nächstgelegene ÖPNV: ›Rathaus Köpenick‹ (Tram 27, 37 und 61 sowie Bus 162 und 164)

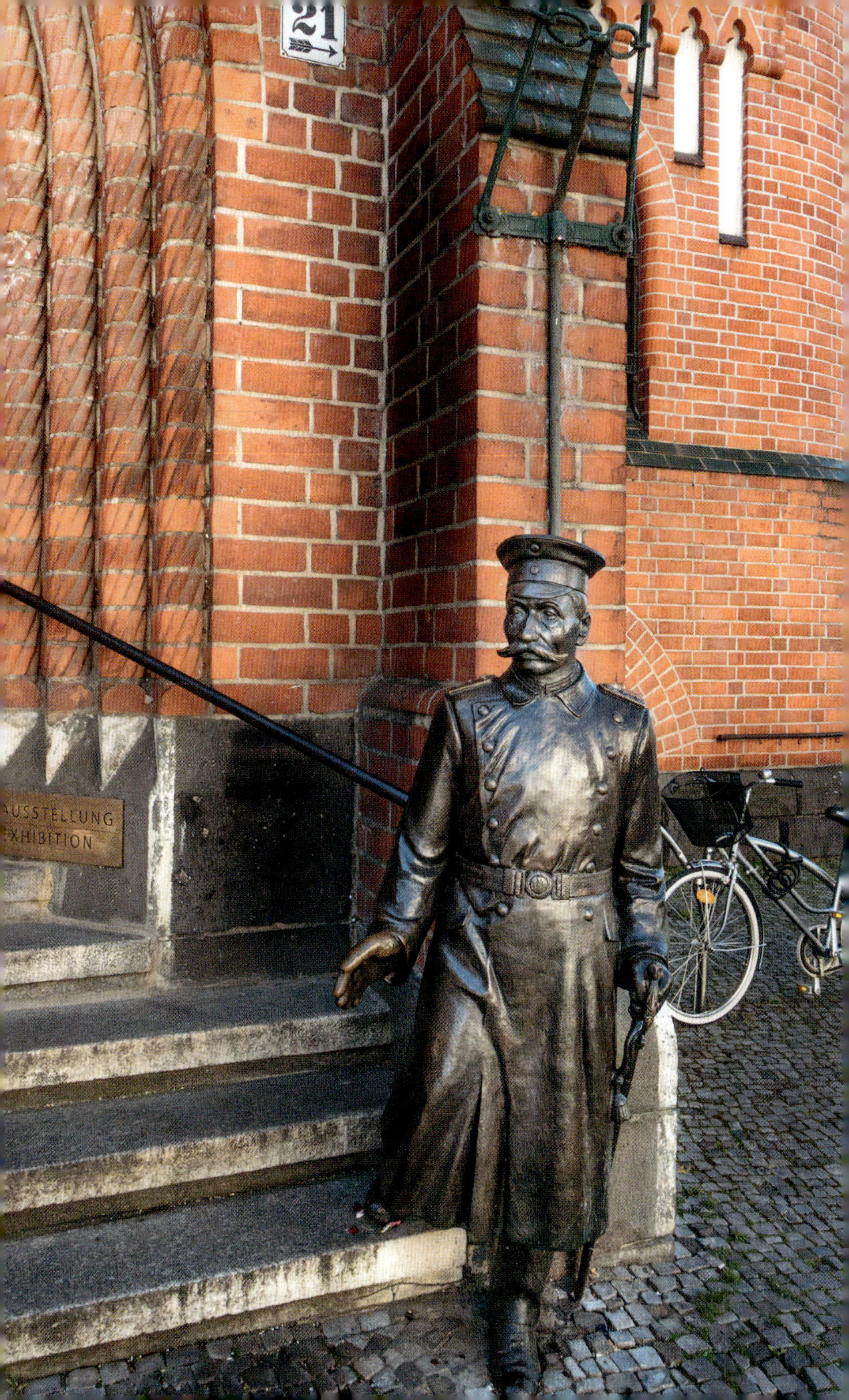
21
AUSSTELLUNG
EXHIBITION

SCHLOSSINSEL

Nur über eine hölzerne Brücke bekommt man Zutritt auf die zwei Hektar große Insel, die für viele der schönste Ort Köpenicks ist. Die kleine Grünanlage im englischen Landschaftsstil beherbergt das Schloss Köpenick – das einzige Barockschloss Berlins im Originalzustand. Um die Insel führt ein Rundweg, auf dem man einen ständigen Blick auf die Dahme und zahlreiche Wassersportler bekommt. Auf den gepflegten Rasenbereichen picknicken Familien, Kinder spielen Verstecken zwischen Blumenbeeten. Im Schlosscafé gibt es Kuchen und Fischspezialitäten bei einer wunderschönen Aussicht.

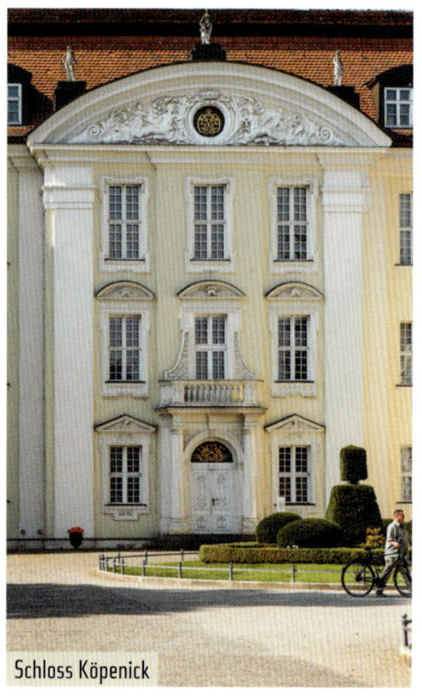

Schloss Köpenick

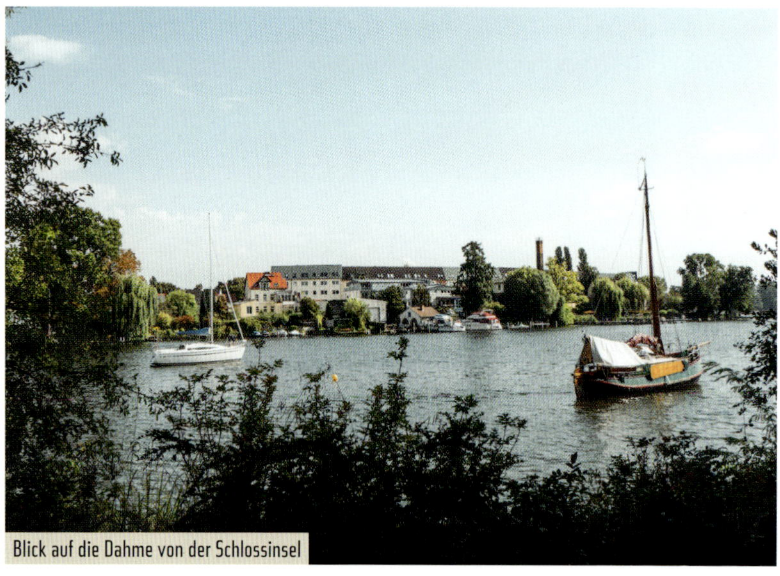

Blick auf die Dahme von der Schlossinsel

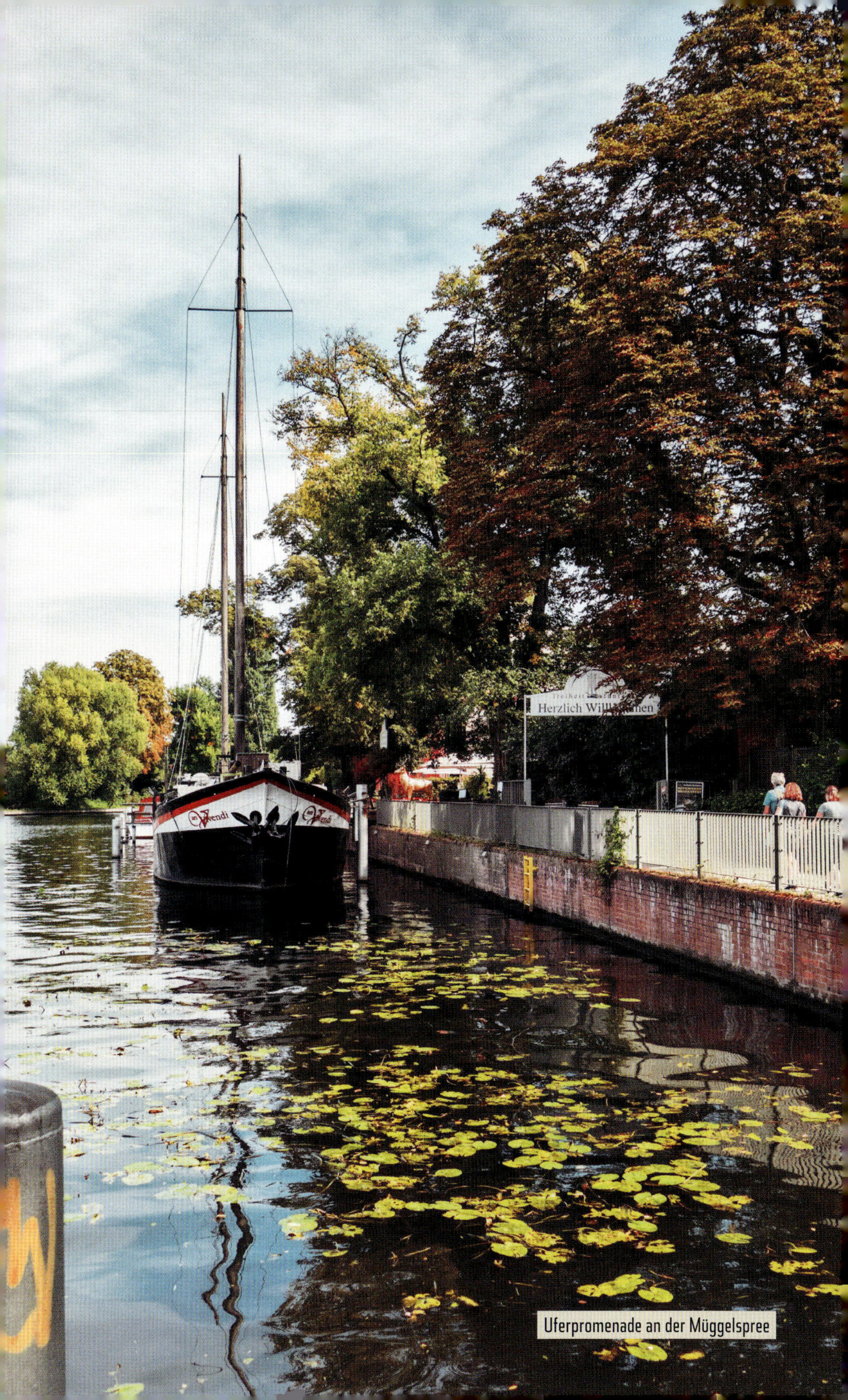

Uferpromenade an der Müggelspree

KIETZ

Die verwinkelte Straße ist mit grobem Kopfsteinpflaster bedeckt und das warme Licht der Laternen verwandelt die alte Fischersiedlung zum Abend in eine echte Filmkulisse. Bunt bemalte Fensterläden aus Holz, Rankpflanzen und kleine Fisch- und Handwerkssymbole schmücken die Hausfassaden. Mit wachem Auge erkennt man die Vergangenheit deutlich, auch wenn drumherum nichts mehr ist wie damals.

Durch die *Breite Gasse*, an deren Gemäuer wilder Wein wächst, gelangt man zu einer versteckten Holzbank an der Dahme. Die Aussicht auf das Wasser, die vorbeifahrenden Boote und das gegenüberliegende Schloss Köpenick sind ein echter Urlaub für die Augen.

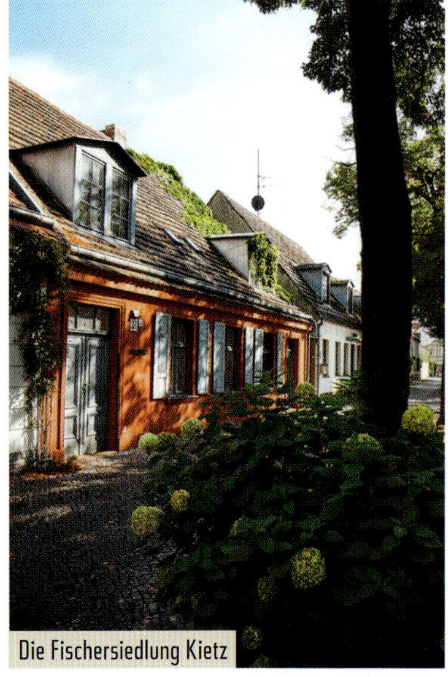
Die Fischersiedlung Kietz

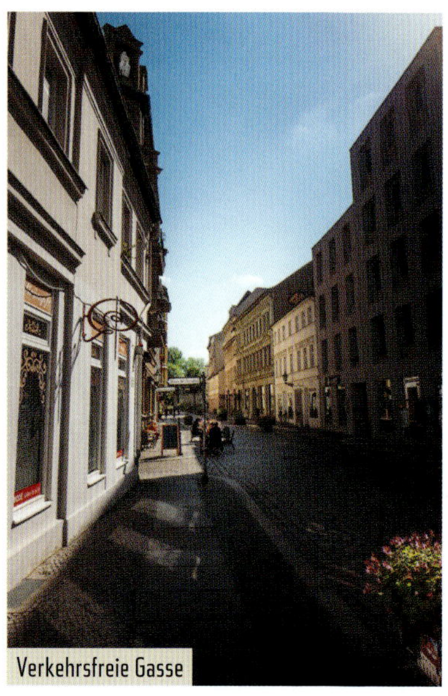
Verkehrsfreie Gasse

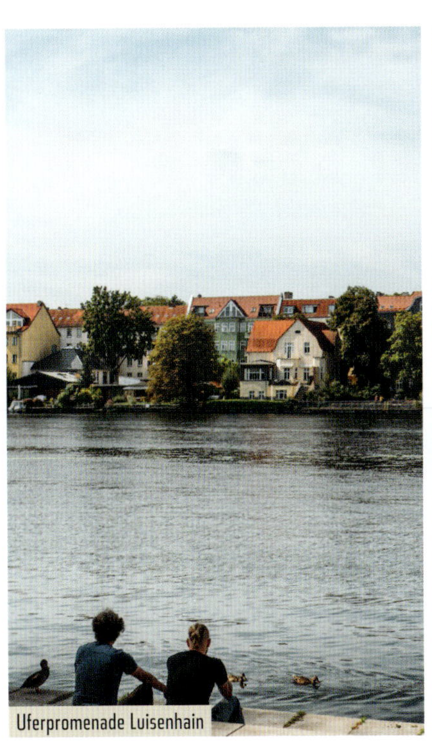

Uferpromenade Luisenhain

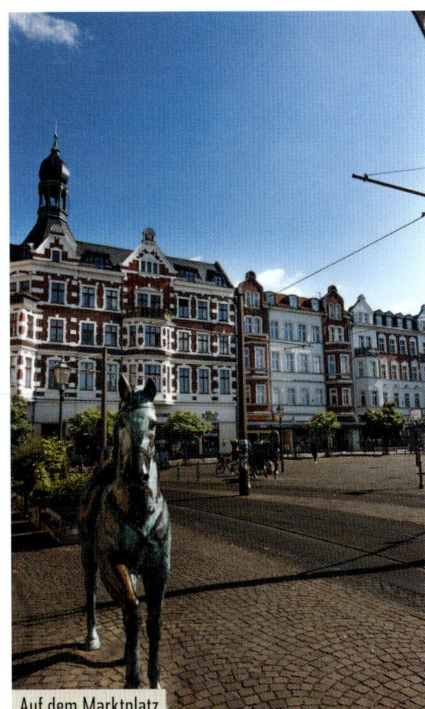

Auf dem Marktplatz

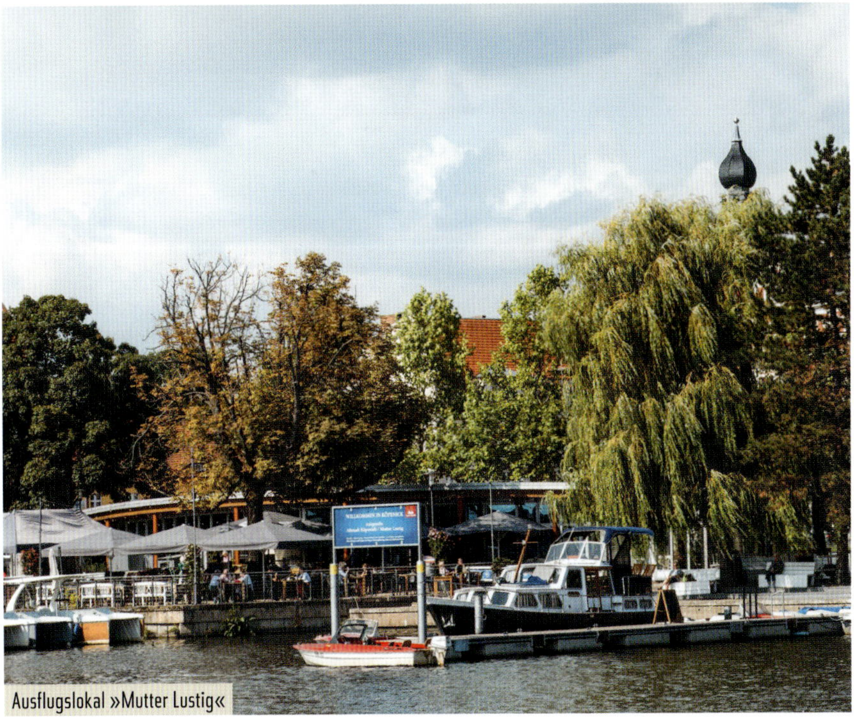

Ausflugslokal »Mutter Lustig«

50
ZWISCHEN ZWEI SEEN + WALDBADEN

LANDZUNGE NEU FAHRLAND UND DER KÖNIGSWALD

Neu Fahrland ist eine drei Quadratkilometer große Halbinsel bei Berlin und grenzt an fünf Seen. Laut oder hektisch ist es hier an keinem Ort, doch so richtig erholsam wird es erst auf der knapp 500 Meter langen Landzunge (52.443859, 13.024948). Auf einem nur zwölf Meter breiten Streifen steht man zwischen dem Fahrlander See auf der einen und dem Weißen See auf der anderen Seite, der im weiteren Verlauf zum Sacrow-Paretzer-Kanal übergeht. Die Aussicht ist traumhaft! Unter Birken und raschelndem Schilfrohr, das an den steinigen Uferrändern wächst, kann man ungestört zwischen zwei Seen schlendern und den Alltag vergessen. Am Ende der Landzunge wartet ein Aussichtspunkt mit einem herrlichen Blick auf Wasser so weit das Auge reicht. Da es hier weder Geschäfte, geschweige denn Restaurants, gibt, ist die Mitnahme von Proviant empfehlenswert. Einen besseren Ort für ein Picknick bekommt man nämlich selten geboten. Immer noch nicht entspannt genug? Es geht noch weiter. Wer mit dem Auto zurück nach Berlin fährt, gelangt auf die Bundesstraße Potsdamer Chaussee, die mitten durch die Döberitzer Heide und den Königswald verläuft. Der Königswald ist eher für seinen südlichen Teil bekannt, in dem sich der Sacrower See und die Heilandskirche befinden, die regelmäßig in Filmen auftaucht. Der Norden hingegen ist selbst am Wochenende menschenleer und schon fast unheimlich still. Das beste Rezept gegen Stress lautet daher: Die Landzunge Neu-Fahrland am Morgen und eine große Portion Waldbaden im Königswald zur Mittagszeit.

Parkplatz an der Landzunge: Ringstraße – 52.443335, 13.032777
Nächstgelegene ÖPNV: ›Potsdam, Bassewitz‹ (Bus 604, 609 und 638)

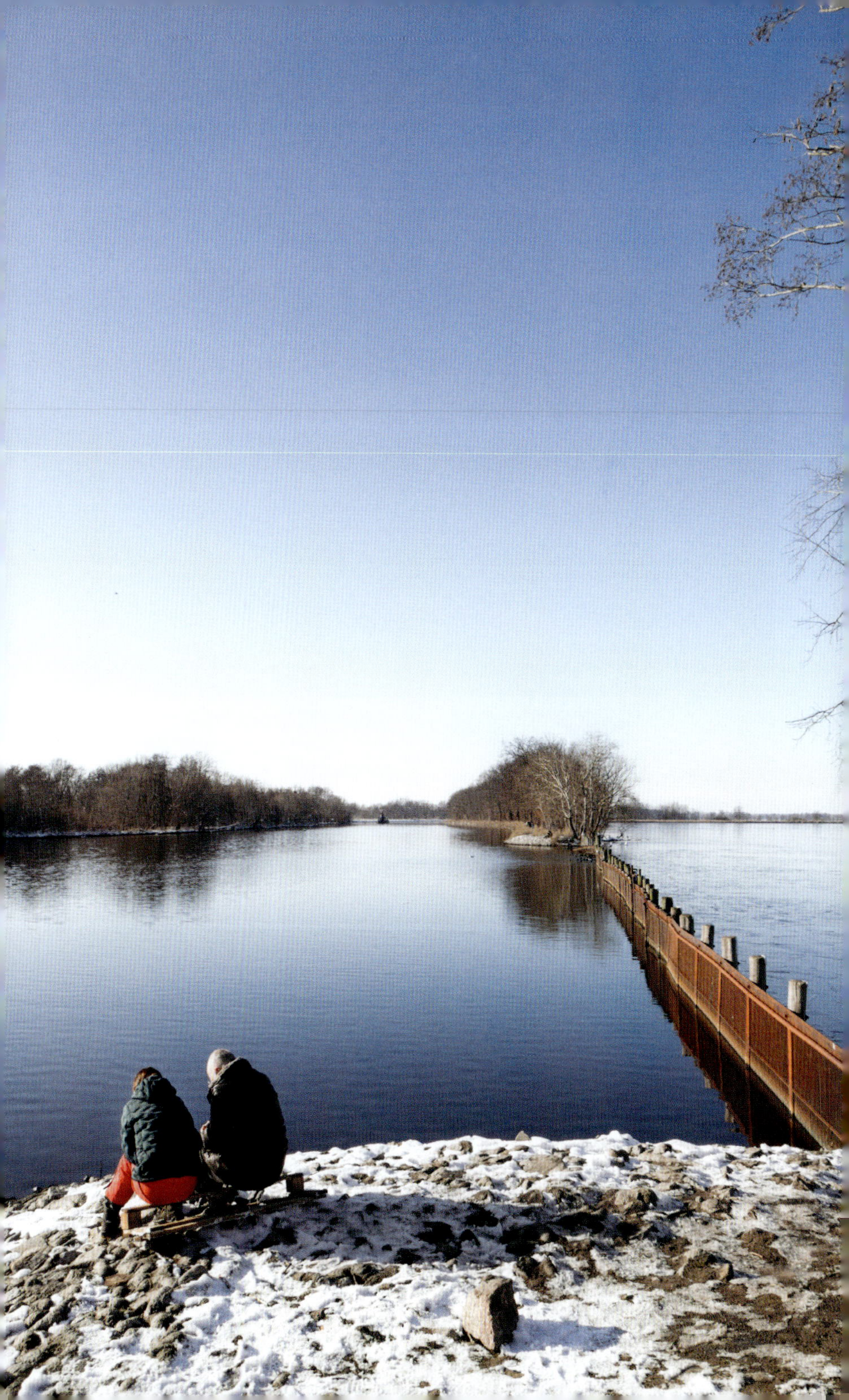

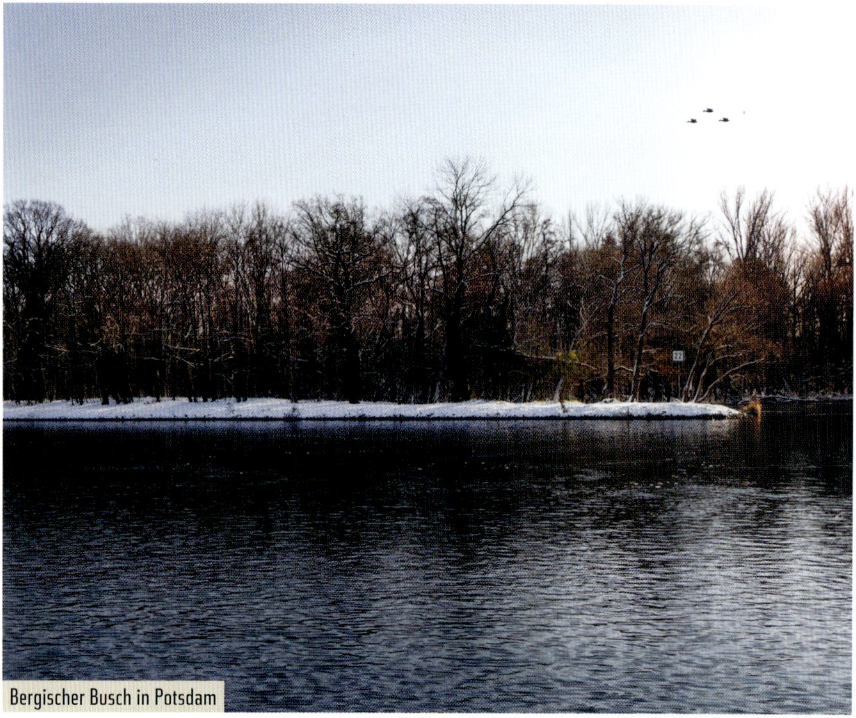

Bergischer Busch in Potsdam

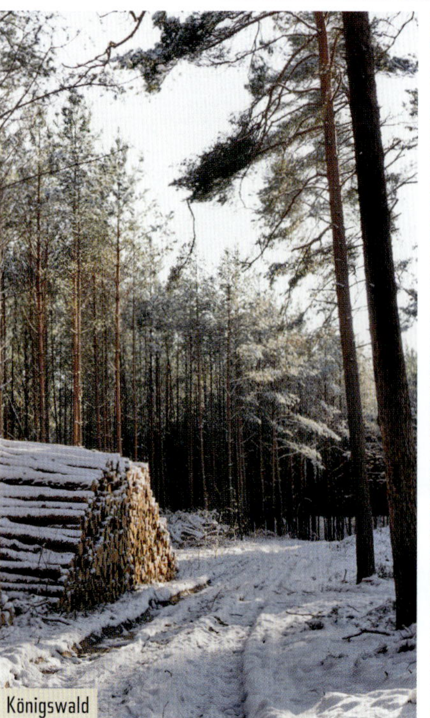

Königswald

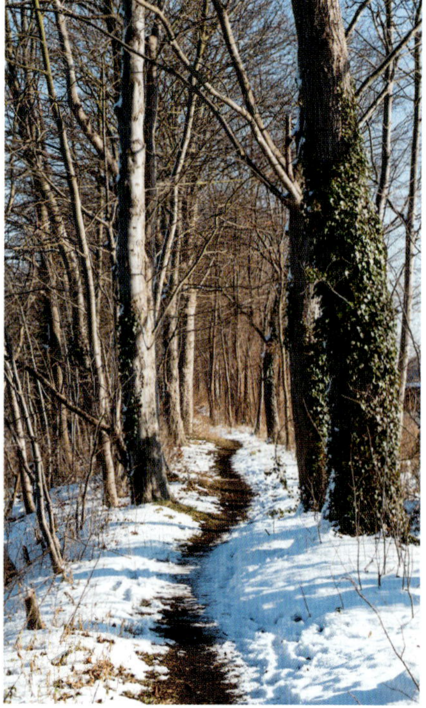

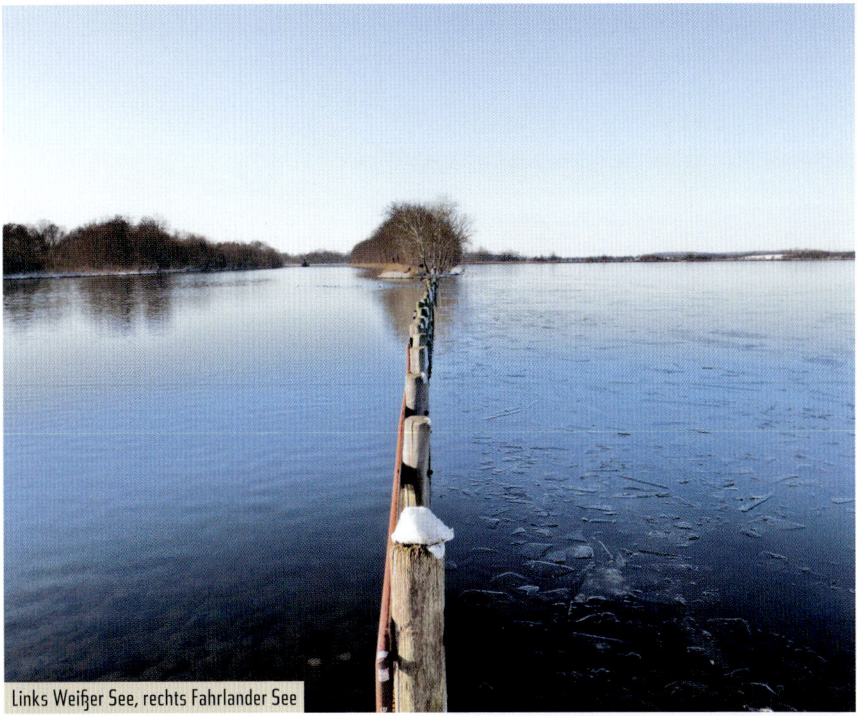

Links Weißer See, rechts Fahrlander See

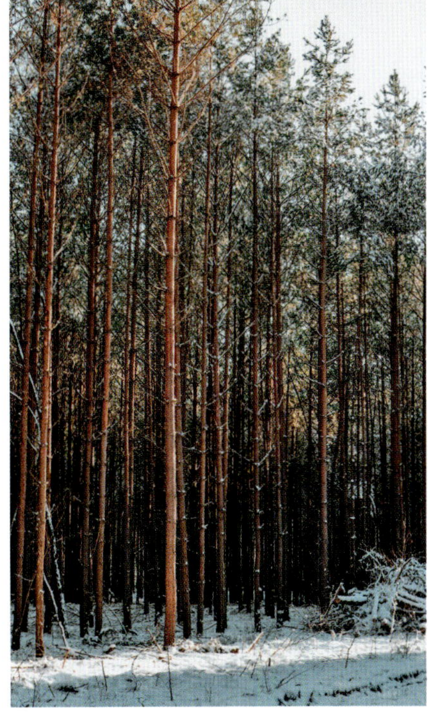

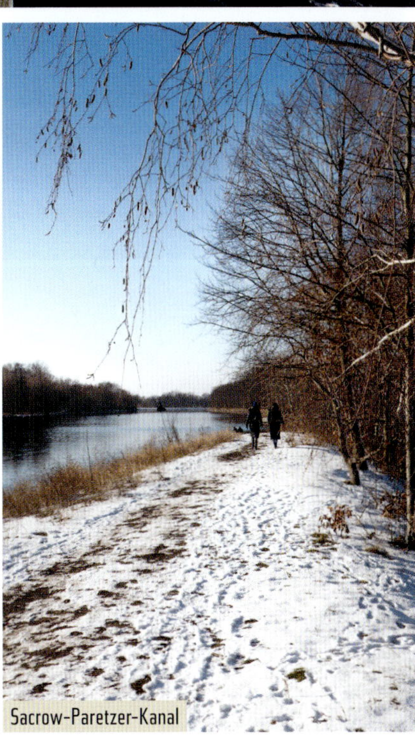

Sacrow-Paretzer-Kanal

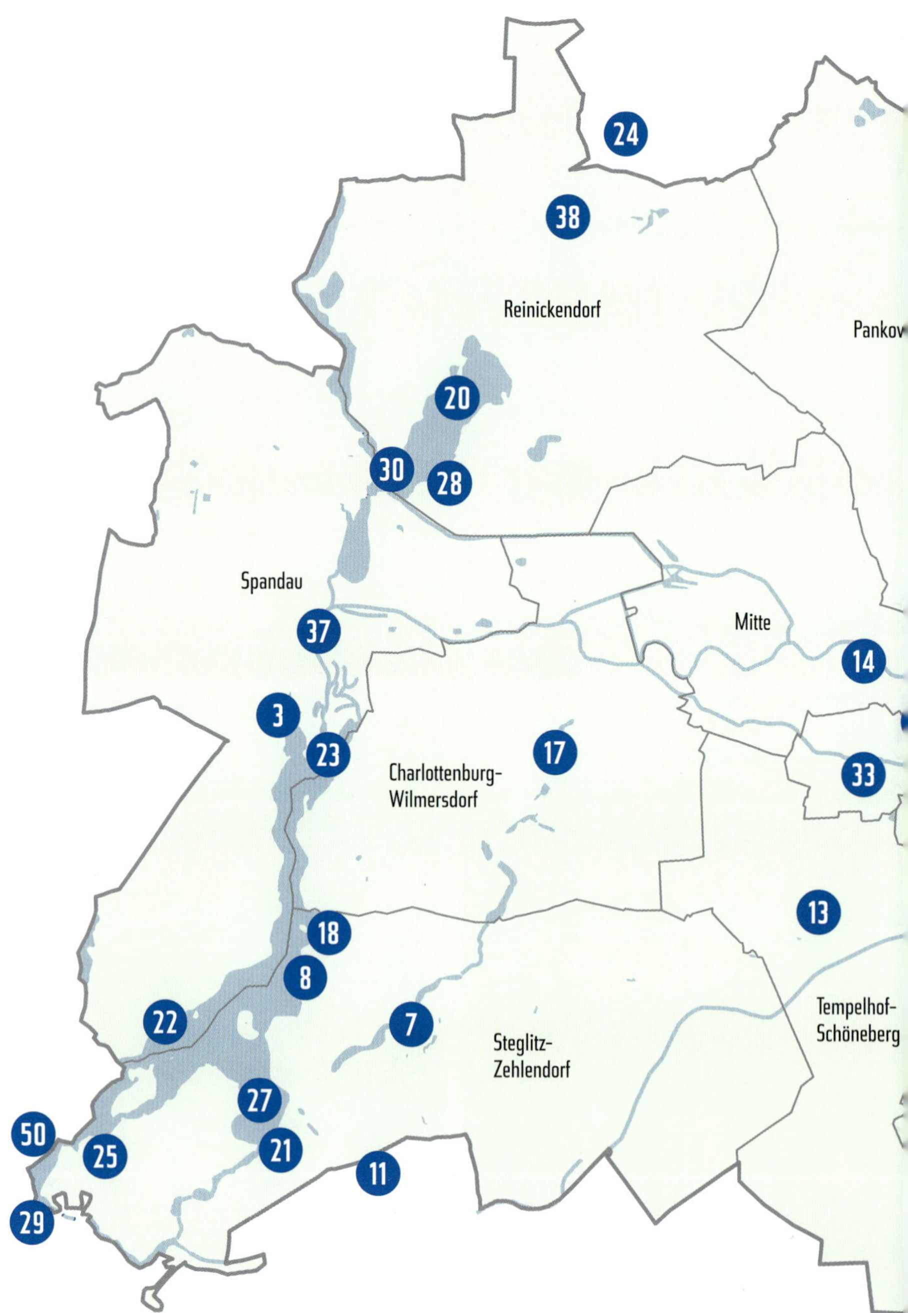
24
38
Reinickendorf
Pankov
20
30
28
Spandau
37
Mitte
14
3
23
17
Charlottenburg-
Wilmersdorf
33
13
18
8
22
7
Tempelhof-
Schöneberg
Steglitz-
Zehlendorf
27
50
25
21
11
29